# 노화도 설계하는
# 시대가 온다

AI와 바이오 혁명이 바꾸는 노화의 미래

# 노화도 설계하는 시대가 온다

박상철, 권순용, 강시철 지음

매일경제신문사

# 회색 쓰나미가 아니라
# 금빛 물결이 되어야 한다

2025년, 대한민국은 문명사적 변곡점 한가운데 서 있다. 인구 구조가 개편되어 초고령 사회가 시작됐다. 65세 이상 인구가 전체의 20%를 넘어섰고, 60세 이상 인구는 30%에 도달했다. 이는 단순한 통계를 넘어 사회 전반의 패러다임이 뒤바뀔 중요한 신호다. 저출산의 그늘이 짙어지는 가운데, 30년 후면 인구 절반이 시니어가 될 것이라는 전망이 현실로 다가오고 있다. 이러한 변화 속에서 가장 시급한 과제는 노년의 의미를 다시 정의하는 것이다.

서구에서는 노년을 황금기Golden Age로 승화했지만, 우리는 여전히 실버라는 단조로운 틀에 가두고 있다. 그러나 노년은 단순한 쇠퇴가 아니라 지혜와 경륜의 상징이며, 존엄성을 회복해야 할 가치다. 인구 구조의 변화는 위기가 아닌 도약의 기회가 될 수도 있다. 지금이야말로 삶의 새로운 모델을 모색해야 할 카이로스적 순간이다.

바로 이렇게 중요한 시점에, 노화 연구의 거장 박상철 교수, 대한노년근골격의학회 명예회장 권순용 교수, 그리고 노화 디자인을 연구하는 미래학자 강시철 박사가 뜻을 모아 '노화의 미래' 프로젝트를 시작했다. 이들의 깊이 있는 통찰은 초고령 사회를 살아가야 할 우리에게 등대와 같은 역할을 할 것이다.

## 노화를 디자인하는 시대가 온다

"늙은 세포가 죽음을 거부했다!" 이 과학적 발견은 노화에 대한 기존 인식을 뒤집었다. 늙은 세포가 증식을 멈추고 생존을 선택한다는 사실은, 노화가 단순한 쇠퇴가 아니라 생명이 선택한 정교한 전략임을 보여 준다.

이제 우리는 노화를 받아들이는 것이 아니라, 스스로 설계할 수 있는 시대를 맞이하고 있다. 박상철 교수가 백세인 연구에서 던진 세 가지 근본 질문은 노화 디자인의 필요성을 제기한다. 생의 마지막 순간까지 반드시 지켜야 할 본질적 생명 조건은 무엇인가? 백세에 이르러서도 인간의 존엄성을 어떻게 수호할 것인가? 수명 연장은 어디까지 가능한가?

현대 과학은 이 질문들에 실천적 해답을 제시하기 시작했다. 우리는 더 이상 노화를 막연히 기다리지 않는다. 생명의 시계를 스스로 조율하며, 첨단 기술을 활용해 각자의 노화 과정을 주도적으로 구성해 나가는 시대가 열리고 있다.

## 노화는 쇠퇴가 아닌 창조적 여정이다

그러나 첨단 기술은 그저 도구일 뿐이다. 진정한 노화 디자인은 이 도구들을 활용해 우리의 삶을 더 의미 있게 그려 나가는 과정이다. 이는 단순히 수명을 연장하는 것을 넘어, 생명의 숭고한 가치를 실현하는 여정이다. 여기서 중요한 것은 노화의 본질적 의미를 다시 바라보는 일이다. 과학은 늙은 세포가 단순히 사멸하지 않고 생존을 선택한다는 사실을 밝혀냈고, 이는 '죽음을 향한 쇠퇴'라는 고정관념을 넘어 노화를 '생존의 전략'으로 바라보게 한다. 이는 홀리 에이징Holy Aging이라는 혁신적 개념을 탄생시켰다.

초고령인은 더 이상 죽음을 기다리는 수동적 존재가 아니다. 그들은 생물학적 나이를 초월해 더 깊은 지혜와 통찰을 획득하는 존재다. 노년 초월Gerotranscendence 이론이 보여 주듯, 나이 듦은 단순한 쇠퇴가 아니라 새로운 의식 차원으로의 도약이다. 그리고 이 도약은 각자가 스스로 설계할 수 있는 창조적 여정이다.


## 노화는 초월과 완성을 향한 여정이다

노화 디자인은 세 가지 차원에서 실현된다.

첫째, 생물학적 차원에서 첨단 과학은 핵심적인 생명 기능을 유지하고 강화한다. 이는 단순한 수명 연장이 아니라 삶의 질을 높이기 위한 기반이다. 둘째, 정신적 차원에서는 인간 고유의 존엄성과 자율성을 지키는 것이 핵심이다. 이는 세속적 가치를 넘어 더 깊은 통찰을 얻는 과정이다. 셋째, 영적 차원에서는 생명의 거룩한 가치를 구현한다. 자아 중심적 시각에서 벗어나 우주적 조화와 연결성을 깨닫는 단계이며, 노년 초월은 이 초월적 경험을 통해 완성된다.

과학은 우리에게 이러한 차원을 실현할 수 있는 도구를 제공했고, 이제 우리는 이를 활용해 육체적 한계를 넘어 정신적·영적 성숙으로 나아갈 수 있다. 이것이 홀리 에이징이 지향하는 진정한 의미다. 노화는 더 이상 두려움과 거부의 대상이 아니다. 그것은 생명의 깊이를 탐색하는 여정이며, 우리는 그 여정의 설계자이자 창조자가 된다.


## 인간과 기술의 융합 혁명, 노화를 재설계하다


생물학적 혁명, 생화학적 진보, 기계공학적 도약이 맞물리며 인류는 전례 없는 지평을 맞이하고 있다. 특히 노화에 대한 개입과 제어 능력이 비약적으로 향상되며 우리는 이제 자신의 노화를 주도적으로 설계할 수 있는 시대에 접어들었다. 이는 4차 산업혁명을 넘어 인간 플랫폼 자체의 혁신을 이끄는 5차 산업혁명의 서막이다.

우리는 이제 세 가지 혁신적 접근을 통해 노화를 적극적으로 디자인하는 시대에 들어섰다.

첫째, 생물학적 혁신이다. 크리스퍼-캐스9CRISPR-Cas9 기술로 노화 관련 유전자를 정교하게 조정할 수 있게 되었고, 줄기세포Stem Cell 기술과 합성생물학은 손상된 조직의 재생과 새로운 생체 구조 설계를 가능하게 한다. 둘째, 생화학적 혁신이다. 나노 로봇은 초미세 의사처럼 몸속을 순찰하며 노화의 징후를 감지하고 대응한다. 표적 약물은 노화된 세포만을 정밀하게 제거하거나 회복시키며, 기존 약물의 부작용 없이 작동한다. 셋째, 기계공학적 혁신이다. 엑소스켈레톤Exoskeleton은 신체 기능을 보조하고, AI와 뇌-컴퓨터 접속Brain-Computer Interface, BCI은 인지 능력을 보완하며 인간 정신의 새로운 가능성을 확장한다.

이러한 기술의 융합은 트랜스 휴머니즘, 포스트 휴머니즘이라는 새로운 사유를 낳으며, 노화 초월의 가능성을 꿈꿀 수 있게 하고 있다.

## 노화 혁명 속 인류, 기술과 존엄의 조화를 모색하다

놀랍도록 빠른 현재의 기술 발전은 우리에게 깊은 질문을 던진다. 노화를 디자인할 수 있는 능력이 과연 모두에게 공평하게 주어질 것인가? 생명 연장의 혜택이 특정 계층에 집중된다면, 우리는 '생물학적 계급 사회'를 맞이할 수도 있다. 또한 생의 마지막 단계에서 인간 존엄성을 어떻게 지킬 것인가도 중요한 문제다. 100세가 넘어도 명료한 의식과 자율성을 유지하는 삶이 가능해야 한다. 무의미한 생존은 인간다운 삶이라 할 수 없다.

영원한 삶이 가능해진다면, 반복되는 이별과 끊임없는 변화 속에서 감내해야 할 정서적·실존적 부담도 커질 것이다. 인구 증가와 자원 고갈 같은 환경·사회적 문제도 심각한 도전이다. 과학자들은 기술 개발에 윤리적 책임을, 정책 입안자들은 사회적 불평등을 완화할 해법을 마련해야 한다. 우리는 모두 미래 세대에게 어떤 세상을 물려 줄 것인지 고민하고 토론해야 한다.

노화는 이제 두려움이 아니라 창조적으로 설계할 수 있는 대상이다. 중요한 것은 오래 사는 것이 아니라, 인간다움의 본질을 지키며 진화하는 것. 과학이 열어 준 가능성을 존엄성과 조화롭게 활용하는 것. 그것이 우리가 추구해야 할 진정한 목표다. 과학적 혁신과 인문학적 성찰이 만나는 지점에서, 우리는 진정한 의미의 홀리 에이징을 실현할 수 있다. 그것은 단순한 생존을 넘어, 생명의 거룩한 가치를 구현하는 창조적인 삶으로 이어질 것이다.

- 강시철, 권순용, 박상철

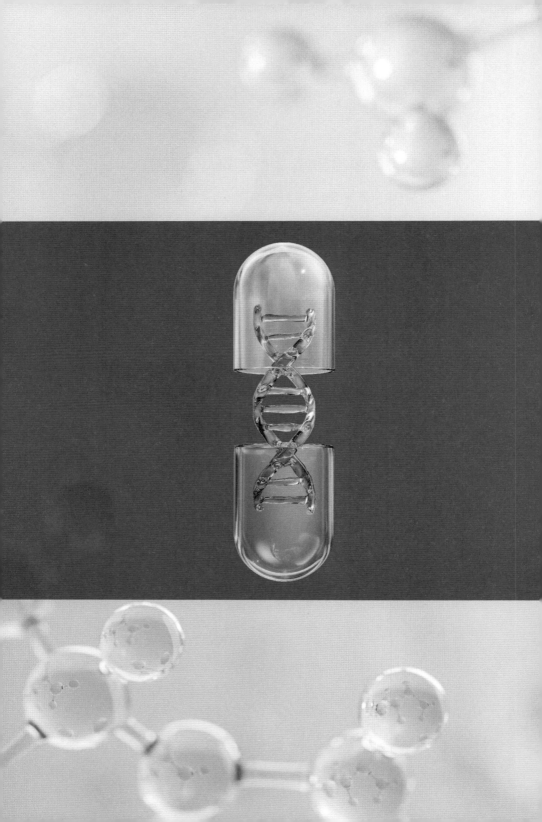

## 1장

# AI가 이끄는
# 바이오 혁신의 시대

# AI와 바이오의 만남,
# 무엇이 달라지고 있을까?

AI와 바이오 기술의 융합은 인간 수명을 연장하고 건강 유지 방식에 혁신을 가져오면서, 노화에 대한 기존의 인식까지 바꾸고 있다. 2024년에 노벨 화학상을 받은 데이비드 베이커David Baker, 데미스 허사비스Demis Hassabis, 존 점퍼John Jumper는 AI 기반 단백질 구조 예측 기술을 발전시켜 생명과학의 지평을 넓혔다. 이들은 AI를 활용해 단백질 구조를 정밀하게 예측하는 알파폴드AlphaFold를 개발했고, 이를 통해 단백질 설계와 신약 개발 등 다양한 생명과학 분야에서 혁신적인 성과를 거두었다. 이제 AI가 생명의 원리를 해석하는 핵심 도구로 자리 잡은 만큼, 노화의 개념 역시 새롭게 정의할 필요가 있다.

노화는 단순한 퇴행이 아니다. 오히려 생명체가 오랜 세월 생존하기 위해 선택한 자연스러운 전략이자 필수적인 과정이다. 예컨대 노화한 세포가 증식을 멈추는 것은 단순한 기능 저하라기보다는, 몸 전체의 균형을 유지하고 생존을 돕는 일종의 적응 현상이다. 그렇기에 노화는 우리가 무조건 피해야 하는 대상이 아니라, 오히려 존엄과 지혜가 쌓이는 과정으로 바라볼 필요가 있다.

현대 의학은 이제 '얼마나 오래 사느냐'보다 '어떻게 인간답게 살 것인가'에 더 관심을 두고 있다. 단순히 수명을 늘리는 것을 넘어, 생의 마지막 단계<sup>Final Stage of Life</sup>에서 반드시 유지해야 하는 최소한의 생명 유지 조건<sup>Minimum Essential Life Saving Condition</sup>이 무엇인지 명확히 하는 과제에 직면했다. 특히 세 가지 핵심 과제가 있다. 첫째, 삶의 마지막 순간까지 반드시 지켜야 할 생명의 본질적 기능을 정확히 파악하는 일이다. 둘째, 초고령 사회에서도 인간의 존엄성을 지킬 방법을 찾는 것이다. 셋째, 인간 수명의 궁극적인 한계가 어디인지 탐구하는 것이다.

이러한 과제들에 AI와 바이오테크놀로지의 결합이 전혀 새로운 답을 제시하고 있다. 특히 기존 컴퓨팅 기술로는 다루기 어려웠던 복잡한 생명과학 데이터를 빠르게 분석하기 위해 양자 컴퓨터<sup>Quantum Computer</sup>와 딥러닝이 힘을 합치고 있다. 덕분에 기존 컴퓨터로는 시도조차 어려웠던 복잡한 생체 분자 간의 상호 작용을 쉽게 시뮬레이션할 수 있게 되었고, 개인 맞춤형 치료와 신약 개발도 현실이 되어 가고 있다. 결국 이러한 변화는 단순히 노화를 막는 데서 그치는 것이 아니라, 질병 예방과 치료의 패러다임을 근본적으로 바꿀 획기적인 혁신을 만들 것이다.

하지만 이런 기술 발전은 새로운 윤리적 고민도 함께 가져온다. 특히 생명 연장 기술이 일부 계층에게만 돌아간다면 사회적 불평등이 더 심해질 가능성도 있다. 그래서 단순히 수명만 늘리는 기술이 아니라, 누구나 건강하고 존엄한 삶을 누릴 수 있는 방향으로 기술이 발전해야 한다. AI와 바이오테크놀로지가 인간의 존엄성을 높이는 진정한 도구가 되기 위해서는, 기술과 인간이 서로 균형을 이루며 함께 진화하는 공진화 Coevolution가 필수적이다.

# AI 기반 의료 혁신과
# 노화 경영의 시대

AI 기술이 의료 혁신을 빠르게 이끌면서 노화 연구와 건강 관리 방식에도 근본적인 변화가 일어나고 있다. 예를 들어, 알파폴드 같은 AI 기반 단백질 구조 예측 기술은 신약 개발과 생명과학 연구의 패러다임 자체를 바꾸고 있으며, 의료 영상 분석과 생체 디지털 트윈Biological Digital Twin 기술은 노화 과정을 더 정확하고 섬세하게 추적할 수 있게 만들고 있다. 이러한 기술의 발전 덕분에 이제는 개인별 맞춤형 건강 관리까지 가능해지고 있다.

AI는 단순히 질병을 진단하는 데서 한발 더 나아가 예방 의료와 실시간 건강 모니터링 분야로 영역을 넓히며, 노화 경영Aging Management이라는 새로운 개념을 만들었다. 과거에는 노화가 그저 피할 수 없는 자연스러운 현상으로 여겨졌지만, 이제 AI와 데이터 분석 기술로 노화의 속도를 예측하고 조절하는 시대가 열리고 있다. 이를 통해 단지 오래 사는 것을 넘어서, 건강하게 나이 드는 삶이 가능해지고 있다.

이런 변화 속에서 박상철 교수는 컨피던트 에이징Confident Aging이라는 표현을 쓰며, 노화를 더 이상 불확실하거나 두려운 존재가 아니라 과학적으로 분석하고 예측해서 적극적으로 관리해야 한다고 강조했다. AI와 생명공학이 서로 힘을 합치면서 노화 제어, 신약 개발, 정밀 의료, 유전자 분석, 개인 맞춤형 치료 등 다양한 분야가 발전하고 있다. 이제 우리는 본격적인 노화 경영의 시대에 진입하고 있다.

## AI가 눈에 보이지 않는 노화의 흔적을 찾아낸다

AI는 의료 영상을 분석해 노화의 진행 상태를 정밀하게 추적하고 질병을 초기에 발견하는 데 큰 역할을 하고 있다. 엑스레이, MRI, CT 스캔에서 얻은 데이터를 딥러닝으로 분석하면, 눈에 잘 띄지 않는 미세한 노화 징후까지 포착할 수 있고, 이를 기반으로 개인에게 꼭 맞는 관리 전략을 세울 수 있다. 예를 들어, 혈관 탄력성이 떨어지거나 뇌 위축 같은 변화를 일찍 발견해 예방 조치를 미리 취할 수 있는 것이다.

생체 디지털 트윈 기술 역시 주목할 만하다. 이 기술은 유전체, 단백질체, 대사체, 장내 미생물 같은 다양한 생체 데이터를 통합 분석해 노화가 어떻게 진행될지 미리 시뮬레이션하고, 각 개인에게 최적화된 노화 관리 전략을 제시한다. 덕분에 개인의 생리적 특성에 맞춰 노화를 예방하거나 개선하는 방법을 찾을 수 있고, 질병 위험도도 예측할 수 있게 된다.

AI는 실시간 생체 신호 모니터링과 조기 경보 시스템에서도 중요한 역할을 하고 있다. 예를 들어, 대웅제약의 씽크[thynC]는 웨어러블 바이오센서를 활용해 심전도, 체온, 산소 포화도 등을 실시간으로 분석함으로써 심정지나 패혈증, 낙상 같은 긴급 상황을 조기에 파악하고 미리 경고할 수 있다. 이런 기술 덕분에 의료 자원의 효율성을 높일 수 있을 뿐만 아니라, 환자의 생존율까지 크게 향상시킬 수 있다.

## 실명을 막는 AI 기반 안과 진단 혁신

AI는 안과 질환 진단에서도 놀라운 혁신을 만들고 있다. 퍼즐에이아이[Puzzle AI]는 AI를 활용한 녹내장 진단 솔루션을 개발했는데, 안저 검사와 시신경 단층 촬영 이미지를 분석해 시야 검사 결과까지 예측한다. 이 기술은 2024년에 열린 미국안과학회[American Association of Ophthalmology, AAO]에서 최우수 학술상을 받으며 국제적으로 주목받았다. AI 기반 안과 진단 기술은 녹내장뿐만 아니라 황반변성, 당뇨망막병증 같은 노화 관련 안과 질환의 조기 진단과 치료 가능성을 높이며, 실명 예방의 새로운 패러다임을 만들고 있다.

## 단백질 연구의 패러다임을 바꾼 알파폴드

AI 기술이 발전하면서 단백질 연구 속도가 획기적으로 빨라지고 있다. 특히 단백질 구조 변화는 노화 과정과 생명 유지 메커니즘과 밀접한 연관이 있는데, AI 덕분에 과거 몇 년씩 걸리던 X선 결정학이나 NMR 분석 대신, 알파폴드 같은 AI 기술로 빠르고 정확하게 단백질 구조를 예측할 수 있게 되었다. 이를 통해 연구자들은 예전보다 훨씬 효율적이고 신속하게 노화와 생명 현상을 연구할 수 있게 된 것이다.

실제로 2020년, 알파폴드 팀은 AI로 인간 전문가 수준의 단백질 구조 예측에 성공하며 전 세계를 깜짝 놀라게 했다[1]. 이 팀은 알파폴드를 활용해 CASP14라는 국제 대회에서 기존 방식으로는 상상도 할 수 없었던 높은 정확도로 단백질 구조를 예측했다.

AI 기반 신약 개발 기술 역시 기존 방식을 뛰어넘는 빠르고 정밀한 접근 방식을 제공한다. 전통적인 신약 개발은 평균 10~15년이라는 긴 시간이 필요했지만, AI 기술은 수백만 개의 후보 물질 중에서 가장 적합한 화합물을 빠르게 찾아내고, 그 효과와 안전성까지 미리 평가할 수 있게 한다. 덕분에 AI가 신약 개발의 시간과 비용을 크게 줄이며, 환자 맞춤형 치료가 가능한 시대를 앞당기고 있다.

# AI로 앞서가는 단백질 연구 혁신 기업

최근 AI를 활용한 단백질 구조 예측과 설계 기술의 산업화가 빠르게 진행되고 있다. 대표적인 기업으로는 딥마인드, 로제타 커먼스Rosetta Commons, 아톰와이즈Atomwise가 있다.

딥마인드가 개발한 알파폴드는 단백질 접힘 문제에서 획기적인 성과를 내며[2], 생명과학 연구의 속도를 크게 높였다. 알파폴드의 예측 결과는 공개 데이터베이스로 제공되어 신약 개발, 질병 연구, 단백질 공학 등 다양한 분야에서 폭넓게 활용되고 있다. 특히 이러한 성과는 허사비스와 점퍼가 노벨상을 받으며 더욱 주목받았다. 이는 AI가 기초 과학 분야에 미치는 영향력이 공식적으로 인정된 사례로, 앞으로 AI와 과학의 융합이 더욱 가속화될 것을 시사한다. 또한 알파폴드는 컴퓨터 과학과 생물학 사이의 경계를 허물고, 학제 간 협력 연구의 중요성을 보여 준 계기가 되었다.

로제타 커먼스는 단백질 구조 예측 및 설계를 이끄는 학술 컨소시엄으로[3], 오픈 소스 소프트웨어인 로제타Rosetta를 개발하고 유지·관리하고 있다. 로제타는 물리적 원리와 데이터 기반 방식을 결합해 단백질의 입체 구조를 정확하게 예측하고 새로운 단백질을 설계하는 데 강점을 보인다. 오픈 소스이기 때문에 연구자들은 자유롭게 코드를 활용하고 개선할 수 있으며, 이는 연구 결과의 재현성과 신뢰성 향상에도 큰 도움이 된다. 다만 기업들은 독점 기술을 선호하기 때문에 상업적으로 활용하는 데는 한계가 있으며, 지속적인 개발과 유지·보수를 위한 재정적 부담도 있다.

아톰와이즈는 AI를 활용한 신약 개발을 선도하는 기업으로, 핵심 플랫폼인 아톰넷^AtomNet을 통해 단백질과 리간드 간의 복잡한 상호 작용을 정밀하게 예측한다. 방대한 화합물 라이브러리를 빠르게 분석함으로써 기존 방식보다 효율적으로 신약 후보 물질을 찾아낼 수 있어 주목받고 있다.

# 수십 년에서 수개월로 단축된
# 신약 개발

AI를 활용한 신약 개발이 단순히 제약 산업의 혁신을 넘어 노화의 미래를 바꾸는 핵심 동력으로 주목받고 있다. 기존 신약 개발은 긴 연구 기간, 높은 비용, 낮은 성공률이라는 한계를 안고 있었다. 실제로 신약 하나가 시장에 나오기까지 오랜 시간이 걸리고, 수십억 달러가 투입되지만, 임상 시험을 통과해 최종 승인을 받는 확률은 10%도 되지 않는다. 이러한 비효율성은 특히 노화 관련 질병 치료제의 개발에 큰 걸림돌이었다.

그러나 AI 기술은 이러한 문제를 극복하고 노화 연구와 치료에 새로운 길을 열고 있다. 방대한 데이터를 빠르게 분석하고 학습하는 AI는 신약 개발의 전 과정을 효율적으로 단축한다. 덕분에 노화 관련 질환의 치료제를 이전보다 빠르고 정확하게 개발할 수 있게 되었으며, 이는 건강 수명Health Span의 연장으로 직결된다.

AI 기반 신약 개발이 가져오는 주요 효과는 다음과 같다.

**개발 기간 단축**: AI는 방대한 생물학·화학·임상 데이터를 분석하여 신약 후보 물질을 빠르게 찾고, 약효와 부작용을 사전에 예측한다. 이를 통해 신약 개발 기간이 획기적으로 단축되며, 노화 관련 질환에 더 빠르게 대응할 수 있게 된다.

**개발 비용 절감**: AI 기술을 활용하면 불필요한 실험 횟수를 줄이고 성공 가능성이 높은 후보 물질에 집중할 수 있어 개발 비용이 크게 줄어든다. 절감된 비용은 다른 연구 자원으로 배분되어, 더 많은 노화 치료제의 개발로 이어질 수 있다.

**성공 확률 증대**: AI는 기존 방식으로 발견하기 어려웠던 새로운 약물 표적을 찾고, 약효와 부작용을 더욱 정밀하게 예측하여 임상 시험의 성공 가능성을 높인다. 그 결과 더 안전하고 효과적인 노화 관련 치료제가 탄생할 수 있다.

**개인 맞춤형 치료 가능성**: AI는 유전자 정보, 생활 습관, 질병 이력 등 개인 데이터를 분석해 각 개인에게 최적화된 맞춤형 치료법을 제시할 수 있다. 이는 노화로 인한 개인별 건강 차이를 효과적으로 관리할 수 있게 하며, 정밀 의학 실현에 한발 더 다가서게 만든다.

**노화 메커니즘의 심층적 이해**: AI는 복잡한 생물학적 시스템을 시뮬레이션함으로써 노화의 근본 메커니즘을 더 깊이 연구할 수 있다. 이를 통해 노화 속도를 조절하거나 새로운 치료 전략을 개발하는 가능성도 열리고 있다.

## AI가 혁신하는 신약 개발의 최전선

AI 기반 신약 개발 기업들이 빠르게 성장하고 있다. 특히 엑스사이엔티아Exscientia, 리커전 파마슈티컬스Recursion Pharmaceuticals, 인실리코 메디슨Insilico Medicine은 독자적인 기술력을 바탕으로 제약 산업의 변화를 이끌고 있다.

2020년, 엑스사이엔티아는 AI 기술로 설계한 강박 장애 치료제를 임상 시험 단계까지 진입시키며 업계의 주목을 받았다[4]. 무엇보다 엑스사이엔티아가 보여 준 개발 속도는 놀라운 수준이었다. 기존의 신약 개발은 후보 물질 발굴부터 전임상 시험 완료까지 통상 4~5년이 걸리지만, 엑스사이엔티아는 이를 불과 12개월 만에 해내면서 AI 기반 신약 개발의 가능성을 입증했다.

리커전 파마슈티컬스는 AI와 생물학을 결합해 신약 개발 방식을 혁신하고 있는 기업이다. 이 회사는 대규모 세포 이미징 데이터와 첨단 AI 기술을 활용해 기존 방식으로 발견하기 어려운 새로운 약물 표적과 후보 물질을 발굴하고 있다. 이를 통해 전통적인 신약 개발의 한계를 넘어서는 것이 목표다[5].

인실리코 메디슨은 홍콩에 본사를 둔 기업으로, AI 기반 신약 개발의 선두에 서 있다. 이 회사는 생성적 적대 신경망GAN을 활용한 독자적인 약물 설계 기술로 주목받고 있는데[6], 특히 자체 개발한 GENTRLGenerative Tensorial Reinforcement Learning 플랫폼을 통해 특정 특성을 가진 새로운 분자 구조를 설계할 수 있다. 이 기술은 기존 약물 라이브러리에 의존하지 않고, 난치성 질환이나 새로운 치료 타깃에 적합한 혁신적인 신약 후보를 만들 수 있다는 점에서 강력한 경쟁력을 가지고 있다[7]. 현재 인실리코 메디슨은 AI가 설계한 약물의 효능과 안전성을 검증하는 단계에 있다.

# 유전체학으로 완성하는
# 내 몸에 꼭 맞는 맞춤 치료

　AI와 유전체학의 융합으로 개인 맞춤형 약물 요법이 빠르게 발전하고 있다. 개인 맞춤형 약물 요법은 환자의 유전적 특성뿐만 아니라 생활 습관, 환경 요인까지 고려해 가장 효과적이고 부작용이 적은 치료법을 찾는 방식이다. 기존의 획일적인 치료에서 벗어나, 환자 개개인에게 최적화된 치료를 제공함으로써 치료 효과는 높이고 부작용은 최소화하는 데 목적이 있다.

　특히 AI와 유전체학이 결합하면서 개인 맞춤형 약물 요법은 다음과 같은 분야에서 뚜렷한 발전을 이루고 있다.

**약물 유전체학**: AI가 개인의 유전체 정보를 분석해 특정 약물에 대한 반응을 예측함으로써, 환자에게 가장 적합한 약물과 복용량을 제시할 수 있다.

**암 치료의 개인화**: AI는 종양의 유전체 프로파일을 분석해 환자에게 가장 효과적인 표적 치료제를 찾는 데 기여한다. 정밀 종양학의 발전에 필수적인 역할을 하고

있다.

**약물 상호 작용 예측**: 환자가 복용하는 여러 약물 간의 상호 작용을 AI가 분석해, 뜻밖의 부작용이나 약물 간 충돌을 미리 예방할 수 있다.

**질병 위험 예측**: AI가 개인의 유전체 정보와 건강 데이터를 종합적으로 분석해 특정 질병에 걸릴 가능성을 예측한다. 이를 통해 예방 조치가 가능해진다.

**치료 반응 모니터링**: AI는 웨어러블 기기나 모바일 앱으로 수집된 건강 데이터를 실시간으로 분석해 약물의 효과를 지속적으로 관찰하고, 필요하면 치료 계획을 신속히 조정할 수 있게 해 준다.

이러한 개인 맞춤형 약물 요법의 대표 사례로 미국 국립암연구소[NCI]가 진행 중인 MATCH 임상 시험이 있다[8]. 이 시험에서는 AI를 활용해 환자의 종양 유전체 정보를 분석한 뒤, 이를 바탕으로 환자에게 가장 적합한 표적 치료제를 선택한다. 기존 방식보다 치료 반응률이 크게 향상된 것으로 나타났다.

또한, 2018년 카르체프스키[Karczewski] 등의 연구에서는 AI를 통한 다양한 오믹스[Omics] 데이터의 통합 분석이 개인 맞춤형 의료 실현에 큰 역할을 한다고 밝혔다[9]. 이 연구에 따르면 유전체학, 전사체학, 단백체학, 대사체학 등 여러 오믹스 데이터를 AI로 분석하면 개인의 건강 상태를 더욱 정확하게 이해하고 예측할 수 있다.

## 개인 맞춤형 약물 요법을 선도하는 기업들

개인 맞춤형 약물 요법 분야에서는 23앤드미[23andMe], 파운데이션 메디슨[Foundation Medicine], 템퍼스 AI[Tempus AI]와 같은 기업들이 주목받고 있다.

23앤드미는 개인 유전체 분석 분야를 대중화시킨 대표적 기업이다[10]. 이 회사는 소비자 직접 판매 방식으로 개인이 손쉽게 타액을 통해 유전자 검사를 받을 수 있도록 했으며, 이를 통해 유전학 정보를 일반인에게 제공하고 있다. 타 기업과 차별화되는 23앤드미의 가장 큰 강점은 전 세계에서 1,500만 명 이상으로부터 수집한 방대한 유전체 데이터베이스다. 이 데이터베이스는 유전적 변이와 각종 질병이나 신체 특성과의 연관성을 연구하는 데 중요한 기반이 되고 있다.

파운데이션 메디슨은 암 환자 개개인에게 최적화된 치료를 제공하는 유전체 분석 기업이다[11]. 이 회사는 포괄적 유전체 프로파일링[Comprehensive Genomic Profiling] 기술을 활용해 환자 개개인의 암 유전체를 정밀하게 분석하고, 이를 통해 최적의 치료 방법을 제시하는 정밀 의학을 실현하고 있다.

템퍼스 AI는 빅데이터와 AI를 결합하여 개인 맞춤형 의료를 선도하는 기업이다[12]. 템퍼스 AI는 대규모 임상 데이터를 분석해 환자에게 최적화된 치료법을 찾는 데 탁월한 역량이 있으며, 특히 AI를 활용한 암 진단과 치료 추천 분야에서 의료 혁신을 주도하고 있다.

## 개인 맞춤형 약물 요법, 의료의 미래를 다시 그리다

첨단 바이오테크 기업들의 기술 발전은 의료 분야에 새로운 가능성을 제시하지만, 그만큼 복잡한 과제들도 함께 수반하고 있다. 특히 기술 발전에 따라 나타나는 윤리적·사회적 문제들은 앞으로 풀어야 할 숙제다. 예를 들어, 개인 맞춤형 의료 기술을 더 많은 사람이 누릴 수 있도록 접근성과 형평성을 높이는 것, 그리고 환자의 민감한 유전자 정보를 안전하게 보호하는 것도 중요한 과제다.

이러한 문제들을 해결하는 과정에서, 개인 맞춤형 약물 요법은 단순한 질병 치료를 넘어 노화의 미래를 새롭게 설계하는 핵심 전략으로 자리 잡고 있다. 개인의 특성을 정밀하게 반영한 치료법은 질병의 예측과 예방은 물론, 건강 수명을 연장해 궁극적으로는 홀리 에이징이 추구하는 존엄하고 창조적인 노년을 실현하는 데 기여할 수 있다.

개인 맞춤형 약물 요법의 핵심은 바로 포괄적 건강 프로파일링이다. 이는 유전체 정보뿐 아니라 개인의 전반적인 건강 데이터와 생활 습관, 환경적 요소를 분석해 건강 상태를 입체적으로 평가하고 질병의 위험성까지 예측하는 기술이다.

특히 웨어러블 기기와 IoT 기술을 통한 실시간 건강 모니터링은 이러한 개인 맞춤형 의료를 더욱 세밀하고 효과적으로 만든다. AI가 개인의 건강 상태를 실시간으로 분석하고 약물 투여를 유연하게 조정하는 동적 치료Dynamic Treatment가 가능해지기 때문이다. 이는 만성 질환 관리에 있어 큰 전환점을 가져올 수 있다.

더 나아가 웨어러블 기술과 IoT의 발전뿐만 아니라, 크리스퍼 CRISPR와 같은 유전자 편집 기술이나 웨어러블 데이터를 활용한 맞춤형 치료 역시 개인 맞춤형 의료의 미래를 열어 줄 중요한 수단이다. 예를 들어, 웨어러블 기기로 실시간 건강 데이터를 수집해 개인에게 최적화된 치료법을 제공하거나, 크리스퍼 유전자 편집 기술로 개인의 유전적 특성을 반영한 유전자 치료를 시행할 수도 있다. 특히 희귀 유전 질환의 치료에 혁신적인 발전을 이끌 것으로 기대된다.

또한, 스마트 약물 설계를 통해 약물의 투여량, 방출 속도, 효과 발현 시점을 개인에 맞추는 기술도 빠르게 발전하고 있다. 이를 통해 각 개인에게 최적의 치료제를 현장에 즉시 제공할 수 있을 것으로 기대된다.

이처럼 개인 맞춤형 약물 요법과 디지털 기술의 융합은 의료의 패러다임을 근본적으로 바꿔 놓고 있다. 단순히 질병을 치료하는 의료에서 개인의 건강을 예방하고 관리하는 더욱 정밀한 의료 시대로 빠르게 나아가고 있는 것이다.

하지만, 이처럼 정밀한 의료가 실제로 구현되기 위해서는, 기술의 발전만으로 충분하지 않다. 의료 현장에서 실질적으로 작동할 수 있도록 다양한 사회적·제도적 기반이 함께 마련되어야 한다.

## 정밀 의료 시대의 현실 과제

개인 맞춤형 약물 요법이 바꾸는 의료의 미래가 주목받고 있지만, 현실적인 도전 과제도 함께 있다.

특히 개인 맞춤형 의료가 성공하려면 흩어져 있는 데이터를 체계적으로 통합하고 표준화하는 작업이 시급하다. 데이터가 기관마다 다르게 관리되고 표준화되지 않으면, 아무리 뛰어난 기술이라도 효과를 내기 어렵다. AI 알고리즘 역시 높은 정확도와 공정성을 유지해야 하며, 특정 인종이나 연령대에서 편향되지 않도록 지속적인 검증이 필요하다. 개인의 유전 정보를 다루는 만큼, 이를 둘러싼 명확한 규제와 윤리적 가이드라인을 정비하는 것도 필수적이다.

또한 첨단 기술의 높은 비용을 낮추고 접근성을 높여 더 많은 사람들이 혜택을 볼 수 있게 하는 사회적 노력이 필요하다. 의료진이 유전체 정보와 AI 기술을 효과적으로 활용할 수 있도록 교육 프로그램을 마련하는 것 역시 빼놓을 수 없다. 동시에 민감한 개인 정보와 건강 데이터를 보호하는 철저한 보안 시스템 구축도 필수다.

개인 맞춤형 약물 요법은 이러한 과제들을 해결할 때 비로소 치료 효과를 극대화하고 부작용을 최소화하며, 궁극적으로 환자의 삶의 질을 크게 높일 수 있다.

# 의료 혁신을 이끄는
# 세 가지 키워드

기술의 발전이 노화 연구에도 혁신적인 변화를 불러오고 있다. 양자 컴퓨터는 기존 슈퍼컴퓨터로는 불가능했던 분자 수준의 분석과 시뮬레이션을 가능하게 하며, AI와 결합해 노화 과정을 정밀하게 예측하고 조절하는 전략을 개발하는 데 기여하고 있다. 디지털 트윈Digital Twin은 개인의 생물학적 데이터를 바탕으로 가상의 신체 모델을 만들어 최적의 노화 관리법을 설계하는 데 활용되며, 나노의학Nanomedicine은 세포 수준에서 직접 개입해 노화를 치료하고 조절하는 혁신적인 방안을 제시한다.

이제 우리는 단순히 노화를 늦추는 것이 아니라, 개인 맞춤형 치료와 예방을 통해 건강한 노화를 실현하는 시대로 접어들고 있다. 이러한 첨단 기술들이 어떻게 협력하여 노화 연구와 생명 연장을 혁신하는지 살펴보자.

## AI와 양자 컴퓨터가 여는 새로운 노화 연구 패러다임

앞으로 20년 이내 양자 컴퓨터가 상용화되면, 기존 슈퍼컴퓨터로는 불가능했던 정밀한 분석과 시뮬레이션이 가능해지면서 노화 연구에도 획기적인 변화가 일어날 것으로 기대된다. 특히 양자 컴퓨터와 AI 기술이 결합하면 노화 과정의 복잡한 생물학적 메커니즘을 분자 단위에서 분석하고 예측할 수 있게 된다.

이를 통해 노화를 늦추거나 조절하는 물질을 정확히 설계하고, 개인의 특성에 맞춘 노화 관리 약물을 개발할 수 있다. AI는 개인의 유전체 데이터를 기반으로 수많은 노화 관련 요인을 분석해 최적의 노화 관리 전략을 설계하며, 신체에서 일어나는 미세한 변화를 감지해 노화 징후를 조기에 포착한다.

또한, 웨어러블 기기와 연동하면 개인의 노화 상태를 실시간으로 모니터링하고, 최적의 노화 관리 경로를 제안하는 핵심적인 역할을 맡게 된다.

크리스퍼 유전자 편집 기술 역시 양자 컴퓨터의 연산 능력을 활용하면 더 정밀하고 안전한 유전자 치료법을 개발할 수 있다. 나아가, 양자 컴퓨터는 신경계 질환 치료와 인지 능력 개선에도 기여할 것으로 보인다.

## 디지털 트윈을 활용한 맞춤형 노화 관리 전략

디지털 트윈은 AI 기술과 결합하여 개인의 노화 과정을 정밀하게 재현하는 가상 모델이다. 개인의 유전체, 단백체, 대사체 등의 생물학적 데이터를 AI가 분석하고, 이를 바탕으로 노화의 진행 상황을 예측하고 최적의 관리법을 시뮬레이션할 수 있다.

특히 텔로미어<sup>Telomere</sup> 연구와 약물 유전체학이 AI 기술과 융합하면서 개인 맞춤형 의료의 정밀도가 더욱 높아지고 있다. AI는 텔로미어 길이 변화를 분석해 생물학적 나이를 예측하고, 개인별로 가장 효과적인 치료 전략을 제시한다. 이를 통해 약물 반응과 부작용을 예측하고, 최적화된 노화 관리법을 제안할 수 있다.

디지털 트윈은 개인 맞춤형 노화 제어 전략을 사전에 테스트할 수 있는 가상의 실험실 역할도 한다. 치료를 적용하기 전에 다양한 노화 관리 시나리오를 시뮬레이션하여 최적의 방법을 찾아낼 수 있기 때문이다. AI는 수백만 가지의 시뮬레이션을 실행하며, 이를 통해 더 정밀하고 안전한 노화 관리가 가능해질 것으로 기대된다.

## 나노의학과 AI가 결합한 미래 노화 치료

양자 컴퓨터, 디지털 트윈 기술과 함께 주목받는 분야는 나노 기술을 활용한 노화 제어가 있다. 특히 AI와 나노의학 기술이 결합된 생체 디지털 트윈은 노화 관리의 새로운 가능성을 제시한다.

미래의 나노의학은 AI 기술과 결합하여 더 정밀하고 효과적인 항노화 치료를 실현할 수 있다. 예를 들어, 초소형 나노 로봇이 혈관을 통해 체내를 순환하며 노화된 세포를 선별적으로 제거하거나, 손상된 조직을 재생하고 텔로미어를 복구하는 등 보다 정밀한 노화 관리를 가능하게 한다.

AI 기반 디지털 트윈과 나노의학이 결합하면, 노화를 단순히 늦추는 것이 아니라 개개인의 건강 상태에 최적화된 맞춤형 노화 관리 전략을 제공할 가능성이 열린다. 이를 통해 노화 예방을 넘어 건강한 노년을 설계하는 패러다임이 열릴 것이다.


## 100세 시대, 모두를 위한 미래가 되려면

양자 컴퓨터, 디지털 트윈, 나노의학이 융합되면서, 우리는 노화를 관리할 수 있는 생물학적 현상으로 받아들이는 시대로 나아가고 있다. 2050년이 되면 100세 이상의 수명이 흔한 일이 될 가능성이 높다. 그러나 기술 발전이 모두에게 혜택이 되려면, 기술 접근성과 의료 불평등 문제, 데이터 보안 및 프라이버시 보호, 유전자 편집 및 수명 연장 기술에 대한 윤리적 논의 등이 선행되어야 한다. 이를 해결하기 위해 국제적인 협력 체계를 구축하고 윤리적 기준을 마련하며, 의료 시스템을 혁신해야 한다.

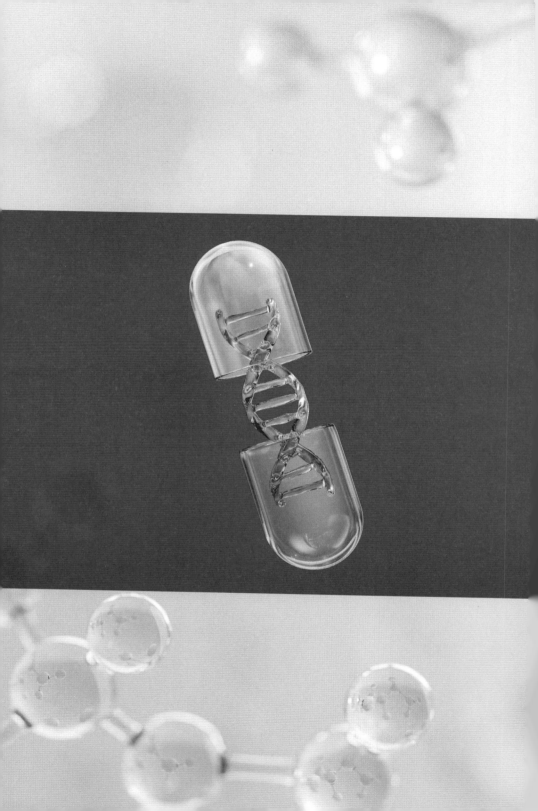

## 2장

# 과학이 설계하는
# 수명 연장의 청사진

# 영존의 과학,
# 존엄한 수명을 설계하다

　인류가 오랫동안 꿈꿔 온 수명 연장의 가능성이 이제 신화와 전설을 넘어 현실로 다가왔다. 고대 길가메시가 불멸을 찾아 헤맸던 여정이 오늘날 분자생물학과 생화학의 탐구로 이어지고 있는 것이다. 특히, 생화학적 접근을 통한 수명 연장 기술은 단순히 오래 사는 것을 넘어 인간의 존엄성을 유지하며 삶의 질을 높이는 방향으로 발전하고 있다.

　생화학적 수명 연장의 핵심은 영생永生이 아닌 영존永存이다. 이는 단순한 생물학적 수명 연장을 넘어 인간다운 삶을 유지하며 질적 가치를 보존하는 것을 의미한다. 이를 위해 현대 과학은 분자 수준에서 노화를 이해하고 조절하려 한다. 세포 노화의 메커니즘, 유전자 발현과 대사 변화, 호르몬 균형 등을 연구하며, 인생의 마지막 순간까지 필수 생명을 유지하는 방안을 모색하고 있다.

　현대 생명과학의 수명 연장 연구는 크게 두 가지 방향으로 나뉜다. 첫째, 노화 또는 노화 진입 세포의 기능을 조절하여 세포를 젊게 유지하는 방법이다. 둘째, 생체 조직에서 노화 세포를 선택적으로 제거하는 방법이다. 그중 노화 세포를 조절하는 방법으로는 다음과 같은 접근법이 있다.

첫째, 텔로미어 조작을 통한 세포 노화 억제다. 텔로미어는 단순한 DNA 서열이 아니라 생명의 시계를 조절하는 분자 장치다. 이를 조절하는 기술은 단순한 수명 연장이 아니라 인간 존엄성을 지탱하는 생물학적 기반을 유지하는 데 중요한 역할을 한다.

둘째, 대사 조절을 통한 수명 연장 기술이다. NAD+ 대사, mTOR 신호 경로, AMPK 활성화 등의 연구는 단순히 신체 기능을 유지하는 데 그치지 않고, 인지 기능과 자율성을 보존하는 방향으로 발전하고 있다. 이는 자율적 사고와 결정 능력, 즉 인간 존엄성을 구성하는 중요한 요소를 지키는 데 기여한다.

셋째, 호르몬 대체 및 최적화 요법이다. 이는 단순한 호르몬 수치 회복이 아니라, 인간다운 삶의 질을 유지하는 데 초점을 맞춘다. 성장 호르몬, 멜라토닌, DHEA 등의 연구는 신체적 기능뿐만 아니라 사회적 관계 형성과 유지 능력까지 고려하는 방향으로 발전하고 있다.

이와는 다르게 노화를 조절하는 방식으로 생체 조직에서 노화 세포를 선택적으로 제거하는 방법도 연구되고 있다.

노화 세포는 축적될수록 염증을 유발하고 주변 세포의 기능을 저하시켜 노화 과정을 가속화한다. 이를 해결하기 위한 연구 중 하나가 제노제<sup>Senolytics</sup> 기술이다. 제노제는 노화된 세포만을 표적으로 선택적으로 제거하여 세포 환경을 젊고 건강한 상태로 유지하는 것을 목표로 한다. 이는 단순한 생리적 수명 연장을 넘어, 건강 수명을 늘리는 데 기여하는 혁신적인 접근법으로 주목받고 있다.

# 텔로미어를 조절하면
# 정말 늙지 않을 수 있을까?

텔로미어는 염색체 끝부분에 존재하는 반복적인 DNA 서열로, 세포 분열 과정에서 DNA 복제가 안정적으로 진행되도록 돕고 염색체를 보호한다. 대부분의 체세포에서 세포가 분열할 때마다 텔로미어가 점차 짧아지며, 결국 세포 노화와 사멸로 이어진다. 이 때문에 텔로미어는 생물학적 시계Biological Clock로 불리며, 세포의 나이와 건강 상태를 가늠하는 중요한 지표로 여겨진다.

텔로미어 조작 기술은 세포의 수명을 연장하고 노화를 늦추는 것을 목표로 하며, 크게 두 가지 접근법이 연구되고 있다.

첫 번째는 텔로머라아제Telomerase를 활성화하는 방법이다. 텔로머라아제는 텔로미어를 연장하는 효소인데, 정상적인 체세포에서는 대부분 활성이 억제되어 있다. 반면 줄기세포나 암세포에서는 활성화되어 있어 지속적인 분열이 가능하다. 이러한 원리를 응용해 정상 세포에서도 텔로미어 길이를 유지하거나 늘려 세포 수명을

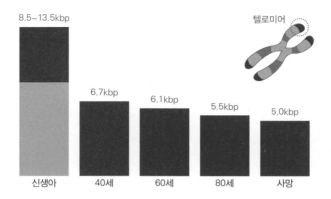

[그림 2-1] 연구를 통해 밝혀진 나이별 텔로미어 평균 길이

연장하는 방법이 연구 중이다.

　두 번째는 약물을 이용해 텔로미어 길이를 조절하는 방식이다. 이는 텔로머라아제를 직접 활성화하지 않고 텔로미어 결합 단백질 Telomere-Binding Proteins의 기능을 조절하거나 텔로미어 DNA의 안정성을 높이는 방식으로 접근한다.

　2019년, 이스라엘 와이즈만 연구소Weismann Institute of Science의 연구팀은 유전자 조작을 통해 텔로머라아제 활성을 높여 인간 세포의 수명을 20% 이상 연장하는 데 성공했다. 이 연구는 텔로미어를 조작해 노화를 억제하는 가능성을 보여 준 중요한 사례다.

　하지만 텔로미어를 연장하면 암 발생 위험이 증가할 수 있으며, 조직마다 효과가 다를 가능성도 존재한다. 따라서 장기적인 효과와 부작용에 대한 심도 있는 연구가 더 필요하다. 최근에는 비침습적인 방법으로 텔로미어 길이를 측정하여 생물학적 나이를 예측하거나, 운동과 스트레스 관리 같은 생활 습관이 텔로미어 길이에 미치는 영향도 활발히 연구 중이다. 또한, 폐 섬유증이나 재생불량성 빈혈 등 텔로미어 관련 질환 치료를 위한 약물 개발이 이루어지고 있다.

한편, 2019년 바[Bar] 등은 비타민 B3의 두 형태인 니코틴아미드[Nicotinamide]와 니코틴아미드 리보사이드[Nicotinamide Riboside]가 인간 세포 수명을 늘릴 수 있음을 밝혔다[1]. 이 물질들은 NAD+ 대사를 통해 텔로미어 길이를 유지하고 DNA 손상을 줄이는 것으로 나타나, 영양소를 이용한 텔로미어 조절이라는 새로운 가능성을 제시했다.

2012년, 베르나르데스[Bernardes] 등의 연구는 텔로미어 조작을 통한 수명 연장의 가능성을 보여 주는 대표적인 사례다[2]. 연구팀은 성체 및 노화한 마우스에 텔로머라아제 유전자 치료를 적용하고 그 효과를 분석했다. 아데노관련 바이러스[AAV]를 이용해 마우스의 텔로머라아제 역전사효소[TERT] 유전자를 1세와 2세 마우스에 전달한 결과, 치료를 받은 마우스의 수명이 대조군보다 평균 24% 길어졌다. 특히, 암 발생률이 증가하지 않은 상태에서 이러한 효과가 나타난 점이 주목할 만하다.

또한, 이 치료는 단순한 수명 연장을 넘어 건강 수명도 늘리는 효과를 보였다. 치료를 받은 마우스들은 인슐린 감수성, 골밀도, 신경 협응 능력, 운동 능력 등 다양한 건강 지표에서 개선을 나타냈다. 이는 텔로머라아제 활성화가 암 발생 위험 없이 수명과 건강을 동시에 연장할 가능성을 시사한다는 점에서 의미가 크다.


## 텔로미어 조작 기술의 산업화와 새로운 가능성

텔로미어 조작과 세포 노화 억제 기술의 산업화도 빠르게 진행되고 있다. 대표적인 기업으로는 제론 코퍼레이션Geron Corporation, 시에라 사이언스Sierra Sciences, TA 사이언스TA Sciences가 있다.

생명공학 기업인 제론 코퍼레이션은 텔로머라아제를 활용한 암 치료와 퇴행성 질환 치료제 개발에 힘쓰고 있다[3]. 이 회사는 텔로머라아제를 표적으로 하는 두 가지 접근법을 연구하고 있다. 하나는 텔로머라아제를 억제해 암을 치료하는 방법이고, 다른 하나는 텔로머라아제 활성화를 통한 퇴행성 질환을 치료하는 방식이다.

제론의 기술이 실용화되면 의료 분야에 새로운 가능성이 열릴 것으로 기대된다. 특히 이메텔스타트Imetelstat 승인은 이 기술의 잠재력을 보여 주는 중요한 이정표지만, 추가적인 임상 연구와 안전성 검증이 필요하다. 제론의 향후 연구 결과는 텔로미어 기반 치료제의 미래를 결정짓는 중요한 지표가 될 것이며, 이는 암과 노화 관련 질환 치료에 새로운 패러다임을 제시할 수 있다.

한편, 시에라 사이언스는 텔로머라아제 활성화를 통한 항노화 제품 개발에 집중하는 미국 기업이다. 이들은 텔로머라아제 활성화 화합물을 찾아 노화를 되돌리는 것을 목표로 하지만, 직접적인 활성화 방식은 장기적인 안전성과 효과 검증이 필요한 과제가 남아 있다.

TA 사이언스는 텔로미어 생물학을 기반으로 한 건강 보조제 개발에 주력하는 생명공학 기업으로[4], 대표 제품 TA-65로 주목받고 있다. TA-65는 황기 추출물을 주성분으로 하는 보조제로, 텔로머라아제 활성화를 통해 텔로미어 길이를 유지하고 세포 노화를 늦추는 것을 목표로 한다.

TA-65의 개발은 텔로미어와 노화의 밀접한 연관성을 과학적으로 이해하는 데서 출발했다. 세포 분열이 반복될수록 텔로미어가 점점 짧아지는 현상은 노화의 주요 원인 중 하나로 알려져 있다. TA 사이언스는 텔로머라아제 활성화를 통해 텔로미어 길이를 유지하면 세포 수명을 연장할 수 있다고 본다.


## 기대와 우려가 공존하는 텔로미어 조작 기술


텔로미어 조작 기술이 실용화에 한 걸음 가까워졌지만, 아직 극복해야 할 과제가 많다.

첫 번째는 장기적인 안전성 문제다. 무엇보다 암 발생 위험 증가가 가장 우려되는 부분이다. 실제로 대부분의 암세포는 텔로머라아제가 과도하게 활성화되어 무한히 증식한다. 따라서 정상 세포와 암세포를 명확히 구분하고 선택적으로 작용하는 기술이 필수적이다.

두 번째는 조직별 효과의 차이다. 텔로미어 길이 조절이 모든 조직이나 기관에서 동일한 효과를 내지 않을 수 있다. 조직마다 텔로미어가 작용하는 방식이 다르기 때문에, 특정 기관에서는 기대만큼 효과가 나타나지 않을 가능성도 있다.

세 번째는 장기적인 영향에 대한 연구가 부족하다는 점이다. 텔로미어를 인위적으로 조작했을 때 수십 년에 걸쳐 어떤 결과를 초래할지 확인하려면 장기 연구가 필요하지만, 현실적으로 수행하기 어렵다.

마지막으로, 규제 승인의 복잡성도 넘어야 할 과제다. 생명공학 기술은 안전성과 효과를 입증하는 데 긴 시간이 소요되며, 각국의 규제 기준도 달라 실제 도입까지의 과정이 매우 복잡하다.

## 노화는 텔로미어만으로 설명되지 않는다

최근 노화 연구에서는 텔로미어와 텔로머라아제의 역할을 비판적으로 바라보는 시각이 늘고 있다. 특히 텔로머라아제가 암과 밀접히 연관된다는 점과 텔로미어 길이와 수명 간 상관 관계가 명확하지 않다는 점이 주요 쟁점이다. 일반적으로 텔로미어가 길수록 수명이 길 것이라 여겨왔지만, 동물 실험에서는 다른 결과가 나오기도 했다. 예를 들어, 실험실 순계 쥐와 야생종 쥐를 비교하면, 오히려 텔로미어가 짧은 야생종의 수명이 더 긴 경우도 있다. 또한 텔로미어 단축이 노화를 반드시 가속화한다는 주장 역시 항상 성립하지는 않는다.

이러한 연구를 종합해 보면, 텔로미어는 수명에 영향을 미치는 여러 요인 중 하나일 뿐, 노화의 핵심 요인으로 보기 어렵다는 결론이 도출된다. 이에 따라 일부 연구자들은 텔로미어에 집중하기보다는 세포 내부의 신호 전달과 반응성에 더욱 주목해야 한다고 주장한다.

2019년, 알더Alder 등의 연구에 따르면, 텔로미어와 수명 사이의 관계는 단순한 인과관계라기보다는 복잡한 상호 작용의 결과일 가능성이 있다[5]. 2013년, 코드Codd 등의 연구에서도 텔로미어 길이에 영향을 미치는 7개의 유전자 좌위를 발견했지만, 실제 수명과의 관련성은 예상보다 복잡했다. 일부 유전자 변이는 텔로미어 길이와 질병 위험 간에 기존 예상과 다른 상관성을 나타내기도 했다[6].

2021년, 크로코Crocco 등의 연구에 따르면, 백세인 대상 연구에서도 텔로미어 길이가 장수를 위한 필수 조건이 아니라는 사실이 확인됐다. 오히려 세포의 전반적 대사 기능과 스트레스 대응력이 장수와 더욱 밀접한 관련이 있는 것으로 밝혀졌다[7].

또한, 박상철 교수의 연구에 의하면, 세포가 노화하면 상피 성장인자Epidermal Growth Factor, EGF에 대한 반응성과 세포 자연사Apoptosis의 효율성이 크게 떨어진다[8]. 즉, 세포가 성장 자극에 둔감해지고 죽어야 할 세포가 제대로 제거되지 않는 현상이 나타난다. 이는 텔로미어 길이와 관계없이 나타나는 노화의 본질적인 특징으로 해석될 수 있다.

진화적 관점에서도 텔로미어 길이는 환경에 따른 적응의 결과로 볼 수 있다. 야생종과 실험실 모델 간의 텔로미어 길이 차이는 종마다 서로 다른 환경과 조건에서 노화에 적응한 결과일 수 있다는 점을 시사한다. 따라서 텔로미어 길이는 독립적으로 평가하는 것이 아니라 진화적 맥락에서 함께 고려해야 한다.

결국 노화란 한 가지 요인에 의해 결정되지 않는 복합적인 시스템의 변화로 이해해야 한다. 세포 내 다양한 신호 전달 경로를 종합적으로 분석하고, 조직마다 서로 다른 노화 메커니즘을 파악하는 게 필수적이다. 임상적으로도 텔로미어를 표적으로 한 치료의 한계를 인식하고, 세포 반응성과 기능을 회복하는 새로운 접근법을 찾아야 한다는 점을 시사한다.

# 대사 조절,
# 노화를 늦추는 또 다른 방법

대사 조절을 통한 수명 연장은 생물체의 에너지 대사를 변화시켜 노화를 늦추고 수명을 늘리는 연구 분야다. 칼로리 섭취 제한이 수명을 늘린다는 발견에서 출발해, 최근에는 이를 모방하거나 세포 대사를 직접 조절하는 방향으로 발전하고 있다. 주요 접근법은 다음과 같다.

**칼로리 제한 모방 약물**: 음식 섭취량을 줄이지 않고도 칼로리 제한과 유사한 효과를 내는 약물을 개발하는 연구다. 대표적으로 레스베라트롤Resveratrol과 메트포르민Metformin이 있다.

**NAD+ 부스터**: NAD+는 세포의 에너지 생성과 DNA 손상 복구에 필수적인 물질로, 노화와 함께 그 수치가 감소한다. 이를 보충하거나 생성 속도를 높이는 물질(NMN, NR 등)을 이용해 노화를 늦추려는 연구가 활발히 이루어지고 있다.

**mTOR 억제제**: mTOR는 세포 성장과 대사 조절에 핵심적인 단백질이다. mTOR

의 활성을 억제하면 수명을 연장할 수 있다는 연구 결과가 있다. 대표 약물로 라파마이신Rapamycin이 있다.

**AMPK 활성화제**: AMPK는 세포 에너지 상태를 감지하는 효소로, 활성화 시 노화를 억제하는 효과가 있다. 메트포르민이 AMPK 활성화를 통한 수명 연장 약물로 대표적으로 연구되고 있다.

이러한 방법들은 다양한 실험과 동물 연구에서 효과가 입증되었으며, 일부는 임상 시험 단계까지 진행 중이다.

2019년, 블라고스클로니Blagosklonny는 mTOR 억제제인 라파마이신이 다양한 생물에서 수명을 연장했으며, 인간에게도 비슷한 효과를 기대할 수 있다고 주장했다[9]. 특히 라파마이신은 단순한 수명 연장뿐만 아니라 암, 알츠하이머병, 심혈관 질환 같은 노화 관련 질환의 예방과 건강 수명 연장에도 유익할 것으로 전망했다.

## 대사 조절 기술, 노화 연구의 최전선에 서다

대사 조절 분야의 대표적인 기업들로는 엘리시움 헬스Elysium Health, 유니티 바이오테크놀로지Unity Biotechnology, 주브네센스Juvenescence를 들 수 있다.

엘리시움 헬스는 과학적 연구를 기반으로 한 항노화 제품 개발에 주력하는 생명과학 기업이다. 대표 제품인 베이시스Basis는

NAD+ 수준을 높이는 건강 보조제로, 최신 노화 연구를 바탕으로 개발되었다.

베이시스의 핵심 성분은 NR$^{\text{Nicotinamide Riboside}}$과 프테로스틸벤 $^{\text{Pterostilbene}}$이다. NR은 비타민 B3의 한 형태로, 체내에서 NAD+의 전구체로 작용해 세포 에너지 대사를 촉진한다. 나이가 들면 NAD+ 수치가 감소하는데, 베이시스는 NR을 통해 이를 보충함으로써 세포 기능을 개선하고 노화 속도를 늦추는 것을 목표로 한다. 프테로스틸벤은 블루베리에서 발견되는 강력한 항산화 물질로, NR과 함께 작용해 세포를 산화 스트레스로부터 보호하는 역할을 한다.

그러나 NAD+ 부스터의 장기적 효과와 안전성에 대해서는 추가 연구가 필요하다. 현재까지의 연구는 대체로 긍정적이지만, 오랜 기간 복용했을 때의 영향에 대한 데이터는 부족하다. 게다가 NAD+ 수치 증가가 실제 수명 연장으로 이어지는지도 확실하지 않다. 또한 엘리시움 헬스의 제품은 건강 보조제로 분류되어 미국 식품의약국$^{\text{Food and Drug Administration, FDA}}$에 승인된 의약품이 아니며, 의료 보험 적용을 받지 않는다는 점도 고려해야 한다.

유니티 바이오테크놀로지는 제노제 약물 개발을 통해 노화 세포를 제거하는 방식으로 노화 관련 질환 치료를 목표로 한다. 노화 세포는 정상적인 기능을 하지 못하면서도 체내에 축적되어 주변 조직에 염증을 유발하고 노화 과정을 가속화하는 것으로 알려져 있다.

이 회사의 대표적인 개발 파이프라인은 중 하나는 UBX1325라는 약물이다. UBX1325는 BCL-xL 단백질을 표적으로 하는 강력한 소분자 화합물로, 노화 세포의 생존에 중요한 역할을 하는 이 단백질을 억제함으로써 세포의 제거를 유도한다. 특히 이 약물은 당뇨성 황반부종과 같은 망막 질환 치료에 초점을 맞추고 있으며, 현재 임상 시험이 진행 중이다.

주브네센스는 영국 기반의 노화 연구 기업으로, 다양한 항노화 기술을 개발하고 있다[10]. 이 회사는 제노제 연구에서 노화된 세포를 선택적으로 제거하는 약물을 개발 중이며, 이는 유니티 바이오테크놀로지의 접근법과 유사하다. 그러나 주브네센스는 이를 더 광범위한 전략의 일부로 활용하며, NAD+ 부스터 기술과 결합해 시너지 효과를 창출하고자 한다.

또한, 미토콘드리아 기능 개선도 주요 연구 분야다. 미토콘드리아는 세포의 에너지원이지만, 노화가 진행되면서 기능이 저하된다. 주브네센스는 미토콘드리아 기능을 유지하고 개선하는 방법을 연구해 세포 건강을 향상시키는 것을 목표로 한다.


## 대사 조절 기술, 수명 연장의 기회인가 위험인가?

대사 조절을 통한 수명 연장 기술은 실현 가능성을 점차 높여가고 있지만, 여전히 해결해야 할 과제들이 많다.

첫째, 장기적인 효과와 안전성 검증이 필수적이다. 수명을 연장하는 기술인 만큼, 단기적인 실험 결과만으로는 충분하지 않다. 수십 년에 걸친 연구와 관찰이 필요하며, 장기간 사용 시 나타날 수 있는 부작용에 대한 데이터도 아직 부족하다.

둘째, 개인 맞춤형 접근이 요구된다. 같은 대사 조절 기술이라도 개인의 유전적 요인, 생활 습관, 환경에 따라 효과가 달라질 수 있다. 일률적인 방식으로 적용하기보다는, 개개인의 대사 특성을 반영한 맞춤형 전략이 필요하다.

셋째, 윤리적 · 사회적 논의가 필수적이다. 수명 연장 기술이 현실화될 경우, 이는 단순한 의학적 혁신을 넘어 사회 구조, 자원 분배, 의료 시스템에까지 영향을 미칠 수 있다. 생명 연장이 개인의 선택으로만 이루어질 수 있는 문제인지, 의료 접근성과 형평성 측면에서 어떤 원칙이 적용되어야 하는지에 대한 논의가 필요하다.

또한, 현재 연구들은 부작용에 대한 충분한 검토가 이루어지지 않은 상태다. 세포 대사를 인위적으로 조절하는 것은 예측하지 못한 결과를 초래할 가능성이 있으며, 그 영향이 수십 년 후에야 드러날 수도 있다. 특히 NAD+ 부스터나 대사 조절제와 같은 접근법은 노화 과정을 지나치게 단순화하는 위험이 있다. 노화는 단일 경로나 특정 분자를 조절한다고 해결되는 문제가 아니다. 이는 자동차의 노후화를 엔진 오일 교체만으로 해결하려는 것과 같은 환원주의적 사고일 수 있다.

# 호르몬 요법,
# 몸속 시계를 되돌릴 수 있을까?

호르몬 대체 및 최적화 요법은 나이가 들면서 변화하는 호르몬 균형을 바로잡아 건강 유지와 수명 연장을 돕는 접근법이다. 나이가 들수록 호르몬 수치가 감소하거나 불균형해지면서 근육 감소, 피로 증가, 대사 저하 같은 다양한 노화 현상이 나타난다. 이러한 변화를 보완해 젊었을 때의 호르몬 상태를 유지하거나 최적화하는 것이 호르몬 요법의 목표다. 주요 대상 호르몬은 다음과 같다.

**성장 호르몬**: 세포 재생과 성장을 촉진하며, 나이가 들면서 분비량이 줄어든다. 보충 요법은 근육량 증가, 지방 감소, 피부 탄력 개선 등의 효과가 있다고 알려져 있다.

**테스토스테론**: 남성의 주요 성호르몬으로, 근육량 유지, 골밀도 개선, 성기능 향상에 중요한 역할을 한다. 나이가 들면서 감소하며, 보충 요법이 이러한 변화를 완화하는 데 도움이 될 수 있다.

**에스트로겐과 프로게스테론**: 여성의 주요 성호르몬으로, 폐경 전후 급격히 감소한다. 보충 요법은 폐경 증상 완화, 골다공증 예방 등의 효과를 기대할 수 있다.

**DHEA**: 부신에서 분비되는 호르몬으로, 면역 기능과 인지 기능에 영향을 준다. DHEA는 나이가 들면서 감소하며, 보충 요법이 면역력 강화와 인지 기능 향상에 기여할 수 있다.

**멜라토닌**: 수면-각성 주기를 조절하는 호르몬으로, 나이가 들수록 분비가 줄어든다. 멜라토닌 보충은 수면 질 개선과 항산화 효과를 기대할 수 있다.

**갑상샘 호르몬**: 대사를 조절하는 핵심 호르몬으로, 기능 저하 시 에너지 감소, 체중 증가, 피로감이 나타날 수 있다. 보충 요법은 대사 개선과 에너지 수준 향상에 도움을 줄 수 있다.

2016년, 모르겐탈러Morgentaler 등의 연구에서는 테스토스테론 결핍과 치료에 대한 국제 전문가들의 합의를 제시했다[11]. 이 연구에 따르면, 적절한 테스토스테론 대체 요법은 삶의 질 향상, 성기능 개선, 근육량 및 골밀도 증가 등의 효과를 보였으며, 전립선암 위험 증가와의 연관성은 확인되지 않았다.

## 호르몬 요법을 선도하는 혁신 기업들

호르몬 대체 및 최적화 요법 분야의 대표적 기업으로 바이오트메디컬BioTE Medical과 테라퓨틱스MDTherapeuticsMD가 있다.

바이오트 메디컬은 미국의 대표적인 생체동일호르몬 대체요법Bioidentical Hormone Replacement Therapy, BHRT 전문 기업으로, 개인 맞춤형 호르몬 치료를 통해 건강과 삶의 질 향상을 목표로 한다. 환자의 호르몬 수치뿐만 아니라 증상, 의료 이력, 생활 습관까지 종합적으로 고려하여 최적의 호르몬 조합과 용량을 제시한다.

바이오트의 BHRT는 다양한 증상 개선 효과를 기대할 수 있다. 여성의 경우 갱년기 증상 완화, 골밀도 증가, 성기능 개선 등의 효과가 보고되고 있으며, 남성에게는 근육량 증가, 에너지 향상, 성기능 회복과 같은 이점이 있다. 또한 기분 개선, 인지 기능 강화, 수면의 질 향상 등 남녀 모두에게 긍정적인 효과를 줄 수 있다. 다만 보험 적용이 어려워 비용 부담이 클 수 있고, 특정 질환이 있는 환자는 부작용 위험이 있다는 점을 고려해야 한다.

테라퓨틱스MD는 여성 건강을 전문으로 하는 혁신적인 제약 회사로[12], 특히 호르몬 대체 요법에서 주목받고 있다. 알약, 크림, 질 삽입제 등 다양한 형태의 호르몬 제품을 개발했으며, 대표 제품으로는 임벡시Imvexxy와 비쥬바Bijuva가 있다. 임벡시는 FDA 승인을 받은 에스트라디올 질 삽입제로 폐경 후 여성의 중등도에서 중증 성교통 치료에 사용된다. 비쥬바는 생체동일 에스트라디올과 프로게스테론을 결합한 최초의 FDA 승인 경구용 호르몬 치료제로, 환자 개인에게 적합한 치료법을 선택할 수 있게 해 준다.

# 호르몬 기술이 이끄는 노화 설계의 진화

노화의 설계라는 인류의 도전은 호르몬 대체 및 최적화 요법과 같은 과학적 혁신 덕분에 새로운 국면을 맞고 있다. 이제 노화는 단순한 생물학적 현상이 아니라 적극적으로 관리하고 조율할 수 있는 영역으로 변화 중이다.

호르몬 요법은 근육량과 골밀도, 피부 탄력과 같은 신체적 노화 현상을 완화할 뿐 아니라, 인지 기능과 정서적 안정까지 아우르는 전반적인 웰빙을 제공한다. 이는 노화를 단지 피해야 할 쇠퇴 과정이 아니라, 적극적으로 최적화할 수 있는 대상으로 바라보는 중요한 인식 전환의 계기가 되고 있다. 성기능 유지, 에너지 대사 최적화, 수면의 질 개선 등은 이런 변화의 핵심 요소다.

기술 발전은 노화 연구에 새로운 가능성을 열고 있다. 복합 호르몬 요법과 호르몬 유사체의 발전으로 내분비계를 보다 정교하게 조율할 수 있게 되었으며, 단순히 수명을 연장하는 차원을 넘어 삶의 질 자체를 근본적으로 향상시키는 방향으로 진화하고 있다. 여기에 생체 리듬과의 조화, 유전자 치료와의 결합, 환경 호르몬 대응까지 더해지면서, 노화 설계의 실현 가능성이 더욱 구체화되고 있다.

# 늙은 세포를 제거하면
# 젊음이 돌아올까?

미네소타대학의 데이비드 커크우드David Kirkwood는 노화 세포만을 선택적으로 제거하는 제노제라는 개념을 처음으로 제안해 학계의 큰 주목을 받았다. 그는 대표적인 노화 유전자인 P16이 과발현된 세포를 골라 제거하는 방법을 개발하고 이를 늙은 동물에 적용해, 동물의 활동성이 증가하고 외모까지 젊어지는 놀라운 효과를 확인했다.

암 치료에서 암세포를 골라 없애는 전략과 유사하게, 늙은 세포를 선택적으로 제거하여 젊음을 되찾는 이 방법은 단순하면서도 명확한 효과 때문에 큰 파장을 일으켰다. 이전까지는 노화 세포가 세포 자연사에 강한 저항성을 가지고 있어서 선택적으로 제거하는 게 불가능하다는 인식이 지배적이었다. 하지만 미네소타대 연구팀은 여러 물질을 테스트하며 노화 세포의 저항성을 무력화할 수 있는 성분을 찾아냈다. 그중 퀘르세틴Quercetin과 다사티닙Dasatinib을 함께 사용하는 칵테일 요법이 동물 실험에서 의미 있는 노화 억제 효과를 보였다. 쿼르세틴은 케일 같은 채소에서 흔히 발견되는 물질이며, 다사티닙은 백혈병 치료제로 사용되는 약물이다. 현재는 이외에도 여러 가지 약물 조합이 추가로 연구되고 있다.

연구팀은 또한 젊은 동물에게 노화 세포를 주입하면 실제로 노화가 촉진된다는 사실도 밝혀냈다. 이는 노화 세포를 제거하는 것이 단순히 상태를 개선하는 것뿐 아니라, 노화 진행 자체를 늦추는 데 근본적 도움이 될 수 있음을 시사한다. 쿼르세틴과 다사티닙을 조합한 제노제 요법을 실시한 늙은 동물들은 실제로 수명이 길어지고 활동성도 높아지는 결과를 보였다.

아직 이 연구는 초기 단계이지만, 노화 세포만을 선택적으로 제거하는 전략은 점점 실용화 가능성을 높이고 있다. 물론 늙은 세포를 제거하는 것만으로는 한계가 있으며, 새로운 젊은 세포의 지속적인 공급이 필수적이다. 이를 위해 생체 내 성체줄기세포Adult Stem Cell, ASC가 주목받고 있으나, 줄기세포의 실제 기능과 한계는 아직 명확히 밝혀지지 않은 상황이다.

결국 노화 세포 제거를 통한 회춘은 노화 숙명설 대신 치환replace 전략을 활용하는 접근법이다. 이 연구가 실제 적용 가능한 기술로 발전하기 위해서는 추가적인 연구와 지속적인 관찰이 필요하다.

## 수명 연장 기술은 어디까지 가능할까?

수명 연장 기술의 발전은 단순한 의료 혁신을 넘어 인류 문명의 근본적인 전환점이 되고 있다. 텔로미어 길이 조절, 대사 제어 기술, 호르몬 최적화 요법 등은 이미 동물 실험을 통해 효과가 확인되었고, 인간에게도 조만간 적용될 가능성이 높은 기술들이다.

이러한 기술 발전은 노화를 더 이상 자연스러운 현상이 아닌 인간이 적극적으로 조절할 수 있는 변수로 만들고 있다. 정밀의학, 나노 기술, AI와 빅데이터가 결합한 새로운 패러다임 속에서 인류는 노화라는 생물학적 한계를 넘어설 준비를 하고 있다. 이는 단지 수명을 늘리는 것이 아니라 인간 존재 자체를 재구성하는 문명적 변화로 연결될 것이다.

하지만 이런 기술 발전은 새로운 철학적, 윤리적 질문을 던진다. 노화에 대한 의료적 개입은 어느 범위까지 허용돼야 할까? 평균 수명이 급격히 늘어나면 사회 구조에는 어떤 변화가 생길까? 새로운 의료 기술의 혜택이 과연 모든 사람에게 공평하게 돌아갈 수 있을까? 초고령 사회에서 존엄성을 유지하며 살아가는 방법은 무엇인가? 수명 연장이 단순히 오래 사는 문제를 넘어 삶의 질과 직결된다는 점에서, 이러한 질문들에 대한 깊은 고민이 필요하다.

특히 인간의 필멸성을 기술로 극복하려는 노력은 역설적으로 삶의 의미에 대한 본질적 질문으로 이어진다. 만약 죽음이 더 이상 필연적인 것이 아니라면 우리는 과연 무엇을 위해 살아야 할까? 단순히 수명을 연장하는 것이 아니라 삶을 더 의미 있고 질적으로 개선하는 방향으로 나아가는 것이 중요하다.

결국, 생명 연장 기술의 발전은 기술과 인간성 간의 균형을 찾는 도전이다. 과학이 제공하는 가능성은 사회적 합의와 윤리적 성찰 과정을 거쳐야만 진정한 의미의 혁신으로 자리 잡을 수 있다. 무작정 수명만 늘리는 것이 아니라 인간의 존엄성과 삶의 질을 고려하는 것이 지속 가능한 발전의 핵심이다.

현재 수명 연장 기술은 기술적 발전과 상업적 이해관계가 맞물려 빠르게 진행되고 있다. 그러나 노화와 수명이라는 생물학적 현상을 충분히 이해하지 않은 상태에서 급하게 개입하면 예상치 못한 부작용이 발생할 수도 있다. 연구는 인간과 자연이 조화를 이루며 공존하는 방향으로 균형 잡힌 관점을 유지해야 한다.

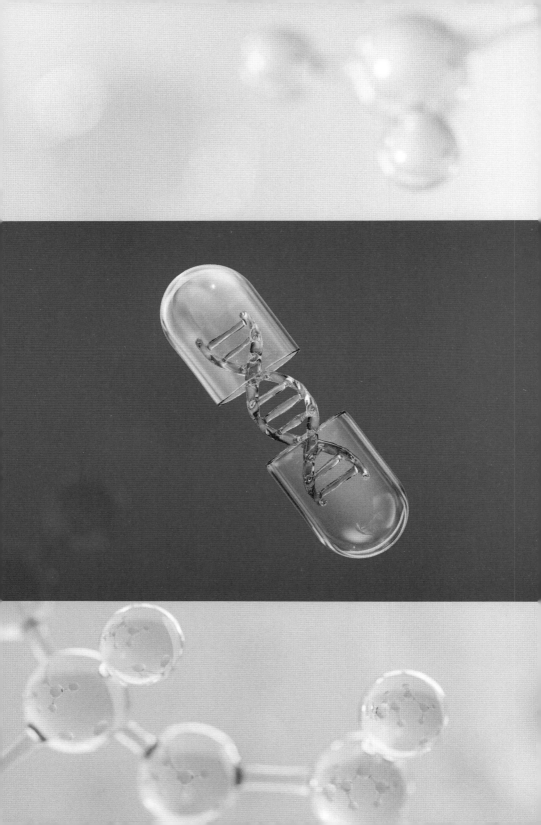

## 3장

# 재생의학, 죽어 가는 세포에 생명을 불어넣다

# 줄기세포와 복제 기술, 노화에 맞서는 생명공학

하나님이 자기 형상 곧 하나님의 형상대로 사람을 창조하시되 남자와 여자를 창

조하시고

- 창세기 1:27

성경은 하나님이 인간을 자신의 형상대로 창조했다고 전한다. 이는 태초부터 복제가 생명체 형성의 기본 원리였다는 관점을 내포하고 있다. 이러한 개념은 신화나 문학에서도 자주 등장한다. 중국의 4대 기서 중 하나인 《서유기》에서는 손오공이 72가지 변신술로 위기를 극복하는데, 자신의 머리카락을 뽑아 분신을 만들어 내는 장면은 복제술의 대표적인 예로 볼 수 있다.

인류는 오랫동안 창조와 생명의 본질에 대해 탐구해 왔다. 과거 신화나 문학 속 상상에 머물렀던 복제 개념이 이제 과학 기술의 발달과 함께 현실화하고 있다. 올더스 헉슬리Aldous Huxley의 소설 《멋진

신세계Brave New World》에 등장하는 인간 제조 공장 같은 장면은 더 이상 공상으로만 치부되지 않는다.

복제 연구는 약 100년 전 개구리 실험으로 시작하여 포유류로 확대되었고, 체세포 복제 기술의 등장으로 생명공학은 새로운 국면을 맞이했다. 체세포에서 추출한 핵을 대리모의 난자에 이식하여 새 개체를 탄생시키는 이 기술로 복제 양 돌리가 태어난 이후, 생쥐, 개, 원숭이 등 여러 동물에서 복제가 이루어졌다. 이제는 인간 복제 가능성에 대한 논의도 본격화하고 있다.

이처럼 복제 기술은 단순히 생명체를 만들어 내는 차원을 넘어 생명 현상 자체를 조작하는 수준으로 발전하고 있다. 최근 생명과학에서는 체세포 복제술Somatic Cell Nuclear Transfer과 만능줄기세포Pluripotent Stem Cell, PSC의 유도 기술이 노화 연구의 새로운 전기를 마련하고 있다.

이와 달리 새롭게 주목받는 연구가 바로 병체결합술Parabiosis이다. 병체결합술은 두 개체의 혈액을 서로 연결해 순환시키는 방식인데, 이를 통해 노화를 유지하거나 조절하는 특별한 인자가 존재한다는 사실이 밝혀졌다. 이는 노화 현상에 대한 기존의 인식을 근본적으로 바꾸는 계기가 되고 있다.

체세포 복제 기술은 이미 식물과 동물 분야에서 널리 활용 중이다. 식물의 경우 잎이나 뿌리의 일부를 통해 새 개체를 생산하는 기술이 농업 분야의 주요 방법으로 정착했다. 동물에서도 복제가 상용화되었으며, 최근 중국에서는 원숭이 복제에 성공하면서 인간 복제 가능성도 더욱 현실적으로 다가왔다.

특히 최근에는 일반 세포를 태아기의 전능세포<sup>Pluripotent Cell</sup> 상태로 되돌려 만능줄기세포를 만들어 내는 기술이 개발되었다. 이 기술은 기존 생명과학의 한계를 뛰어넘어 생명 현상의 새로운 미래를 제시한다. 이는 노화 현상을 조절할 가능성을 시사하며, 노화가 불가피한 것이라는 전통적인 관점을 변화시키고 있다.

과거에는 노화 세포가 돌이킬 수 없는 퇴행성 변화를 겪기 때문에 복원이 불가능하다고 여겨졌다. 하지만 노화 세포의 핵을 이용한 체세포 복제나, 노화 세포로부터 만능줄기세포를 만드는 것이 가능하다는 것이 밝혀지면서, 노화의 비가역성과 불가피성에 대한 기존의 개념이 흔들리고 있다.

병체결합술 실험에서도 노화된 개체와 젊은 개체의 혈액을 연결했을 때 노화 개체가 젊어지거나 젊은 개체가 더 빨리 늙는 현상이 나타났다. 이는 생체 내에서 혈액을 통해 노화를 조절하거나 유지하는 특별한 인자가 존재한다는 강력한 증거다. 이러한 발견을 통해 노화 제어는 더 이상 추상적이지 않고 현실적인 문제로 떠오르고 있다.

결국 노화 연구는 단순히 수명을 늘리는 것을 넘어, 노화 자체를 통제하는 단계로 진입하고 있다. 체세포 복제와 만능줄기세포 기술이 노화 연구의 새로운 시대를 열면서, 인간의 생명과 노화에 대한 기존 패러다임은 점차 바뀌고 있다. 앞으로 연구가 더 발전한다면 인간의 노화를 획기적으로 늦추거나 되돌리는 시대가 올지도 모른다.

# 생명과학이 다시 쓰는
# 노화의 시간표

　현대 생명과학의 발전은 인간의 삶을 근본적으로 바꿔 놓고 있다. 특히 줄기세포 연구와 세포 리프로그래밍 기술은 단순히 난치병 치료를 넘어 인간의 수명을 연장하고 노화 자체를 역전할 수 있는 가능성을 열었다. 배아줄기세포Embryonic Stem Cells, ESC, 성체줄기세포, 유도만능줄기세포induced Pluripotent Stem Cell, iPSC의 발견과 응용은 인체의 손상된 부분을 재생하고 질병을 근본적으로 치료하는 획기적인 전환점이 되고 있다.

　나아가 세포의 생물학적 시계를 거꾸로 되돌리는 리프로그래밍 기술과 RNA 구조 연구는 노화의 근본적 원인을 밝혀내고, 이를 조절할 가능성을 제시하고 있다. 이러한 연구들은 단순히 과학적 호기심을 충족시키는 것을 넘어, 인류의 삶의 질과 수명에 대한 패러다임을 근본적으로 바꿀 것이다.

# 몸속 손상도 복구하는 만능 세포

줄기세포는 태생기에 만들어지는 전능세포로서, 다양한 조직으로 분화할 수 있는 능력을 가진다. 초기 단계의 배아에서 확보할 수 있으며, 특정한 조건에서 원하는 세포로 배양할 수 있어 간세포幹細胞라고도 한다. 자연 상태의 줄기세포는 크게 배아줄기세포와 성체줄기세포로 나뉘며, 최근에는 일반 체세포를 줄기세포로 전환시키는 기술을 통해 유도만능줄기세포가 등장했다.

줄기세포의 핵심 특성은 자가복제능과 분화능이다. 자가복제능이란 원래 세포와 동일한 줄기세포 상태를 유지하며 분열하는 능력을 말하고, 분화능은 특정한 조직이나 장기를 구성하는 다양한 세포로 변화할 수 있는 능력을 의미한다.

## 배아줄기세포와 성체줄기세포

배아줄기세포는 정자와 난자가 수정된 배아에서 추출된다. 거의 모든 세포 유형으로 분화할 수 있어 전분화능 줄기세포Totipotent Stem Cell로도 불린다. 대량 배양이 가능하며, 면역 거부 반응이 없어 타인이나 이종 간 이식에도 활용할 수 있다는 장점이 있다.

배아줄기세포는 분화능에 따라 전능성Totipotency, 만능성Pluripotency, 다분화성Multipotency으로 나눌 수 있다. 전능성은 세포 하나가 온전한 개체로 자랄 수 있는 능력이며, 대표적인 예로 수정란에서 갈라져 나오는 일란성 쌍둥이가 있다. 만능성은 개체의 다양한 장기나 조직 세포로 분화할 수 있는 능력이다. 다분화성은 특정 계열의 여러 세포로 분화하는 능력으로 주로 성체줄기세포가 가진 특성이다.

반면 성체줄기세포는 성인의 신체 각 조직에 소량 존재하며 해당 조직의 세포로 분화하는 특성을 지닌다. 배아줄기세포와 달리 계통제한적Lineage-restricted 분화능을 가지며, 예를 들어 근육 줄기세포는 근육 세포로, 피부 줄기세포는 피부 세포로만 분화한다.

성체줄기세포는 분화 과정이 안정적이라 암세포로 전환될 가능성이 낮아 임상 적용이 비교적 용이하다는 장점이 있다. 하지만 확보 가능한 세포 수가 적고 배양이 어렵다는 점, 특정 세포로만 제한적으로 분화한다는 한계가 있다. 또한 면역 거부 반응 문제로 타인에게 이식하기가 어렵다는 단점도 존재한다.

## 유도만능줄기세포의 등장

유도만능줄기세포는 신체의 일반 세포를 배아줄기세포 상태로 되돌려 만든 것이다. 2007년, 일본의 야마나카 연구팀은 생쥐 섬유아세포에 네 가지 유전자 전사인자(Oct3/4, Sox2, c-Myc, Klf4)를 주입해 최초로 역분화를 성공시키며 유도만능줄기세포를 제작했다. 이후 인간 세포에서도 동일한 방식으로 유도만능줄기세포 제작에 성공하며 본격적인 연구가 이루어졌다.

이 획기적인 발견은 일반 세포와 줄기세포의 유전자 발현 패턴을 분석하는 과정에서 이뤄졌다. 일반 세포에는 없거나 미약하고 줄기세포에만 많은 특정 전사인자를 찾아내, 이를 체계적으로 주입하며 줄기세포로 전환할 수 있는 네 가지 핵심 인자를 밝혀낸 것이다. 이후 위스콘신대학 연구팀에서도 Oct4, Sox2, Nanog, Lin28을 통해 인간의 상피세포를 역분화시키는 데 성공하여 유도만능줄기세포 기술이 널리 확산되는 계기를 마련했다.

유도만능줄기세포의 인위적 제작 성공은 생명 현상의 작동 원리가 우리가 생각하는 것보다 훨씬 간단하고 명확한 몇 가지 핵심 요소로 구성될 수 있음을 잘 보여 준 사례다. 이 발견은 생명의 신비가 더 이상 설명할 수 없는 영역이 아니라 몇 가지 원칙으로 이해할 수 있는 명료한 현상임을 시사한다[1].


## 줄기세포 혁명이 만든 치료 패러다임 변화

만능줄기세포의 활용은 난치병 치료의 새로운 가능성을 열고 있다. 2018년, 일본 교토대학 연구팀은 유도만능줄기세포에서 도파민 신경 세포를 만들어 파킨슨병 환자의 뇌에 이식하는 획기적인 임상 시험을 시작했다. 이어 2019년에 게이오대학 연구팀은 척수 손상 환자에게 유도만능줄기세포에서 유래한 신경전구세포를 이식해 마비 증상을 개선할 수 있음을 보여 주었다.

줄기세포 산업화도 빠르게 진행 중이다. 미국의 페이트 테라퓨틱스Fate Therapeutics는 유도만능줄기세포에서 NK세포와 T세포 같은 면역 세포를 대량 생산해 즉시 사용할 수 있는 세포 치료제를 개발하고 있다. 일본의 사이나타 테라퓨틱스Cynata Therapeutics는 단일 공여자로부터 무제한 증식 가능한 중간엽 줄기세포Mesenchymal Stem Cells, MSC를 생산하는 플랫폼 기술을 보유하고 있다[2].

한국 역시 줄기세포 연구와 산업 분야에서 세계적인 성과를 내고 있다. 메디포스트는 제대혈 줄기세포Umbilical Cord Blood Stem Cell 치료제인 카티스템으로 세계 최초 품목 허가를 받았으며, 알츠하이머병과 급성 호흡 곤란 증후군 치료제 개발도 진행 중이다[3]. 안트로젠은 지방 유래 중간엽 줄기세포를 활용한 크론병 치료제 큐피스템을 개발했고, 퇴행성 관절염과 루게릭병 치료제 연구도 병행하고 있다[4]. 차바이오텍은 성체줄기세포, 배아줄기세포, 유도만능줄기세포 등 다양한 줄기세포를 연구하며 난치병 치료에 주력하고 있다[5]. 코아스템은 자가 골수 유래 중간엽 줄기세포로 만든 루게릭병 치료제 뉴로나타-알을 개발해 세계 최초로 3상 임상 시험을 마치고 조건부 품목 허가를 획득했다[6].

## 혁신적인 약물 전달 시스템, 리포좀

첨단 의학 기술의 발전은 리포좀Liposome과 같은 혁신적인 약물 전달 시스템의 개발로 이어지고 있다. 리포좀은 내부에 친수성 공간을 가진 이중 지질막으로 구성된 구형의 미세 소포체로, 수십 나노미터에서 수 마이크로미터 크기를 가진다. 이는 생체 적합성과 분해성, 안정성이 뛰어나며, 다양한 치료 물질을 효과적으로 전달할 수 있는 장점이 있다[7]. 예를 들어 리포좀은 줄기세포 배양액에서 추출한 유효 성분을 안정적으로 전달하는 데 사용되며, 저온 공정 리포좀 기술(4°C 이하)을 통해 열에 민감한 성분의 활성을 유지할 수 있다.

최근에는 리포좀과 유사한 새로운 전달체를 이용해 유도만능줄기세포를 만드는 기술도 개발 중이다. 이 기술은 항암제, 조영제, 항진균제, 면역 조절 물질, DNA 등을 효과적으로 전달해 줄기세포 기반 치료법의 임상 적용 가능성을 확대하고 있다.


## 젊음을 되돌리는 리프로그래밍 기술


최근 노화 연구에서 가장 주목받는 분야는 세포 리프로그래밍 기술이다. 이는 성체 세포를 초기 발생 단계로 되돌려 노화를 역전하고 젊음을 회복시키려는 접근법이다. 그러나 이를 인간에게 안전하게 적용하기 위해선 리프로그래밍 과정의 정밀한 조절법과 장기적인 안전성 검증 등 해결해야 할 과제가 남아 있다. 최근에는 직접적인 유전자 조작 대신 리프로그래밍 인자의 활성을 조절하는 화합물을 이용한 연구도 진행 중이다. 이 방법은 유전자 조작 없이도 세포를 효과적으로 리프로그래밍할 수 있는 가능성을 제시한다. 또한 심장이나 신경 세포와 같은 특정 조직이나 기관을 표적으로 리프로그래밍 기술을 맞춤화하는 연구도 활발하다.

세포 리프로그래밍 기술은 재생 의학에도 큰 영향을 미치고 있다. 손상된 조직을 재생하거나 퇴행성 질환을 치료하는 데 활용될 가능성이 크다. 2016년, 오캄포Ocampo 등의 연구에서는 야마나카 인자Oct4, Sox2, Klf4, c-Myc를 주기적으로 활성화해 생체 내에서 노화의 징후를 개선할 수 있음을 밝혀냈다[8]. 특히 조기 노화 질환을 가진 생쥐 모델에서 수명이 연장되고 여러 노화 지표가 개선되는 것이 관찰되었다. 이 연구는 생체 내에서도 세포 리프로그래밍을 통해 노화를 역전시킬 수 있음을 처음으로 증명하며 노화 연구에 획기적인 방향을 제시했다.

이러한 젊음의 재생 기술은 단순히 오래 사는 것을 넘어 삶의 질을 근본적으로 개선할 수 있는 가능성을 지녔다. 그러나 동시에 윤리적·사회적 논의도 반드시 필요하다. 노화 역전 기술이 일반화되면 인구 구조 변화, 의료 자원 분배, 세대 간 갈등 등 다양한 사회적 이슈가 발생할 수 있으므로, 이에 대한 신중한 접근이 필요하다.

## 노화의 비밀을 푸는 RNA 지도

RNA 구조체structurome는 세포 내 모든 RNA 분자의 3차원 구조와 그 변화를 통칭하는 개념이다. RNA는 단일 가닥이지만 다양한 2차 구조(헤어핀, 돌출, 내부 루프)와 3차 구조를 형성할 수 있다. 이런 구조적 특성이 RNA 기능을 결정짓는 핵심이다.

노화는 단순한 시간의 흐름이 아니라 생체 분자의 구조 변화에서 비롯된다. RNA 구조체 관점에서 보면 나이가 들수록 RNA의 구조가 변형되고, 이는 세포의 기능 저하로 이어진다. 특히 리보솜 RNA$^{rRNA}$의 구조 변화는 단백질 합성 효율을 낮추어 세포 기능 전반에 부정적인 영향을 준다.

산화 스트레스 역시 RNA 구조에 직접적인 영향을 미친다. 활성산소종$^{Reactive\ Oxygen\ Species,\ ROS}$은 RNA 염기를 산화시켜 RNA 구조를 변형하고, 이로 인해 세포 노화를 가속화한다. 최신 Cryo-EM과 엑스레이 결정학 기술을 활용하면 RNA 구조 변화를 정밀하게 분석할 수 있고, 이를 통해 새로운 치료 타겟을 발견할 수 있다. 예를 들어 변형된 RNA 구조를 복구하거나 정상화하는 약물을 개발할 가능성이 있다.

또한, 미토콘드리아 기능 저하는 노화의 주요 원인 중 하나이며, 미토콘드리아 RNA 구조 변화 역시 노화와 밀접한 관련이 있다. RNA 구조의 변화로 에너지 생산 효율이 저하되면 세포 노화가 가속화된다. 따라서 RNA 구조를 안정화하거나 복구하는 효소의 활성을 조절하는 방식이 향후 항노화 전략으로 주목받고 있다.

# 혈액 속에 숨은
# 회복의 비밀을 찾다

병생Parabiosis은 '옆, 곁, 다른'을 의미하는 파라para와 '생명'을 뜻하는 비오스bios를 결합한 용어로, 곤충학자 포렐Forel이 공생Symbiosis 개념과 구별하기 위해 제안했다. 병생이란 서로 다른 두 개체를 외과적으로 연결해 혈액 순환계를 공유하도록 만드는 기술이다.

병생은 독립된 개체들이 협력하며 살아가는 공생과 개념적으로 다르다. 최초의 동물 실험은 19세기 중반 폴 베르Paul Bert가 수행했다. 그는 쥐를 비롯해 나비, 개미 등의 곤충, 히드라, 어류를 대상으로 몸통만 남은 성체를 다른 성체에 연결한 후 생리적 변화를 관찰했다. 구체적으로는 두 개체의 복강이나 피부를 연결해 혈액이 순환하도록 하고, 한쪽 개체에 주입한 염료가 다른 개체로 이동하는 것을 확인하며 병생의 효과를 입증했다.

이후 한동안 병생 연구는 면역 거부 반응에 대한 해결책이 부족해 정체되었다. 그러나 20세기 중반 동물을 계대 사육해 면역 문제를 최소화한 순계Inbreeding 기술이 자리 잡으면서 병생 기술은 다시 주목받기 시작했다. 특히 대사 및 비만 연구 분야에서 활발히 활용되었다.

대표적인 예로, 시상 하부 일부를 손상시켜 식욕이 증가한 쥐와 정상 쥐를 병체 결합시켜 관찰한 실험이 있다. 이때 뇌 손상 쥐는 과식으로 비만해진 반면, 정상 쥐는 오히려 음식을 거부하며 체중이 감소했다. 이 실험으로 시상 하부가 음식 섭취를 조절하는 핵심 부위이며, 혈액을 통해 이동하는 인자가 식욕 조절에 관여한다는 사실을 밝혀냈다. 이 연구는 이후 식욕 조절 인자인 렙틴Leptin 발견으로 이어졌으며, 병생 기술은 당뇨병과 같은 대사 질환뿐만 아니라 암 전이, 치매, 관절염과 같은 다양한 질환 연구에도 활용되기 시작했다.

병생 연구가 급격히 발전한 것은 병체 결합을 통해 노화를 제어할 수 있다는 결과가 발표되면서부터다. 줄기세포 연구자들은 병체 결합으로 인해 상대 개체의 줄기세포가 영향을 받는다고 보고했다. 특히 젊은 쥐와 늙은 쥐를 결합하면 늙은 쥐의 수명이 연장되고 젊어지는 효과가 나타났다.

스탠퍼드대학의 란도Rando 등은 병체 결합으로 늙은 쥐의 간, 근육, 심장, 심지어 뇌까지 젊어질 수 있다고 보고했다[9]. 연구팀은 그 이유로 젊은 쥐의 혈액에서 순환하는 특정 인자가 늙은 쥐 조직 내의 성체줄기세포를 활성화해 노화를 억제한다고 설명했다.

이러한 연구는 혈액 속에 노화 제어 인자가 존재한다는 놀라운 가능성을 제기하면서 엄청난 파급력을 가져왔다. 노화를 조절하는 물질이 병체 결합한 두 개체 사이를 순환한다는 발견은, 혈액 내에서 노화와 관련된 특정 물질 규명 연구를 빠르게 앞당겼다. 또한 혈액 전체가 아닌 혈장$^{Plasma}$만으로도 회춘 효과가 있다는 추가 실험 결과는 혈장 내에 유효한 성분이 존재한다는 가설을 뒷받침했다.

연구팀들은 젊은 쥐의 연구팀들은 젊은 쥐의 혈액에는 많지만 늙은 쥐에게는 적은 성분, 그리고 그 반대로 늙은 쥐에게는 많고 젊은 쥐에게는 적은 성분에 주목해, 이들이 어떤 영향을 미치는지 실험을 통해 확인했다. 그 결과 GDF11과 옥시토신$^{Oxytocin}$은 젊음을 유지하는 인자로, 베타2-마이크로글로불린$^{Beta-2 \ Microglobulin}$은 노화를 촉진하는 인자로 밝혀졌다.

즉, 늙은 쥐의 혈액에는 노화를 지속시키는 물질이, 젊은 쥐의 혈액에는 젊음을 유지하는 물질이 존재하며, 병생 기술을 통해 두 물질이 서로 영향을 주고받는다는 것이다. 이로써 노화나 젊음을 제어할 수 있는 혈액 인자가 존재한다는 개념이 생겨났고, 이는 관련 연구에 중요한 전환점이 되었다. 아직 연구 결과에 대한 충분한 검증과 논란이 있지만, 병생 연구가 노화 제어의 가능성을 열었다는 사실만큼은 분명하다.

# 생명을 출력하는 시대, 장기를 3D 프린트하다

노화는 오랫동안 자연스러운 시간의 흐름으로 인식되어 왔다. 하지만 과학 기술의 발전으로 이제 노화는 받아들이는 것이 아니라 적극적으로 관리하고 설계할 수 있는 대상으로 변화하고 있다. 이 혁신의 중심에는 줄기세포와 재생의학이 있으며, 특히 조직공학과 3D 바이오프린팅 기술은 인간 수명을 연장하고 삶의 질을 높이는 새로운 가능성을 제시하고 있다.

조직공학은 생명과학과 공학의 융합 분야로, 손상된 조직이나 장기를 재생하고 대체하는 기술이다. 세포, 생체 재료, 생리 활성 물질을 정교하게 조합하여 원하는 조직을 만들며, 그 핵심은 세포가 안정적으로 자랄 수 있는 3차원 구조체Scaffold를 설계하는 데 있다. 이제는 단순한 조직 재생을 넘어, 생명 자체를 디자인하는 혁신적 개념으로 발전하고 있다.

# 살아 있는 조직을 인쇄하다

3D 바이오프린팅은 조직공학이 진화한 형태로, 3D 프린팅 기술을 활용해 살아 있는 세포와 생체 재료를 층층이 쌓아 원하는 조직과 장기를 만드는 방법이다. 쉽게 말하면, 살아 있는 세포로 만든 잉크를 사용해 인체 조직을 직접 인쇄하는 기술이다.

이때 핵심적인 역할을 하는 것이 바이오잉크Bioink다. 바이오잉크는 세포의 생존과 기능 유지를 위해 정밀하게 조성된다. 특히 줄기세포 및 리포좀 기술이 발전하면서 더 정교한 조직 제작이 가능해졌고, 기존의 조직공학으로 구현하기 어려웠던 복잡한 구조까지 정확하게 재현할 수 있게 되었다.

이미 여러 연구 성과가 그 가능성을 보여 주고 있다. 2019년, 이스라엘 텔아비브대학 연구팀은 미니 심장 제작에 성공하며 복잡한 심장 조직의 프린팅이 가능함을 입증했다. 또한 미국 웨이크 포레스트 재생의학연구소Wake Forest Institute for Regenerative Medicine는 3D 바이오프린팅으로 인공 방광을 만들어 실제 임상 이식에 성공하며 기술의 가능성을 증명했다[10]. 이처럼 줄기세포 기술과 결합한 바이오프린팅은 조직 재생의 영역을 더욱 확장하고 있다.

이 기술이 본격적으로 확산되면 장기 부족 문제를 해결하는 획기적인 돌파구가 될 것이다. 특히 개인 맞춤형 장기 제작이 가능해져, 기존 장기 이식의 가장 큰 문제였던 면역 거부 반응을 근본적으로 해결할 수 있다. 여기에 고압 산소 요법Hyperbaric Oxygen Therapy과 같은 보조 기술이 결합되면, 이식된 조직의 생존율과 기능도 크게 향상될 것으로 기대된다.

그러나 아직 해결해야 할 과제도 많다. 복잡한 장기의 세부 구조를 완벽히 구현하는 것, 다양한 세포의 정밀한 배열, 혈관이나 신경망과 같은 미세 구조 형성 등은 여전히 도전 과제로 남아 있다. 또한 제작된 장기가 체내에서 안정적으로 유지되고 정상적인 기능을 지속할 수 있도록 장기적 안정성을 확보하는 것도 중요한 과제다. 3D 바이오프린팅이 진정한 의료 혁신으로 자리 잡기 위해서는 이러한 난제들을 극복해야 한다.


## 3D 바이오프린팅의 발전과 산업화

2014년, 머피Murphy와 아탈라Atala는 3D 바이오프린팅의 다양한 접근법과 바이오잉크 개발 현황, 세포 프린팅 과정과 조직의 생존 가능성 확보를 위한 연구 동향을 상세히 다루었다[11]. 연구자들은 이 기술이 맞춤형 조직과 장기 제작의 새로운 시대를 열 것이라고 전망했다.

조직공학과 바이오프린팅의 산업화도 빠르게 진행되고 있다. 대표적인 기업으로 미국의 오가노보Organovo와 스웨덴의 셀링크CELLINK가 있다.

오가노보는 3D 바이오프린팅 기술을 이용해 다양한 세포를 정밀하게 배치하여 기능적인 인체 조직을 만드는 데 주력하고 있다[12]. 특히 간 조직 모델을 개발해 신약 독성 테스트에 활용하면서, 동물 실험을 대체할 수 있는 가능성을 제시하고 있다.

셀링크는 다양한 세포 유형과 조직에 적합한 맞춤형 바이오잉크를 개발하는 기업이다[13]. 게다가 연구자들이 쉽게 조직공학 연구를 수행할 수 있도록 사용자 친화적인 3D 바이오프린터를 제작하고 있다.

이처럼 기업들의 연구 개발이 활발히 이루어지면서, 조직공학과 3D 바이오프린팅 기술이 실용화될 가능성이 높아지고 있다. 하지만 기술 표준화, 대량 생산 가능성 등의 문제는 여전히 해결해야 할 과제로 남아 있다.

국내에서도 조직공학과 3D 바이오프린팅 분야가 빠르게 성장하고 있다. 로킷헬스케어Rokit Healthcare, 티앤알바이오팹T&R Biofab, 큐라티스Curatis 같은 기업이 이 분야에서 두각을 나타내고 있다.

로킷헬스케어는 인공 조직 및 장기 개발에 특화된 기업으로, 자체 개발한 고해상도 3D 바이오프린팅 기술을 보유하고 있다[14]. 특히 혈관 구조를 포함한 복잡한 조직을 프린팅할 수 있는 기술력을 갖추고 있다.

티앤알바이오팹은 3D 바이오프린팅과 줄기세포 기술을 결합한 조직 재생 연구를 진행 중이다[15]. 다양한 바이오잉크를 개발하고 있으며, 이를 활용해 연골, 피부, 각막 등 맞춤형 조직을 제작하고 있다. 특히 연골 재생 분야에서는 이미 긍정적인 임상 결과를 내고 있다.

큐라티스는 피부 재생 분야에 특화된 기업이다. 자체 개발한 바이오잉크를 활용해 고품질 인공 피부를 제작하며, 현재 화상 치료용 인공 피부 개발에 집중하고 있다. 임상 시험에서도 긍정적인 성과를 거두고 있다.

이들 기업이 앞으로 주목해야 할 발전 기회로는 글로벌 시장 진출, 의료 분야에서의 기술 확장, AI 및 빅데이터 기술과의 융합이 있다. 특히 3D 바이오프린팅과 AI를 결합하면 더욱 정교하고 효율적인 조직 제작이 가능해질 것으로 기대된다.

그러나 기술 표준화, 대량 생산 체계 구축, 글로벌 임상 데이터 확보, 규제 대응력 강화, 윤리적 문제와 안전성 관리 등의 과제는 여전히 해결해야 할 숙제다. 한국의 3D 바이오프린팅 기업들은 이러한 문제를 해결하기 위해 정부와 협력해 글로벌 임상 네트워크를 구축하고, 기술 혁신과 규제 전문가 양성에도 힘쓰고 있다.

이러한 노력으로 조직공학과 바이오프린팅 기술은 줄기세포, 리포좀, 고압 산소 요법 등 다른 첨단 의료 기술과 융합해 보다 효과적인 노화 관리 솔루션을 제시할 것이다. 이는 단지 오래 사는 것에 그치지 않고, 인간의 존엄성과 삶의 질을 근본적으로 보장하는 새로운 의료 패러다임을 열게 될 것이다.

결국, 이러한 기술적 도전은 단순히 공학적 문제가 아니라 노화를 어떻게 관리하고 설계할지에 대한 근본적인 질문과 연결된다. 조직공학과 바이오프린팅이 단순히 조직 재생이나 장기 대체에 머

무르지 않고, 인간 삶의 질과 존엄한 노화를 가능하게 하는 기술로
발전해야 하는 이유가 여기에 있다.

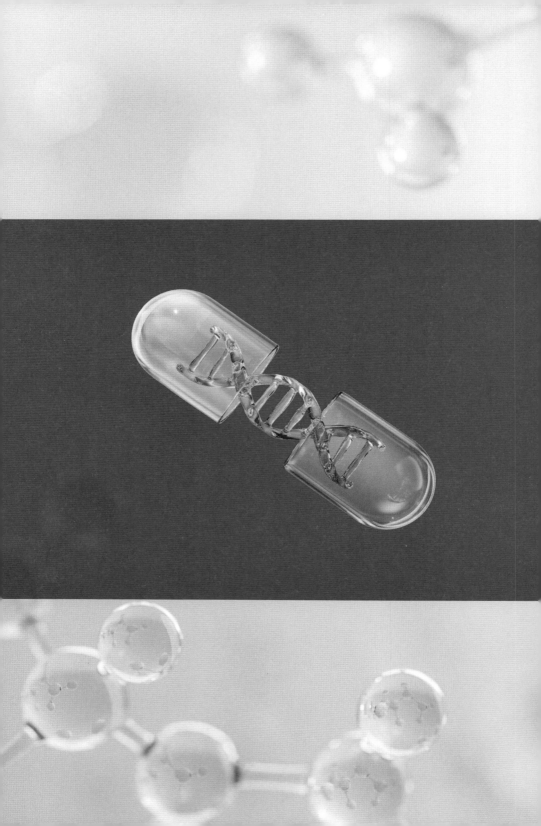

## 4장

# 뇌신경과학, 치매 없는 세상은 가능한가?

BIOTECH

# 뇌과학이 말하는
# 건강한 노화의 조건

인간의 뇌는 우주에서 가장 복잡한 시스템이다.

- 미치오 카쿠(이론물리학자)

현대 노년학은 신체 건강을 넘어 인지 기능의 유지로 그 관심 범위를 넓혀 가고 있다. 노화로 인한 인지 기능의 저하는 피할 수 없지만, 과학적 개입을 통해 그 속도를 늦추고 삶의 질을 높일 수 있다. 특히 기억력, 주의력, 판단력, 언어 능력, 시공간 지각력 등은 독립적인 삶을 영위하는 데 필수적이며, 이 기능들이 떨어지면 생활의 만족도도 급격히 낮아진다.

뇌신경과학적 관점에서 보면 인지 기능 저하는 다양한 요인이 복합적으로 작용해 나타난다. 노화로 인해 신경 세포 수가 감소하고 기능이 떨어지는데, 특히 기억을 담당하는 해마와 판단력을 관장하는 전두엽에서 변화가 두드러진다. 도파민과 세로토닌 같은 주요 신경 전달 물질이 줄어들면서 뇌 속 정보 전달이 둔해지고, 뇌혈류 감소로 산소와 영양 공급도 원활하지 않다. 여기에 만성 염증까지 더해지면 신경 세포 손상이 가속화되면서 인지력 저하가 심화된다.

이러한 변화를 늦추기 위한 접근은 점점 정교해지고 있다. 약물 치료는 신경 퇴행성 질환의 진행을 늦추는 데 효과적이고, 체계적인 인지 훈련은 뇌 가소성Neuroplasticity을 높이고 인지 예비력을 증가시킨다. 인지 훈련에는 전산화된 인지 게임, 전략적 사고가 요구되는 보드게임, 지속적인 학습 활동 등이 있으며, 이는 뇌 신경 회로를 튼튼하게 만드는 데 도움을 준다. 또한, 유산소 운동으로 뇌 혈류를 늘리고, 항산화 영양소가 풍부한 식단을 유지하며, 충분한 수면과 스트레스 조절 역시 뇌 건강에 필수적인 요소로 꼽힌다.

최근 기술을 이용한 중재법도 주목받고 있다. 경두개 자기 자극Transcranial Magnetic Stimulation, TMS이나 경두개 직류 자극transcranial Direct Current Stimulation, tDCS 같은 비침습적 신경 자극 기법은 특정 뇌 영역을 활성화시켜 인지 기능을 높이는 데 활용된다. 이 기술은 앞으로 의료 및 헬스케어 분야에서 더욱 중요한 역할을 할 것으로 기대된다.

박상철 교수가 제창한 컨피던트 에이징은 노화에 적극적으로 대응하며 삶의 마지막 순간까지 의미와 가치를 추구하는 태도를 강조한다. 이를 실현하기 위한 중심은 인지 기능 유지이며, 뇌신경과학을 기반으로 한 다차원적 접근이 필요하다.

특히, 뇌의 경험 의존적 가소성과 인지 예비력을 높이는 것은 성공적 노화의 중요한 조건이다. 뇌 가소성을 계속 자극하면 적응력이 유지되고, 풍부한 인지 예비력을 쌓으면 노화에 따른 기능 저하에도 회복 탄력성을 가질 수 있다. 또한, 활발한 사회적 관계를 유지하는 것도 인지적 자극을 제공하여 신경 퇴행을 예방하는 보호 요인으로 작용한다.

최근의 뇌신경과학 연구는 뇌가 환경과 경험에 따라 계속 변화하고 적응할 수 있음을 밝혀내면서 인지 기능 개선의 가능성을 제시하고 있다. 특히 줄기세포 치료와 신경 성장 인자를 활용한 뇌 신경을 재생하는 기술은 뇌 손상과 퇴행성 질환 치료에 혁신을 가져올 것으로 기대된다. 또한, BCI 기술은 뇌 신호를 직접 해독하고 조절하여 인간의 인지 능력을 더욱 확장할 새로운 가능성을 보여준다. 2024년, 뉴럴링크Neuralink의 BCI 이식 성공은 뇌신경과학이 실제 응용 단계로 접어들었음을 알리는 상징적인 사건이었다.

과거에는 텔로미어 중심의 노화 이론이 주류였지만, 최근 연구는 세포 신호 전달 체계의 반응성에 초점을 맞추고 있다. 이제 노화는 단순한 기능 저하가 아니라 생존을 위한 적응 전략으로 이해되며, 제노제를 이용한 노화 세포 제거 기술은 노화 극복을 현실적으로 가능하게 하고 있다.

뇌신경과학의 발전은 알츠하이머병과 같은 치매 치료에서도 새로운 돌파구를 열고 있다. 줄기세포 치료, 유전자 치료, 면역 치료, 약물 치료, BCI 기술이 서로 결합하며 치매 치료 효과를 높이고 있고, 앞으로 치매로부터 자유로운 삶을 실현할 가능성도 커지고 있다. 치매는 단지 인지 기능의 문제가 아니라 자립적 생활과 사회적 관계를 유지하는 데 결정적 영향을 미친다. 따라서 이를 극복하는 일은 단순한 질병 치료를 넘어 인간의 존엄성을 지키고 건강한 노화를 실현하는 핵심 과제다.

2030년, 세계 최장수 국가로 예상되는 한국은 단순한 수명 연장을 넘어 삶의 질까지 중시하는 K-시니어 세대를 맞이하게 될 것이다. 이 과정에서 뇌신경과학과 노화 연구는 한국뿐 아니라 전 세계의 고령화 문제를 해결하는 데 중요한 역할을 하게 될 것이다.

미래의 뇌신경과학 연구는 다양한 분야와의 융합이 필수적이다. 분자 수준의 신경 메커니즘 연구부터 전체 뇌 네트워크 연구까지 다층적으로 접근해야 하며, 범용 인공지능AGI, 휴먼 디지털 트윈 Human Digital Twin 같은 첨단 기술과의 융합은 뇌신경과학 발전에 강력한 동력이 될 것이다.

# 뇌 가소성,
# 인지 능력을 되살릴 수 있을까?

뇌 가소성이란 경험과 환경에 따라 뇌가 스스로 변화하는 능력이다. 뇌는 마치 찰흙처럼 지속적으로 구조와 기능을 새롭게 만들어 최적화한다. 이는 학습과 기억, 뇌 손상의 회복 과정에서 핵심적인 역할을 하며, 건강한 노화를 이끄는 주요 동력이기도 하다.

뇌 가소성은 크게 시냅스 가소성Synaptic Plasticity과 구조적 가소성Structural Plasticity으로 나눌 수 있다. 시냅스 가소성은 신경 세포 사이의 연결 강도를 조정해 정보 전달 효율성을 높이는 것이고, 구조적 가소성은 신경 세포 간 새로운 연결을 형성하거나 불필요한 연결을 제거해 뇌의 회로를 재편성하는 것이다. 이처럼 뇌는 스스로 변화하며 발전하고 환경에 적응한다.

최근 들어 뇌 가소성을 높이기 위한 다양한 기술들이 개발되고 있다. 신경 영양 인자의 생성을 촉진하는 약물이나 경두개 직류 자극, 경두개 자기 자극 등은 인지 기능 향상에 효과를 보이고 있다.

또한, 컴퓨터 기반 인지 훈련 게임이나 특정 인지 기능을 강화하는 프로그램들도 뇌 가소성을 이용해 인지 능력을 높이는 데 도움을 준다.

뇌 가소성 연구는 노화에 따른 인지 능력 저하와 치매를 예방하고 건강한 노년을 유지하는 데 매우 중요한 역할을 할 것이다. 관련 기술들은 노화로 약화된 인지 능력을 회복시키고 손상된 신경 세포를 복구하거나 새로운 신경 연결을 촉진해 뇌 기능 유지와 향상에 기여할 수 있다.

## 뇌 가소성으로 치매를 막다

뇌 가소성을 높이는 기술은 치매와 같은 퇴행성 뇌 질환의 예방과 치료 가능성을 열고 있다. 최근에는 손상된 뇌세포의 재생과 새로운 신경 연결을 촉진해 뇌 기능을 회복시키는 연구가 활발히 진행 중이다. 이러한 연구는 치매 환자의 인지 기능과 삶의 질 향상에 기여할 수 있으며, 궁극적으로 치매 없는 미래를 만드는 데 중요한 역할을 할 것으로 기대된다.

뇌 가소성을 유지하고 강화하는 것은 홀리 에이징과 컨피던트 에이징의 핵심 요소다. 뇌 가소성을 증진하는 기술은 나이가 들어도 꾸준히 배우고 성장하며 새로운 경험을 즐기고, 사회적 관계를 유지하며 삶의 의미를 찾는 데 도움이 된다. 결국 뇌 가소성 연구는 노화 혁명의 중심이며, 뇌 질환을 예방하고 치료하여 건강하고 행복한 노년을 맞는 것은 인류가 지향해야 할 중요한 목표다.

## 최신 연구가 밝힌 뇌의 변화력

2014년, 브렘Brem 등은 경두개 직류 자극이 뇌의 기능적 연결성과 네트워크 구조에 미치는 영향을 종합적으로 분석했다[1]. 연구 결과, 경두개 직류 자극이 특정 뇌 영역뿐만 아니라 전체적인 신경 네트워크에도 영향을 미칠 수 있음이 확인되었다.

2024년 5월, 솔크 연구소Salk Institute는 뇌가 정보를 저장하는 방식에 대한 기존의 개념을 뒤집는 혁신적인 연구 결과를 발표했다[2]. 연구팀은 쥐의 해마에서 시냅스 쌍을 분석해 시냅스의 강도와 정보 저장량 사이에 지금까지 알려지지 않았던 새로운 관계를 밝혀냈다. 정보 이론을 신경과학에 접목한 이 독창적 접근을 통해, 시냅스가 정밀한 계측기처럼 작동하며 기존 예상보다 최대 10배나 많은 정보를 저장할 수 있다는 것을 발견했다.

이러한 발견은 치매 증상의 약 50~60%를 차지하는 알츠하이머병과 같은 뇌 질환의 치료에 중요한 전환점이 될 가능성이 크다. 이 연구는 뇌 가소성에 대한 더욱 심층적인 이해를 제공하고, 학습과 기억의 과정을 보다 정밀하게 모델링하는 데 기여할 것으로 보인다. 또한, 인간 뇌세포 아틀라스 프로젝트Human Brain Cell Atlas Project와 같은 대규모 연구에도 활용돼 향후 뇌과학 발전에 기여할 것으로 기대된다.

## 뇌의 잠재력을 깨우는 기업들

뇌 가소성과 인지 능력 향상 기술의 산업화도 빠르게 진행 중이다. 대표적인 기업으로는 뉴로일렉트릭스Neuroelectrics, 헤일로 뉴로사이언스Halo Neuroscience, 루모시티Lumosity가 있으며, 이들은 신경 자극 기술과 인지 훈련 프로그램을 기반으로 한 혁신적인 기술을 개발하고 있다.

뉴로일렉트릭스는 스페인 바르셀로나에 본사를 둔 신경공학 기

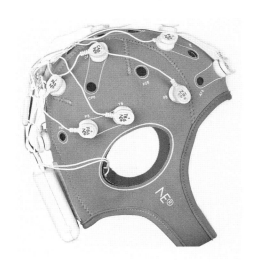

[그림 4-1] 뉴로일렉트릭스의 스타스팀

업으로, 경두개 전기 자극 기술 개발에 주력하고 있다[3]. 대표 제품인 스타스팀Starstim은 뇌파 측정과 전기 자극을 동시에 수행할 수 있는 첨단 장비로, 뇌 기능 연구와 신경정신과적 질환 치료에 활용된다. 특히 정밀하고 개인화된 뇌 자극이 가능하다는 점에서 주목받고 있다. 이 기술은 알츠하이머병, 우울증, 만성 통증, 뇌졸중 재활 등 다양한 신경학적·정신의학적 질환 치료에 적용될 가능성을 보인다. 특히 약물 치료에 반응하지 않는 난치성 질환 환자들에게 새로운 치료 옵션을 제공할 수 있다는 점에서 의미가 크다.

헤일로 뉴로사이언스는 뇌신경과학 기술을 스포츠 분야에 접목한 미국 샌프란시스코 소재 기업이다. 주력 제품인 헤일로 스포츠는 경두개 직류 자극 기술을 이용해 운동선수들의 학습 능력을 향

[그림 4-2] 헤일로 스포츠

상시키는 것을 목표로 한다.

루모시티는 다양한 인지 기능을 강화하는 게임형 훈련 프로그램을 개발하는 기업이다[4]. 접근성이 높고 사용이 편리하지만, 효과의 과학적 근거를 두고 논란이 있어 왔다.

한국에서도 관련 기업들이 등장하고 있다. 대표적으로 뉴로핏 Neurofit과 와이브레인Ybrain이 있다.

뉴로핏은 서울에 본사를 둔 기업으로, VR 기반 인지 재활 훈련 시스템을 개발하고 있다[5]. 주력 제품인 뉴로월드NeuroWorld는 뇌졸중·치매 환자의 인지 기능 향상을 위한 VR 콘텐츠를 제공한다. 재미와 효과를 동시에 추구하지만, 임상적 효과를 입증할 대규모 연구 데이터가 아직 부족한 상황이다.

와이브레인은 경두개 직류 전기 자극 기술을 기반으로 정신건강 솔루션을 개발하는 기업이다[6]. 주력 제품인 웨이브Wave는 우울증 치료를 위한 가정용 경두개 전기 자극 장치로, FDA 승인을 획득했다. 정신 건강 관리의 새로운 패러다임을 제시하고 있지만, 장기적 사용의 안전성과 효과에 대한 추가 연구가 필요하다.

이처럼 뇌 가소성과 인지 능력 향상 기술의 실용화가 빠르게 진행되고 있지만, 해결해야 할 과제도 있다. 첫째, 기술의 효과성과 안전성을 검증할 장기적이고 대규모 연구가 필요하다. 둘째, 개인별 차이를 고려한 맞춤형 접근법이 정교하게 개발되어야 한다.

## 뇌 가소성과 인지 능력 향상 기술이 가져올 변화

뇌 가소성과 인지 능력 향상 기술은 학습 장애, 신경 퇴행성 질환, 뇌 손상 치료에 새로운 가능성을 열 뿐만 아니라, 건강한 개인의 인지 능력 향상에도 활용될 수 있다. 그러나 기술 발전이 단순히 긍정적인 효과만을 의미하는 것은 아니다. 공정한 접근성 문제, 인지 도핑 논란, 개인의 정체성과 자율성 침해 등 윤리적·사회적 이슈도 함께 제기된다.

이 기술은 의학, 교육, 스포츠 등 다양한 분야에 영향을 미치며, 궁극적으로 인간의 잠재력과 삶의 질을 높일 가능성이 크다. 예를 들어, 학습 장애 아동의 인지 기능 개선, 노인의 기억력 감퇴 예방, 뇌졸중 환자의 재활 치료 등에 활용될 수 있다. 그러나 건강한 성인의 인지 능력을 인위적으로 증강하는 경우 뇌 도핑이란 윤리적 논란을 피할 수 없다.

박상철 교수는 《마그눔 오푸스 2.0》에서 인간의 욕망과 과학 기술의 관계를 역사적·철학적 관점에서 분석했다[7]. 특히 불로장생을 향한 인간의 끝없는 욕망과 그 과정에서 발생하는 윤리적·사회적 문제를 다양한 사례를 통해 조명한다.

뇌신경과학의 발전은 '인간 능력의 무한한 확장'이라는 주제와 맞닿아 있다. 인지 능력 향상 기술, 신경 재생 기술, BCI 기술 등은 인간의 신체적·정신적 능력을 극대화하여 포스트 휴먼 시대를 열 가능성을 제시한다. 하지만 박상철 교수는 이러한 기술 발전이 가져올 위험성도 다음과 같이 경고한다.

> **인지 능력 향상 기술**: 학습 장애 아동, 노인, 뇌졸중 환자 등에게 도움을 줄 수 있지만, 건강한 성인의 뇌 도핑으로 이어질 경우 불공정 경쟁, 능력주의 심화, 노력 가치 훼손 등의 문제가 발생할 수 있다.
> **신경 재생 기술**: 뇌 손상 및 신경 퇴행성 질환 치료, 노화 방지 등에 기여할 수 있지만, 인간 수명 연장이 사회 구조, 자원 분배, 삶의 의미에 미칠 영향을 고려해야 한다.
> **BCI 기술**: 마비 환자의 운동 기능 회복, 새로운 형태의 의사소통 등 긍정적인 측면도 있지만, 사고·기억의 프라이버시 침해, 인간과 기계의 경계 모호화 등 윤리적 논란을 야기할 수 있다.

박상철 교수는 '과학 기술이 인간의 삶을 풍요롭게 만들 수 있지만, 동시에 인간성 상실, 불평등 심화, 삶의 의미 왜곡 같은 문제를 초래할 수 있다'라고 강조한다. 뇌신경과학의 발전 역시 이러한 맥락에서 신중하게 접근해야 한다.

뇌의 무한한 잠재력을 개발하고 활용하는 것은 중요하지만, 인간 존엄성과 윤리적 가치를 지키는 것이 우선이다. 뇌신경과학의 혁명적 발전은 인류에게 새로운 기회를 제공하지만, 동시에 큰 책임감을 요구한다. 과학적 탐구뿐만 아니라 윤리적·사회적·철학적 성찰이 동반될 때, 우리는 더 나은 미래를 만들 수 있다.

# 잃어버린 뇌 기능,
# 회복의 실마리를 찾다

뇌졸중, 외상성 뇌 손상, 알츠하이머병과 같은 신경 퇴행성 질환은 뇌의 기능을 심각하게 떨어뜨려 삶의 질을 크게 낮춘다. 최근 뇌신경과학 분야의 발전으로 신경 재생과 뇌 손상 복구 기술이 빠르게 진보하면서, 과거에는 불가능했던 치료법들이 현실화되고 있다. 특히 줄기세포 기술, 신경 성장 인자, 첨단 재활 기술이 뇌 손상 회복뿐만 아니라 노화 과정 자체를 바꿀 수 있는 가능성을 열고 있다.

## 줄기세포, 손상된 뇌를 다시 살리는 열쇠

줄기세포 기술은 손상된 뇌 조직을 재생하는 데 핵심적인 역할을 한다. 줄기세포는 다양한 세포로 분화할 수 있어 손상 부위에 이식하면 새로운 신경 세포를 생성하고 뇌의 기능 회복을 돕는다. 기존의 치료로는 회복이 어려웠던 영역에서도 점진적 개선이 가능해져, 퇴행성 뇌 질환의 치료 가능성도 높아지고 있다.

신경 성장 인자는 신경 세포의 성장과 생존을 돕는 물질로, 뇌 손상 부위에 투여하면 신경 세포의 재생과 새로운 연결망 형성을 촉진한다. 이를 통해 신경 회복 속도를 높이고 기억력과 인지 기능의 향상까지 기대할 수 있다.

VR, 로봇 기술, BCI를 활용한 첨단 재활 기술도 뇌 손상 회복의 중요한 수단이다. 특히 BCI는 뇌의 잔존 신호를 해독해 로봇 팔이나 다리를 움직이도록 지원하여 환자의 운동 기능 회복에 기여한다. 이 기술들은 단순한 재활을 넘어 뇌의 기능을 더 효과적으로 활용하도록 발전 중이다.

무엇보다 신경 재생 및 뇌 손상 복구 기술은 치매 치료의 가능성까지 열고 있다. 알츠하이머병과 같은 퇴행성 뇌 질환은 신경 세

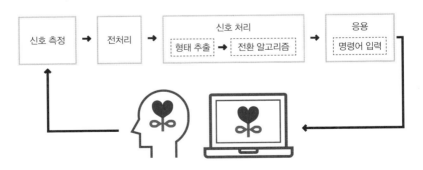

[그림 4-3] BCI 기술의 작동 원리

포 손상과 연결망 붕괴로 인한 인지 기능 저하가 주된 문제다. 줄기세포와 신경 성장 인자, 최첨단 재활 기술을 함께 적용하면 손상된 세포를 재생하고 신경 연결을 복구하여 질병 진행을 늦추거나 증상을 완화할 수 있다.

## 뇌를 되살리는 혁신, 신경 재생 기술의 새로운 도약

건강한 뇌 기능을 유지하는 것은 노화를 늦추고 삶의 질을 높이는 핵심이다. 끊임없이 새로운 경험을 쌓고 사회적 관계를 유지하며 배우고 성장하는 것은 노년기를 더 풍요롭게 만든다. 결국 신경 재생과 뇌 손상 복구 기술은 질병 치료를 넘어 인간의 인지 능력을 확대하고 노화의 과정을 근본적으로 바꿀 수 있는 혁신적 도구가 되고 있다.

이러한 기술의 발전 가능성은 다양한 연구 사례를 통해 증명되고 있다. 2016년, 스탠퍼드대학 연구팀은 만성 뇌졸중 환자에게 줄기세포 치료를 시행해 운동 기능 개선 효과를 확인했다. 연구에 따르면 줄기세포 이식 후 6~12개월 사이 환자들의 운동 기능이 유의미하게 향상되었다[8].

2016년, 스테인버그Steinberg 등의 연구는 줄기세포를 이용한 뇌졸중 치료 가능성을 보여 준 중요한 사례다[9]. 연구팀은 만성 뇌졸중 환자들에게 골수 유래 중간엽 줄기세포를 이식하고 그 효과를 분석한 결과, 줄기세포가 단순히 손상된 뇌 조직을 대체하는 것이 아니라 뇌의 재구성과 재생을 촉진하는 역할을 한다는 점을 밝혀 냈다.

2024년에는 신경 재생 및 뇌 손상 복구 기술과 관련된 주목할 만한 연구 성과가 발표되었다. 가톨릭중앙의료원 기초의학사업추진단 첨단세포치료사업단의 주지현 교수 연구팀은 유도만능줄기 세포 기술을 기반으로 한 신경 재생 치료제 개발 연구 결과를 공개했다[10]. 특히, 이 연구는 만성 척수 손상 환자의 운동 기능 회복과 일상생활 개선 가능성을 제시했다는 점에서 큰 의미를 갖는다.

연구팀은 척수 손상을 입은 동물 모델에 중간엽 줄기세포와 유도만능줄기세포 유래 운동신경 전구세포induced Motor Neuron Progenitor, iMNP를 단계적으로 병용 이식해, 손상된 신경이 다시 자라고 신경 신호를 전달하는 통로인 축삭도 회복되는 효과를 확인했다. 이 방법은 이식된 세포의 생착률을 높이고 신경 재생에도 긍정적인 영향을 미치는 것으로 나타났다. 특히, 뇌유래신경영양인자Brain-Derived Neurotrophic Factor, BDNF를 과발현하는 중간엽 줄기세포와 운동신경 전구세포를 함께 이식했을 때, 기존 단일 세포 치료보다 뛰어난 신경 및 축삭 재생 효과를 보였다.

주목할 점은 중간엽 줄기세포를 먼저 투여하거나 병용했을 때 신경 상처 조직Glial Scar 형성이 줄어든다는 것이다. 이는 척수 손상 후 2차 손상을 억제하고 신경 재생을 촉진하는 중요한 역할을 할 가능성이 크다.

이 연구는 만성 척수 손상 치료에 새로운 가능성을 열었으며, 유도만능줄기세포 기술이 난치성 신경 질환 치료에도 적용될 수 있음을 보여 주었다. 주지현 교수는 이 연구가 기초의학을 임상에 접목해 실제 환자들에게 치료 효과를 제공할 수 있는 길을 열었다고 평가했다.

## 신경 재생 기술, 의료 혁신을 넘어 산업의 중심으로

신경 재생과 뇌 손상 복구 기술의 산업화도 빠르게 진행되고 있다. 대표적인 기업으로는 산바이오SanBio, 리뉴런ReNeuron, 뉴로스템Neuralstem이 있다.

산바이오는 일본과 미국을 기반으로 뇌졸중과 외상성 뇌 손상 치료를 위한 줄기세포 기술을 개발하는 재생의학 기업이다[11]. 주력 제품인 SB623은 골수 유래 중간엽 줄기세포를 유전적으로 변형한 세포 치료제로, 현재 임상 시험이 진행 중이다. 만성 뇌졸중 환자의 운동 기능 개선에서 긍정적인 결과를 보이며 주목받고 있지만, 장기적인 안전성과 효과에 대한 추가 검증이 필요하다.

리뉴런은 영국에 본사를 둔 줄기세포 기술 기업으로, 뇌졸중과 망막색소변성증 치료를 위한 줄기세포 치료제를 개발하고 있다[12]. CTX 줄기세포 치료제는 만성 뇌졸중 환자를 대상으로 임상 시험 중이며, 다양한 신경계 질환 치료 가능성을 보여 주고 있다. 다만,

임상적 효과의 일관성과 장기적 안전성을 입증할 추가 데이터 확보가 필요하다.

뉴로스템은 미국의 생명공학 기업으로, 신경줄기세포를 이용한 중추 신경계 질환 치료제를 연구한다. 특히 루게릭병과 만성 척수 손상 치료에 주력하고 있으며, 난치성 신경계 질환의 새로운 치료 가능성을 제시하고 있다. 하지만 신경계 질환의 복잡한 특성상 임상적 효과를 입증하는 과정이 쉽지 않은 상황이다[13].

한국에서도 신경 재생 및 뇌 손상 복구 기술을 연구하는 기업들이 활발히 활동하고 있다[14]. 메디포스트는 서울에 본사를 둔 줄기세포 치료제 개발 기업으로, 제대혈 유래 줄기세포를 이용한 치료제를 개발 중이다. 특히 뇌성마비 치료제 뉴로스템은 임상 3상 단계에 있으며, 제대혈 줄기세포의 다양한 응용 가능성을 보여 주고 있다. 다만, 글로벌 시장 진출을 위해서는 대규모 임상 데이터 확보가 필수적이다.

# 생각으로 기기를 조종하는 시대, BCI의 도래

BCI는 뇌와 컴퓨터를 직접 연결하여 뇌의 신호를 해독하고 이를 이용해 외부 장치를 제어하거나 정보를 뇌로 전달하는 혁신적인 기술이다. 뇌신경과학, 컴퓨터 공학, 공학 기술 등 여러 분야의 융합으로 탄생한 BCI는 뇌신경 질환 치료에서부터 인지 능력의 강화, 더 나아가 인간 경험의 확장까지 무궁무진한 가능성을 열며 노화 혁명의 새로운 지평을 열고 있다.

BCI 기술은 신경 신호 해독, 신경 신호 인코딩, 신경 인터페이스$^{Neural\ Interface}$를 기반으로 발전하고 있다. 뇌파$^{Electro\ Encephalo\ Graphy,\ EEG}$, 근적외선 분광법$^{Near\text{-}Infrared\ Spectroscopy,\ NIRS}$, 기능성 자기공명영상 등의 기술을 활용해 뇌 활동을 측정하고 이를 의미 있는 정보로 변환하는 신경 신호 해독 기술은 뇌 기능 진단과 이해에 주로 활용된다. 신경 신호 인코딩 기술은 외부 정보를 뇌가 이해할 수 있는 신호로 변환하여 시각, 청각 등 감각 정보를 전달하거나 뇌 기능을 조절하는 데 사용된다. 신경 인터페이스 기술은 비침습적 방식부터 뇌에 직접 삽입하는 마이크로 전극 어레이까지 다양한 형태로 발전하며 뇌와 외부 장치를 연결하는 핵심 역할을 하고 있다.

BCI는 노화로 인한 뇌 기능 저하 극복, 치매 치료, 인간 능력 확장 등 세 가지 주요 분야에서 중요한 역할을 한다.

**뇌 기능 저하 극복**: BCI 기술은 뇌졸중이나 척수 손상으로 인해 발생한 운동 장애를 보완하고, 외부 장치를 제어해 환자의 삶의 질을 개선하는 데 쓰일 수 있다. 또한 노화로 인해 발생하는 기억력 저하나 인지 능력 감퇴를 개선하는 데에도 큰 가능성을 가지고 있다.

**치매 치료**: BCI 기술은 치매 환자의 뇌 활동을 분석하여 인지 훈련 프로그램과 결합해 뇌 기능을 개선하거나 질병의 진행 속도를 늦추는 데 활용될 수 있다. 뇌 심부 자극을 통해 치매 증상을 완화하는 연구도 진행 중이다.

**인간 능력 확장**: BCI는 인간의 감각, 운동 및 인지 능력을 증강하는 기술로도 주목받고 있다. 시각 장애인의 시력 회복, 청각 장애인의 청력 개선, 뇌파 기반의 기계 제어, 뇌와 뇌를 직접 연결한 정보 교환 등 다양한 가능성이 있다.

## BCI가 바꾸는 인간의 삶

BCI를 활용해 치매와 같은 뇌질환을 극복하고 홀리 에이징과 컨피던트 에이징을 실현하는 것은 인류가 오래도록 꿈꿔 온 미래의 한 모습이다. 이는 BCI 기술이 의료 분야에서 얼마나 혁신적인 변화를 만들 수 있는지 보여 주는 중요한 사례들로 확인할 수 있다.

스위스 로잔 공과대학EPFL 연구팀은 뇌와 척수를 연결하는 디지털 브리지 기술을 개발하여 하반신 마비 환자의 보행 능력을 획기적으로 회복시켰다. 연구팀은 뇌와 척수 사이에 끊어진 신경을 무선 디지털 통신을 통해 성공적으로 연결했다[15].

미국 캘리포니아대학 샌프란시스코 캠퍼스UC San Francisco는 마비 환자의 뇌 활동을 실시간으로 텍스트로 변환하는 기술을 개발했다. 이 시스템은 분당 평균 78단어를 해석할 수 있으며 환자 본인의 목소리로 음성을 출력하는 기능도 갖추고 있다[16].

스탠퍼드대학 연구팀은 AI 기반의 BCI 장치를 개발해 루게릭병 환자의 의사소통 문제를 해결했다. 이 장치를 통해 환자는 분당 62단어의 속도로 소통할 수 있음이 입증됐다[17].

2016년, 차우드리Chaudhary 등의 연구는 BCI 기술의 획기적인 발전을 보여 준 사례다[18]. 연구팀은 완전 잠금 상태Complete Locked-In State, CLIS에 놓인 루게릭병 환자가 BCI 기술을 통해 처음으로 의사소통에 성공했음을 입증했다. 연구진은 근적외선 분광법과 뇌파를 결합한 BCI 시스템으로 환자가 "예" 또는 "아니오"로 대답할 수 있도록 했다. 이는 기존 방식으로 전혀 소통할 수 없었던 환자들에게 새로운 소통의 길을 열어 준 의미 있는 성과다.

## 두뇌와 기계의 결합, 새로운 산업의 뇌를 깨우다

BCI 기술의 산업화는 빠르게 진행되고 있으며, 대표적인 기업으로는 뉴럴링크, CTRL 랩스CTRL-labs, 커널Kernel 등이 있다.

뉴럴링크는 일론 머스크가 설립한 회사로, 침습적 고대역폭 BCI 기술을 개발해 인간과 기계의 경계를 허물고 있다. 뉴럴링크는 머리카락보다 가는 수천 개의 유연한 전극 실Flexible Electode Chamber을 뇌에 삽입하여 뇌 속 신경 신호를 정밀하게 읽고 쓰는 기술을 개발하고 있다. 2024년에도 BCI 기술 개발은 꾸준한 진전을 이루었다. 유연한 전극, 자동화 수술 로봇 R1, 초소형 뇌 이식 장치 등 핵심 기술을 중심으로 연구를 지속했다[19].

특히 원숭이를 대상으로 한 동물 실험에서 뇌 신호만으로 컴퓨터 커서를 조작하는 데 성공하면서, 사지 마비 환자가 BCI로 컴퓨터나 휠체어를 제어할 수 있다는 가능성을 증명했다. 또한, 장기적인 안전성과 효능 검증을 위해 생체 적합성 및 운동 기능 회복 연구도 계속 진행 중이다.

또한, 2024년 1월, 뉴럴링크는 사지 마비 환자인 놀란드 아르보 Noland Arbaugh에게 BCI 장치 텔레파시Telepathy를 성공적으로 이식했다. 그는 생각만으로 커서를 움직여 비디오 게임과 인터넷을 자유롭게 이용하는 데 성공했다.

그러나 과정이 순탄치만은 않았다. 이식된 전극 실의 85%가 뇌 내부에서 이동하여 수축하는 문제가 발생했으며, 뉴럴링크는 소프트웨어 업데이트와 재보정을 통해 장치 기능을 회복했다. 그리고 8월에는 두 번째 환자 알렉스<sup>Alex</sup>에게 개선된 수술 기술을 적용해 실수축 문제를 방지했다. 이후 3D 모델링과 1인칭 슈팅 게임<sup>First-Person Shooter, FPS</sup> 플레이 실험을 통해 정밀성과 제어 능력이 크게 향상되었음을 확인했다.

뉴럴링크의 혁신은 개인 사례를 넘어 본격적인 임상 연구로 확대되고 있다. 2024년 11월, 캐나다 보건부는 토론토대 보건 네트워크와 협력한 CAN-PRIME 연구를 승인하며, 루게릭병 및 척수 손상 환자 6명을 대상으로 N1 임플란트의 안전성과 효능을 평가할 예정이다.

이 기술은 노화로 인한 뇌 기능 저하 극복 및 치매 치료에서도 잠재력을 보이고 있다. 뇌에 삽입된 미세 프로브로 신경 신호를 감지하고, 무선으로 외부 장치에 전송하는 완전 이식형 방식으로, 사용 편의성을 높이고 감염 위험을 최소화한 혁신적 기술로 평가받는다.

BCI는 치매 환자의 뇌 활동을 분석하고, 인지 훈련 프로그램과 연동하여 뇌 기능 개선과 질병 진행을 늦추는 데 활용될 수 있다. 뇌 심부 자극을 통한 치매 증상 완화 치료도 연구 중이며, 이는 치매 환자에게 새로운 희망이자 컨피던트 에이징을 가능하게 하는 기술이다.

하지만 뇌 데이터는 생각, 감정, 기억과 같은 민감한 정보를 포함하기 때문에 해킹이나 오남용으로부터 보호되어야 한다. 또한,

뇌 활동 조작을 통한 개인의 자율성 침해 가능성도 제기된다. 고가의 의료 서비스로 제공될 경우 경제적 불평등과 기술 접근성 문제도 우려된다.

BCI 기술의 윤리적 문제를 해결하고 사회적 합의를 이루기 위해 과학뿐 아니라 철학, 윤리학, 사회학 전문가들의 논의가 필수적이다. 뇌 데이터 보안, 자율성 보호, 기술 접근성 평등 같은 문제를 다루는 사회적 논의가 필요하다.

더욱이 뇌와 기계의 연결은 인간의 정체성, 자유의지, 책임에 대한 근본적인 질문을 야기할 수 있다. BCI 기술의 발전으로 인한 노동력 대체와 일자리 감소 가능성 또한 존재한다. 뉴럴링크의 BCI 기술은 인류에게 새로운 기회를 제공하지만, 동시에 인간 존재의 본질을 흔드는 불확실한 미래를 암시하고 있다.

CTRL 랩스(Meta 인수)는 비침습적 BCI 기술을 개발하는 회사로, 손목에 착용하는 밴드형 장치를 통해 신경 신호를 읽어 컴퓨터를 제어하는 기술을 연구하고 있다[20]. 침습적 방식에 비해 안전하고 간편하지만, 신경 신호의 정밀성과 범위에 한계가 있다.

커널은 비침습적 뇌 활동 측정 기술을 개발하는 기업으로, 전기·자기적 뇌 활동을 고해상도로 측정하는 헬멧형 장치를 연구하고 있다[21]. 이 기술은 뇌 연구 및 신경계 질환 진단에 활용될 수 있지만, 실시간 BCI 응용에는 한계가 있다.

한국에서도 BCI 기술을 개발하는 기업들이 등장하고 있다. 카이스트의 연구 성과를 기반으로 창업된 대표적인 기업에는 오비이랩OBELAB과 와이브레인이 있다.

오비이랩은 근적외선 분광법을 이용한 휴대용 뇌 영상 장치를 개발하고 있다[22]. 이 기술은 뇌 활성화 패턴을 실시간 모니터링할 수 있어 뇌졸중 재활, ADHD 진단 등에 활용될 수 있다. 비침습적이고 휴대가 간편하다는 강점이 있지만, 공간 해상도가 낮고 깊은 뇌 영역 측정이 어렵다는 한계도 있다.

와이브레인은 경두개 직류 자극을 이용한 뇌 자극 장치를 개발하는 기업으로 앞서 뇌 가소성 증진 기술 분야에서도 소개한 바 있다[23]. 이 회사의 제품은 우울증 치료용으로 FDA 승인을 받았으며, BCI 기술과 결합해 뇌 기능 향상 및 신경계 질환 치료에 활용될 가능성을 갖고 있다. 다만, 경두개 직류 자극의 장기적 효과와 안전성에 대한 추가 연구가 필요한 상황이다.

## BCI 기술 발전의 빛과 그림자

BCI 기술은 인간의 인지 능력과 의사소통 방식을 근본적으로 변화시킬 잠재력을 지니고 있다. 이는 의학, 교육, 엔터테인먼트 등 다양한 분야에서 혁신을 일으키며, 궁극적으로는 인간과 기계의 경계를 허물어 새로운 형태의 인지 향상을 가능하게 할 것이다. 그러나 이 기술이 실질적인 혜택을 제공하려면, 과학적 발전뿐만 아니라 윤리적·사회적 고려도 반드시 함께 이루어져야 한다.

뇌신경과학과 노화 연구의 진보는 생물학적 한계를 극복할 가능성을 제시하는 동시에, 인간 존재의 본질에 대한 성찰을 요구한다. 특히 신경 퇴행성 질환 치료와 인지 기능 증진이 가능해진다면, 이는 단순한 건강 수명의 연장을 넘어 경제적·사회적 구조까지 변화시킬 수 있다. 노동 시장의 생산성이 향상될 수 있으며, 새로운 기술을 기반으로 한 의료·헬스케어 산업의 패러다임 변화도 예상된다.

치매를 비롯한 신경 퇴행성 질환 극복은 뇌신경과학의 핵심 과제로 떠오르고 있다. BCI 기술이 노화 과정에서 신경 기능을 유지하고 복구하는 역할을 할 수 있다면, 이는 단순한 삶의 연장이 아니라 노년기 삶의 질을 근본적으로 변화시킬 것이다. 또한, 이러한 기술이 본격적으로 도입되면 고령화 사회의 의료비 부담 완화, 생산성 유지, 새로운 경제 모델 창출에도 기여할 수 있다.

이제 인류는 뇌신경과학의 혁신을 통해 신체적 한계를 극복하면서도, 인간성과 기술 발전이 균형을 이루는 미래를 고민해야 할 시점에 있다. 이를 위해서는 과학·기술·경제가 유기적으로 맞물린 종합적인 접근이 필요하며, 이러한 변화는 단순한 생명 연장의 문제가 아닌 산업과 경제 구조 전반을 재편하는 중요한 흐름이 될 것이다.

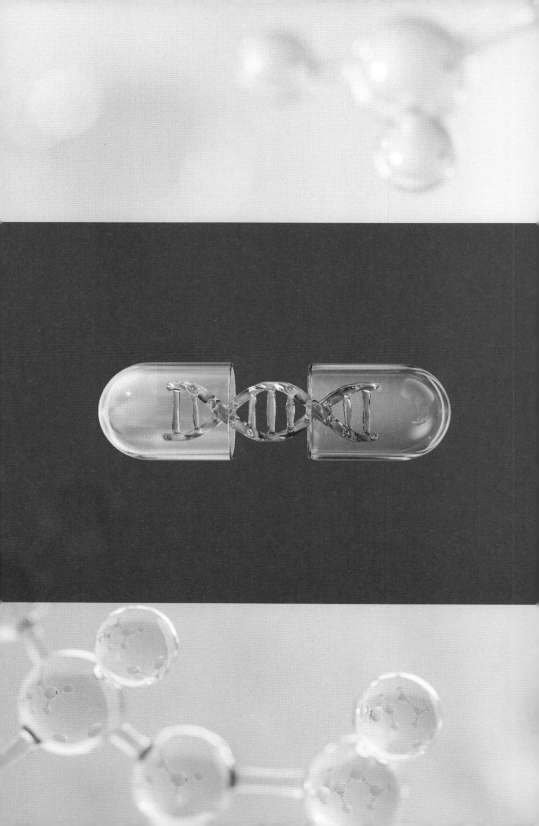

## 5장

# 엑소스켈레톤, 시니어의 삶을 바꾸다

# 고령화 시대,
# 걷고 움직일 자유를 되찾다

노화는 더 이상 피할 수 없는 자연적 과정이 아니라, 과학과 기술을 통해 조절할 수 있는 영역으로 변화하고 있다. 이에 대해 박상철 교수는 고령화 시대에 대응하기 위해 반드시 고려해야 할 세 가지 핵심 요소가 있다고 말한다.

첫째는 모빌리티Mobility, 즉 이동성과 활동 능력이다. 이는 단순히 신체를 움직이는 것에 그치지 않고, 자율성과 독립성을 유지하는 데 중요한 역할을 한다. 이동성이 제한되면 신체 건강뿐만 아니라 정신 건강에도 부정적인 영향을 미치며, 이는 사회적 고립과 삶의 질 저하로 이어질 수 있다.

그러나 엑소스켈레톤Exoskeleton과 자율주행 기술의 발전은 이러한 문제를 해결할 가능성을 열어 주고 있다. 특히, 이 기술들이 고령층의 이동성을 획기적으로 개선하면서 더 나은 삶의 질로 이어질 것으로 기대된다. 르네 데카르트René Descartes의 '나는 움직인다, 그러므로 나는 존재한다$^{Moveo, ergo sum}$'라는 말처럼, 이동성은 단순한 신체적 기능을 넘어 삶의 질을 결정하는 핵심 요소다. 연구자들은 이동성이 신체적 능력뿐만 아니라 정신 건강과 사회적 참여까지 포함하는 개념임을 강조하며, 이는 개인의 전반적인 행복과 웰빙에 깊은 영향을 미친다고 설명한다.

둘째는 코그니션$^{Cognition}$, 인지 능력이다. 인지 기능은 일상에서의 의사 결정과 사회적 관계 유지에 필수적이다. 최근 연구에 따르면, 뇌 가소성, 신경 재생 기술, BCI 발전을 통해 치매 예방과 인지 기능 향상이 가능해지고 있다. 또한, 규칙적인 운동과 사회적 교류는 뇌의 신경 연결을 강화하고 인지 저하를 늦추는 데 중요한 역할을 한다.

셋째는 이뮤니티$^{Immunity}$, 면역력이다. 나이가 들수록 면역 시스템이 약화되면서 질병에 대한 취약성이 높아지고 만성 염증이 증가해 노화를 가속화할 수 있다. 이에 따라 유전자와 환경 요인의 상호 작용$^{Gene-Environment Interaction}$을 고려한 적정 자극 효과$^{Hormesis}$가 면역력을 강화하는 핵심 전략으로 주목받고 있다.

운동은 면역력을 높이는 중요한 요소지만, 고령층은 신체적 제약으로 인해 충분한 운동이 어렵다. 이러한 문제를 보완하는 기술 중 하나가 엑소스켈레톤이다. 이는 근력과 지구력을 보완해 보행 능력을 높이고, 낙상을 예방하며, 일상 활동량을 증가시켜 이동성을 크게 개선한다. 이를 통해 단순한 이동성 회복을 넘어 자존감을 높이고, 사회적 활동을 촉진하며, 규칙적인 신체 활동을 통해 면역

력까지 강화하는 효과를 기대할 수 있다.


## 기술이 열어 가는 컨피던트 에이징


박상철 교수가 제시한 컨피던트 에이징의 트리아드(자강, 자립, 공생)는 하이데거의 현존재$^{Dasein}$ 개념을 현대적으로 재해석한 것이다.

> 자강: 자기 돌봄을 의미하며, 신체적·정신적 건강을 유지하는 능력.
> 자립: 실존적 자율성을 유지하며, 스스로 삶을 결정하는 힘.
> 공생: 세계 내 존재$^{Inder-Welt-sein}$로서 사회적 관계망을 형성하며 살아가는 것.


이는 노화를 단순한 생물학적 퇴행이 아니라, 존재론적 완성의 과정으로 바라보는 철학적 관점과 맞닿아 있다.

엑소스켈레톤 기술은 컨피던트 에이징의 세 가지 가치를 실현하는 핵심 도구로 작용한다. 자강의 측면에서는 근력 보조를 통해 신체적 자신감을 회복하고, 자기 돌봄 능력을 향상시킨다. 자립의 관점에서는 보행과 이동의 자유를 보장해 실존적 자율성을 강화한다. 공생의 차원에서는 활동 반경을 넓혀 사회적 관계망을 유지하고, 새로운 경험의 기회를 제공한다.

최근 엑소스켈레톤은 AI와 결합하여 사용자의 움직임을 정교하게 보조하고, 낙상을 예방하며, 실시간 건강 모니터링 기능까지 갖추고 있다. 이는 단순한 보조 기구를 넘어 인간의 활동성을 확장하는 증강된 신체성으로 진화하고 있다.

여기에 자율주행 기술이 더해지면 가능성은 더욱 커진다. 자율주행 차량은 시니어들에게 이동의 자유를 보장하며, 실존적 자율성과 사회적 관계망을 확장하는 핵심 도구가 된다. 단순한 교통수단이 아니라, 새로운 경험과 관계를 만들어 내는 존재론적 공간으로 기능하는 것이다.

삶의 마지막 순간까지 자유로운 이동과 풍요로운 경험을 가능하게 하는 기술의 발전은 컨피던트 에이징의 이상을 현실화하는 강력한 도구다. 엑소스켈레톤과 자율주행 기술의 결합은 노년층이 안전하고 자유롭게 활동할 수 있도록 돕는 혁신적 플랫폼으로 자리 잡으며, 세계 내 존재로서의 실존적 가능성을 확장해 나가고 있다.

# 작고 똑똑한 엑소스켈레톤,
# 일상에 혁신을 입히다

의료용 엑소스켈레톤 기술은 더 이상 단순한 재활 보조 장비가 아니다. 이제는 노화를 수동적으로 받아들이는 것이 아니라, 능동적으로 설계하는 시대를 여는 핵심 도구로 떠오르고 있다. 이 기술의 발전은 노화를 새로운 방식으로 바라보게 만든다. 경량화와 소형화로 일상 속 자연스러운 활용이 가능해졌고, AI 기반의 지능형 제어 시스템은 사용자의 의도를 정밀하게 감지해 기계와 인간의 공생을 실현한다. 나아가, BCI 기술은 생각만으로도 움직일 수 있는 차세대 자율성을 예고하고 있다.

특히 모듈화 설계와 실시간 피드백 시스템의 발전은 개인 맞춤형 지원을 가능하게 한다. 사용자의 신체 상태와 변화에 맞춰 최적의 도움을 제공하며, 신체적 기능 회복을 넘어 자존감과 삶의 질 향상에도 기여하고 있다.

임상 연구에서도 이러한 효과가 확인되고 있다. 단순히 움직임을 돕는 기기가 아니라, 더 나은 삶을 설계하는 도구로서의 가능성을 보여 주고 있다.

## 철보다 가볍고 AI보다 똑똑한 로봇 슈트의 탄생

의료용 엑소스켈레톤은 노화를 두려움이 아닌, 더 나은 삶을 향한 기회로 바꾸는 전환점이 될 것이다.

2016년, 루이Louie와 잉Eng의 연구에 따르면, 뇌졸중 환자가 엑소스켈레톤을 활용한 재활 훈련을 받을 경우, 기존 방식보다 보행 속도, 거리, 균형 능력이 더 효과적으로 향상되었다[1]. 또한 치료에 대한 동기 부여와 참여도 역시 높아지는 것으로 나타났다.

이제 노화와 재활의 개념도 달라지고 있다. 단순히 신체 기능을 유지하는 것이 아니라, 기술을 통해 더 주체적인 삶을 만들어 가는 것이 가능해지고 있다.

## 치열해지는 글로벌 기업들의 '입는 로봇' 전쟁

의료용 엑소스켈레톤 시장은 이제 단순한 기술 개발을 넘어 글로벌 기업들의 격전지로 변하고 있다. 이 분야를 선도하는 대표적인 기업으로는 미국의 엑소 바이오닉스Ekso Bionics, 이스라엘의 라이프워드Lifeward, 그리고 일본의 사이버다인Cyberdyne이 있다.

엑소 바이오닉스는 재활 및 산업용 엑소스켈레톤을 개발하는 미국 기업으로, 대표 제품인 엑소NREksoNR을 통해 뇌졸중 및 척수 손상 환자의 하지 재활을 지원한다[2]. 특히 환자의 상태에 따라 보행 보조 수준을 자동 조절하는 스마트 보조 기능이 강점으로, 회복 단계에 맞춰 점진적으로 훈련 강도를 조절할 수 있다. 임상 연구를 통해 효과는 입증되었지만, 높은 비용과 복잡한 사용법이 보급 확대의 걸림돌이 되고 있다.

라이프워드는 하지 마비 환자를 위한 개인용 엑소스켈레톤을 개발하는 이스라엘 기업이다[3]. 대표 제품인 라이프워드 퍼스널 6.0Lifeward Personal 6.0은 완전 마비 환자도 독립적으로 걸을 수 있도록 설계되었다. 단순한 재활 도구를 넘어, 일상생활에서도 활용할 수 있는 점이 차별화 요소다. 이는 신체 기능 회복뿐만 아니라 사용자 스스로의 삶을 설계할 수 있도록 돕는다는 점에서 의미가 크다. 다만, 높은 가격과 제한적인 보험 적용이 보급 확대의 장애물로 지적된다.

사이버다인은 일본 기업으로, 생체 전위 신호를 이용한 HALHybrid Assistive Limb 시리즈를 개발하고 있다[4]. HAL의 핵심 기술은 사용자의 신경 신호를 직접 읽어 움직임을 보조하는 것이다. 이를 통해 사용자의 의도를 정밀하게 반영하고 자연스러운 동작을 구현할 수 있다. 특히 신경 재활 분야에서 높은 가능성을 보이고 있지만, 더 많은 임상 데이터 확보가 필요한 단계다.

이처럼 의료용 엑소스켈레톤 기술이 실용화 단계로 나아가고 있지만, 여전히 해결해야 할 과제가 많다. 우선은 비용 문제다. 현재 대부분의 제품이 고가여서 개인이 구매하기 어렵다. 둘째, 사용 편의성이다. 전문가의 도움 없이 혼자 착용하고 조작하기 어려운 경우가 많다. 셋째, 장기적인 안전성과 효과 검증이다. 신뢰할 수 있는 장기 임상 데이터가 아직 충분하지 않다.

그럼에도 불구하고, 이 기술의 미래는 밝다. 특히 신경 인터페이스 기술과의 융합이 주목받고 있다. BCI를 활용하면 사용자의 뇌 신호를 직접 읽어 엑소스켈레톤을 제어할 수 있다. 이는 완전 마비 환자들에게 새로운 가능성을 열어 줄 혁신적인 기술이다.

2019년, 미국 캘리포니아대학 어바인 캠퍼스 연구팀은 완전 하지 마비 환자가 BCI를 이용해 엑소스켈레톤을 제어하며 걷는 데 성공했다고 발표했다. 환자는 두피에 부착된 전극을 통해 걷고 싶다는 의도를 전달했고, 이 신호가 엑소스켈레톤을 작동시켰다. 이는 단순한 기계적 보조가 아니라, 사용자의 주체적인 움직임을 가능하게 한 중요한 사례다.

또 다른 혁신은 소프트 엑소슈트Soft Exosuit 기술이다. 기존의 딱딱한 골격 대신 유연한 직물과 케이블을 사용해 가볍고 착용이 쉬운 형태로 설계되었다. 하버드대학Harvard University 연구팀이 개발 중인 모델은 무게가 5kg 미만으로, 일상생활에서도 부담 없이 사용할 수 있다.

엑소스켈레톤 기술은 단순한 재활 기기를 넘어, 개인의 자율성을 확장하고 삶을 주체적으로 설계할 수 있도록 돕는 방향으로 진화하고 있다. 노화와 재활이 더 이상 제한의 개념이 아니라, 새로운 가능성을 창조하는 과정이 되어 가는 것이다.

## 세계 최고 수준의 로봇 강국 한국의 엑소스켈레톤

한국은 세계에서 로봇 밀도가 가장 높은 나라로, 엑소스켈레톤 기술에서도 강국으로 자리 잡고 있다. 그 대표적인 사례로, 2024년 10월 열린 제3회 사이배슬론에서 카이스트 기계공학과 공경철 교수 연구팀이 금메달을 차지하며 2020년에 이어 2연패를 달성했다[5]. 이 성과는 카이스트 내 연구 그룹과 기업 간 협력의 결실이다.

공경철 교수는 카이스트 기계공학과에서 엑소랩EXO-Lab을 운영하며 웨어러블 로봇 기술 개발을 주도하고 있다. 엑소랩은 인간의 이동성을 보조하는 로봇 시스템의 설계와 제어에 초점을 맞춘 연구실로, 카이스트 내 무브랩Move Lab과 협력해 이동성 관련 기술을 연구하고 있다. 이러한 협력의 결과물 중 하나가 바로 워크온슈트 F1이다.

이 연구 성과를 실용화하는 역할은 공경철 교수가 창립한 엔젤로보틱스Angel Robotics가 맡고 있다. 엔젤로보틱스는 의료 및 재활 분야에 웨어러블 로봇 기술을 적용하며, 사이배슬론에서도 활용된 워크온슈트 F1의 개발에 기여했다.

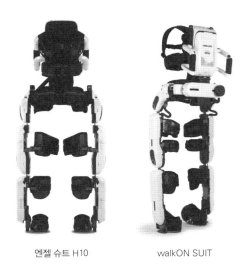

엔젤 슈트 H10                    walkON SUIT

[그림 5-1] 엔젤로보틱스의 워크온슈트

　엑소랩, 무브랩, 그리고 엔젤로보틱스는 연구, 기술 개발, 상용화라는 각자의 역할을 수행하며 긴밀히 연결되어 있다. 그 협력의 결과물인 워크온슈트 F1은 하반신 마비 장애인을 위한 웨어러블 로봇으로, 단순한 대회 우승을 넘어 고령자와 장애인의 이동성을 혁신할 가능성을 보여 주고 있다.

　특히, 워크온슈트 F1은 휠체어에서 내리지 않고도 착용할 수 있는 전면 착용 방식으로 사용자의 편의성을 극대화했다. 앉기, 서기, 걷기, 계단 오르내리기 등 다양한 동작을 지원하며, 정밀한 제어 기술로 사용자의 의도에 맞춰 자연스럽게 움직인다. 뛰어난 균형 유지 기능을 갖춰 안전성을 확보했으며, 개인별 맞춤 설정을 통해 최적화된 보행 경험을 제공한다. 또한, 가벼운 소재를 사용해 착용감을 개선하고 피로도를 줄였다.

이러한 기술은 계속해서 진화하고 있다. 차세대 엑소스켈레톤은 AI와 IoT를 결합해 사용자의 상태를 실시간으로 모니터링하고 개인화된 지원을 제공할 것이다. 양자 나노 섬유를 활용한 더 가볍고 유연한 디자인, BCI를 통한 직관적인 제어, 자율주행 기술과의 융합을 통한 이동성 확장은 가까운 미래에 현실이 될 것이다.

## 엑소스켈레톤과 함께 그리는 노화의 미래

엑소스켈레톤 기술의 진보는 단순한 신체 보조를 넘어 인간과 기계의 경계를 허물고 있다. 산업 현장에서는 작업자의 근력을 보완해 노동 강도를 줄이고 부상 위험을 낮추며, 의료 분야에서는 보행 장애 환자의 재활을 효과적으로 지원하고 있다. 이러한 기술은 신체 기능 향상에 그치지 않고, 개인의 사회적 활동 범위를 넓히며 삶의 방식을 근본적으로 바꾸는 가능성을 열고 있다. 실제로, 앞서 소개한 하버드대 연구진의 소프트 엑소슈트처럼 기술이 이동성과 자율성을 회복시키는 사례는 점점 늘고 있다. 이는 사용자의 존엄성과 삶의 질을 높이는 데 중요한 역할을 하고 있다.

한편, 엑소스켈레톤 기술의 대중화를 위해서는 경제적 장벽 극복이라는 필연적인 과제가 따른다. 리워크와 엑소 바이오닉스의 시장 실패는 고비용 구조가 상용화를 어렵게 만든다는 점을 보여 준다. 그러나 2024년 사이배슬론에서 카이스트가 선보인 워크온슈트 F1은 기술 혁신을 통해 비용 절감과 경량화를 실현할 수 있음을 보여 주었다. 이는 기술의 민주화가 이상이 아니라 실현할 수 있는 목표임을 시사한다.

엑소스켈레톤 기술은 노화를 단순한 쇠퇴가 아닌 창조적 재구성의 기회로 바꾼다. 이는 미국의 정신심리학자 코헨Cohen 교수의 창조력 방정식Creativity Equation과도 맞닿아 있다[6]. 창조력은 경험과 지혜가 기술과 결합할 때 극대화되며, 엑소스켈레톤은 바로 그 접점에서 인간의 능동적 삶을 뒷받침하는 도구가 될 수 있다.

기술의 보편화는 단순히 의료 기술만의 과제가 아니다. 보험 체계 개편, 데이터 윤리 확립, 세대 간 기술 격차 해소 등 다양한 사회적 논의가 함께 이뤄져야 한다. 예를 들어, 엑소스켈레톤 사용 중 발생할 수 있는 사고에 대한 보험 적용 범위나, 개인의 움직임 데이터를 수집·활용하는 문제는 윤리적 기준과 사회적 합의가 뒷받침되어야 한다.

결국, 엑소스켈레톤 기술이 보여 주는 미래는 젊음과 노화, 개인과 사회라는 이분법을 넘어선다. 인간은 생애 전체를 능동적으로 설계할 수 있게 되며, 노화 또한 기술과 함께 진화하는 새로운 패러다임으로 자리 잡게 될 것이다.

# 창조하는 시니어를 만드는
# 엑소스켈레톤의 진화

산업용 엑소스켈레톤 기술의 발전은 이제 노화 혁명의 또 다른 장을 열고 있다. 산업 현장에서 컨피던트 에이징의 개념이 실현되면서, K-시니어들의 사회 복귀는 더 이상 말뿐인 구호가 아니라 점차 현실이 되어 가고 있다.

현대자동차가 도입한 벡스VEX는 단순한 생산성 향상을 넘어, 고령 작업자들이 오랜 경험과 전문성을 지속적으로 발휘할 수 있도록 돕는 기술이다. 이는 단순한 작업 보조를 넘어, 자강과 자립을 실현하는 혁신적 전환점이 되고 있다. 나아가, 세대 간 공생의 새로운 모델을 제시하며, 나이와 관계없이 지속적으로 사회에 기여할 가능성을 열고 있다.

특히 산업용 외골격 기술이 창조력 방정식과 만나는 지점은 주목할 만하다. AI와 IoT가 결합된 스마트 외골격 시스템은 단순한 신체 보조를 넘어, 고령 작업자의 경험과 지혜를 극대화하는 창조

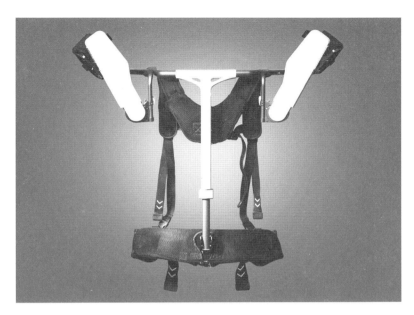

[그림 5-2] 현대자동차의 벡스

적 도구로 진화하고 있다. 사르코스 로보틱스Sarcos Robotics의 가디언 XOGuardian XO가 보여 주듯, 이 기술은 근력을 보완하는 데 그치지 않고, 인간의 잠재력을 새로운 차원으로 확장한다.

2018년, 하이사먼Huysamen 등의 연구가 시사하듯, 엑소스켈레톤 기술은 K-시니어들의 근골격계 부담을 획기적으로 줄이면서도 작업 효율성을 높일 수 있다[7]. 이는 단순히 일하는 노인을 지원하는 기술이 아니라, 창조하는 시니어라는 새로운 패러다임을 여는 실천적 도구다.

미래는 더욱 기대된다. 소프트 로보틱스Soft Robotics와 XRExtended

Reality 기술이 결합되면, K-시니어들에게 기존에 없던 새로운 작업 환경이 제공될 것이다. 또한, 개인 맞춤형 모듈형 시스템을 통해 각 개인의 신체적 특성과 전문성을 최적으로 지원함으로써, 보다 유연하고 효율적인 근무 환경을 구현할 수 있다.

이러한 기술 발전은 필연적으로 노동 시장의 재구성을 촉진하지만, 이는 위협이 아니라 새로운 기회다. K-시니어들의 축적된 경험과 전문성이 최첨단 기술과 결합될 때, 우리는 세대를 초월하는 새로운 가치 창출의 가능성을 발견하게 된다.

결국, 산업용 엑소스켈레톤 기술은 K-시니어 르네상스를 이끄는 핵심 동력이 될 것이다. 이는 단순한 고령자 고용 유지가 아니라, 컨피던트 에이징을 통한 창조적 노화의 실현이며, 세대 간 지혜와 기술이 융합하는 새로운 산업 문명의 서막이 될 것이다.

# 엑소스켈레톤이 구현하는
# 자율의 기술

일상생활용 엑소스켈레톤은 이제 노화를 능동적으로 설계하는 실천적 플랫폼으로 자리 잡고 있다. 사이버다인의 HAL에서 파나소닉Panasonic의 아토운 모델 YAtoun Model Y에 이르기까지, 이 기술은 노화를 단순히 수용하는 것이 아니라 새롭게 재구성하는 혁신적 패러다임을 구현하고 있다[8]. 특히 혼다Honda의 워킹 보조 장비Walking Assist Device는 사용자 중심의 혁신을 보여 주는 대표적인 사례다. 단순한 보행 보조 기능을 넘어, 노인의 자율성과 존엄성을 지키면서도 사회적 활동을 지속할 수 있도록 돕는다.

## 맞춤형 엑소스켈레톤의 시대가 온다

일상생활에서 활용될 엑소스켈레톤의 미래는 더욱 흥미로운 방향으로 발전하고 있다. 특히 스마트 의류와의 융합은 새로운 가능성을 열어 준다. 예를 들어, 양자 나노 섬유로 제작된 차세대 엑소 의류는 평상시에는 일반 옷처럼 보이다가, 필요할 때 능동적으로 작동하는 지능형 시스템으로 진화할 것이다.

그리고 엑소스켈레톤과 AI와의 결합은 실시간 건강 모니터링, 개인 맞춤형 동작 보조, 그리고 상황 인식형 대응이 가능해지면서, 일상의 편의성과 안정성을 획기적으로 높이고 있다. 이러한 기술 변화는 기술이 인간의 삶에 보다 자연스럽게 스며들고, 신체 기능을 확장하는 방식으로 진화하고 있음을 보여 준다.

또한, 3D 프린팅 기술의 발전은 맞춤형 엑소스켈레톤의 보급을 가속화하고 있다. 개인의 신체적 특성과 생활 패턴을 반영한 맞춤 제작이 가능해지면서, 획일적인 대량 생산 방식이 아닌 각 개인에게 최적화된 장비가 제공될 것이다. 이를 통해 보다 세밀한 건강 관리가 가능해지고, 개인화된 웰빙의 새로운 기준이 마련될 것이다.

## 엑소스켈레톤의 윤리와 접근성

이러한 기술적 진보가 모든 사람에게 혜택이 될 수 있으려면, 해결해야 할 윤리적 과제도 존재한다. 데이터 프라이버시 보호, 기술 접근성의 형평성, 세대 간 디지털 격차 해소는 반드시 고려해야 할 문제다.

　엑소스켈레톤의 대중화는 도시 설계와 공공 인프라의 변화를 요구한다. 이동성이 증대되면서 새로운 도시 계획이 필요하고, 충전 인프라 구축과 안전 기준 재정립이 필수적이다. 이는 단순한 기술 도입이 아니라 사회 전반의 패러다임 전환으로 이어질 것이다.

　또한, 교육과 직업 훈련 시스템도 변화가 요구된다. 고령자들이 새로운 기술을 효과적으로 활용할 수 있도록 돕는 교육 프로그램과 세대 간 기술 격차를 해소하는 멘토링 시스템이 필요하다. 증강된 신체 능력을 활용할 수 있는 새로운 직업군이 등장할 가능성도 크다.

　결론적으로, 일상생활용 엑소스켈레톤은 단순한 보조 장비가 아니라, 인간의 신체적 한계를 확장하는 중요한 기술이 될 것이다. 이는 노화에 대한 인식을 바꾸고, 기술을 통해 인간이 자신의 삶을 보다 능동적으로 설계할 수 있는 시대를 열어 갈 것이다.

# 자율주행차와 엑소스켈레톤이
# 만드는 시니어의 자유

이동의 자유는 인간의 기본권이자, 존엄한 삶을 위한 필수 조건이다. 하지만 고령화가 가속화되면서 시니어들의 이동권 보장이 중요한 과제로 떠오르고 있다. 특히 고령 운전자의 안전 문제가 사회적 이슈로 부각되며, 많은 시니어들이 운전면허를 자진 반납하고 있다. 그러나 이는 활동 반경을 제한하고, 사회적 고립을 심화시키는 원인이 되기도 한다.

이러한 문제를 해결할 대안으로 자율주행 기술이 주목받고 있다. 시니어들은 운전 부담 없이 자유롭게 이동할 수 있으며, 이를 통해 독립적인 생활을 유지하고 사회 활동에도 적극적으로 참여할 수 있다. 이동성이 확대되면 가족과의 유대감이 강화되고, 의료 및 복지 서비스 접근성이 높아져 보다 건강한 생활을 지속할 가능성이 커진다.

2024년, 피터 김Peter Kim은 시니어들의 운전과 인지 기능을 연구하며, 운전이 단순한 이동 수단이 아니라 독립성과 사회적 연결을 유지하는 핵심 요소라고 강조했다[9]. 운전이 중단되면 신체적·인지적 기능 저하와 연관될 수 있으며, 자율주행차는 이러한 문제를 완화할 대안이 될 수 있다고 보았다. 특히 AI 기반 조기 경고 시스템을 통해 인지 변화를 감지하고 보다 안전한 이동을 지원할 가능성이 제시되고 있다.

2021년, 로비라Rovira 등도 자율주행차가 시니어들의 삶의 질을 획기적으로 개선할 것이라 전망했다[10]. 단순한 이동 수단을 넘어 사회 참여 기회를 확대하고, 신체적 제약 없이 원하는 곳을 방문할 수 있도록 돕는다는 점에서 긍정적인 영향을 미칠 것으로 분석했다. 또한, 운전 부담에서 벗어나면서 사회적 고립이 줄어들고, 가족·친구와의 만남이 활성화되어 정서적 안정과 심리적 건강에도 기여할 것으로 보았다.


## 시니어 자율운전을 위한 기업들의 노력


자율주행 기술이 발전하면서 시니어 운전자의 안전과 편의를 고려한 시스템이 속속 등장하고 있다.

현대자동차의 IONIQ 케어 시스템은 자율주행 기술을 활용해 시니어 운전자의 안전을 체계적으로 관리하는 대표적인 사례다. 차량 내부에 장착된 생체 신호 모니터링 시스템이 탑승자의 건강 상태를 실시간으로 체크하며, 이상 징후가 감지되면 즉각적인 대응이 가능하다. 특히 스마트 케어Smart Care 기능은 심박수, 호흡, 자세 등을 종합적으로 분석해 운전 피로도를 측정하고, 필요시 휴식을 권장하는 등 보다 능동적인 안전 관리가 가능하도록 설계되었다.

테슬라의 FSDFull Self-Driving 시스템 역시 시니어 운전자에게 최적화된 이동 경험을 제공한다. 특히 ASSActually Smart Summon 기능을 활용하면 차량이 주차장에서 스스로 탑승자를 찾아오므로, 보행이 불편한 시니어들의 이동을 한층 편리하게 해 준다. 또한, 신경망Neural Network 기반 학습 시스템이 운전자의 주행 패턴과 선호도를 분석해, 더욱 안전하고 편안한 주행을 지원한다.

## 자율주행차가 바꾸는 시니어의 이동권 혁명

자율주행차는 단순한 교통수단을 넘어, 시니어들의 사회적 관계망을 확장하는 플랫폼으로도 기능할 수 있다. 차량 내 엔터테인먼트 시스템을 활용하면 이동 중에도 화상 통화나 소셜 네트워킹이 가능해 사회적 교류를 지속할 수 있다. 또한, 카풀링 서비스를 통해 같은 목적지로 향하는 시니어들이 함께 이동하면서 새로운 형태의 사회적 관계를 형성할 가능성도 크다.

무엇보다, 자율주행차는 이동의 민주화를 실현하는 중요한 기술이다. 나이, 신체적 조건과 관계없이 누구나 자유롭게 이동할 수 있는 환경이 조성되면서, 세대 간 단절이 완화되고 보다 포용적인 사회가 형성될 것으로 기대된다. 특히 이동의 제한으로 인해 생활 반경이 좁아졌던 시니어들에게는 획기적인 변화가 될 것이다.

여가와 문화생활에도 변화가 예상된다. 장거리 여행이나 야간 운전의 부담 없이 원하는 곳을 자유롭게 이동할 수 있게 되면서, 문화적 경험이 확장되고 삶의 질이 높아질 것이다. 의료 서비스 접근성도 크게 향상될 것으로 보인다. 예를 들어, 현대자동차의 IONIQ 케어 시스템이 의료 기관과 연계되면, 건강 이상이 감지될 경우 가까운 병원으로 자동 이동하거나 응급 서비스를 호출하는 것도 가능해진다. 이는 시니어뿐만 아니라 가족들에게도 큰 안도감을 줄 수 있다.

자율주행차는 또한 생산적 노화를 지원하는 도구로도 작용할 수 있다. 은퇴 후에도 파트타임 일자리나 자원봉사 활동을 지속하고자 하는 시니어들에게 안전하고 편리한 이동 수단이 되어 준다. 특히, 인구 감소와 고령화가 진행 중인 지방 중소 도시에서는 대중교통 서비스 유지가 어려운 상황에서, 자율주행차가 주민들의 이동권을 보장하고 지역 간 교통 격차를 해소하는 핵심 기술로 자리 잡을 가능성이 크다[11].

## 자율운행을 위한 주요 국가들의 정책

주요국들은 시니어들의 이동권 보장을 위해 자율운행 제도화를 적극 추진하고 있다. 특히 레벨 4 자율주행차의 상용화는 고령층의 이동 방식에 획기적인 변화를 가져올 것으로 기대된다. 레벨 4는 특정 조건에서 운전자의 개입 없이 차량이 모든 주행 작업을 수행할 수 있는 단계로, 사실상 완전한 이동 자율성을 의미한다.

독일은 2021년에 세계 최초로 레벨 4 자율주행차 상용화 법안을 제정하며, 단계적 도입 전략을 택했다. 특히 B2B 영역에서 먼저 적용하며, 대중교통과 물류 분야를 우선 개방하는 방식으로 진행하고 있다[12]. 이는 시니어들이 자주 이용하는 교통수단에서 자율주행 기술의 안전성을 검증하는 신중한 접근 방식으로, 실질적인 이동권 보장의 기반을 마련하는 데 초점을 맞추고 있다.

일본은 초고령 사회에 대응하기 위해 2023년 도로교통법을 개정, 대중교통 부문에서 자율주행차 도입을 적극 추진하고 있다. 단순한 기술 도입을 넘어 고령층의 이동권 보장을 위한 실질적 해결책으로 평가받으며, 사회적 필요를 반영한 정책 모델로 주목받고 있다[13].

한국 역시 2024년 자율주행차법 개정을 통해, 2025년부터 레벨 4 자율주행차의 B2B 거래를 허용할 예정이다. 하지만 안전 기준의 미비, 보험 제도의 불확실성 등 아직 해결해야 할 과제가 많다. 또한, 시니어 운전자를 위한 특화된 정책이나 가이드라인이 부족한

점은 향후 보완이 필요한 부분이다.

각국의 정책 흐름을 보면, 단계적 안전 검증, 시니어 친화적 모빌리티 확대, 법적 프레임워크 정비가 핵심 요소로 보인다[14]. 한국도 글로벌 사례를 참고해 시니어 친화적 자율주행 생태계 구축을 위한 체계적인 정책 마련이 필요한 시점이다.

미래학자들은 2030년 무렵에는 자율주행차가 본격적으로 보급되면서 시니어들의 이동 방식이 완전히 달라질 것으로 전망하고 있다. 이는 단순한 교통수단의 변화가 아니라, 나이의 제약 없이 더 자유롭고 활기찬 삶을 영위할 수 있도록 돕는 중요한 전환점이 될 것이다.

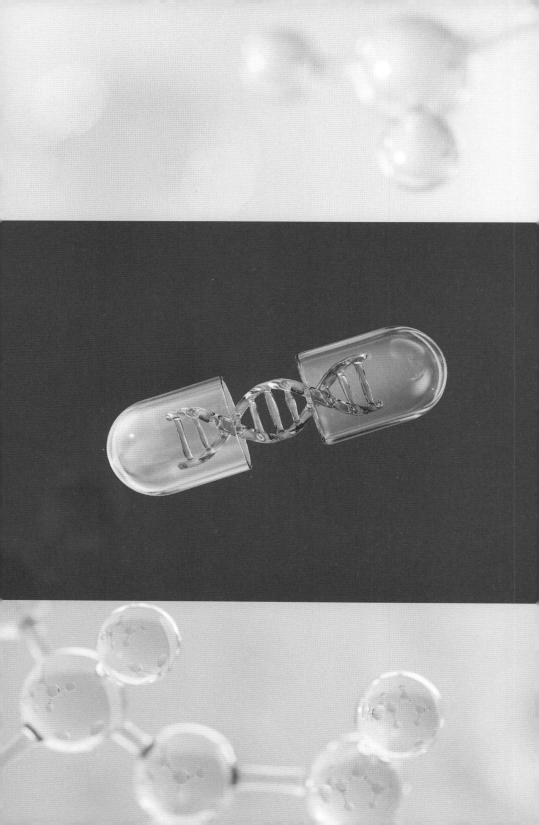

6장

# 생명공학으로 다시 쓰는 노화와 장수의 경계

# 생명과학으로 노화의 한계를 뛰어넘을 수 있을까?

21세기 생명과학은 혁명적인 변화의 한가운데에 있다. 그 중심에는 컨피던트 에이징을 실현시켜 줄 유전자 혁명이 자리하고 있다[1]. DNA 구조가 밝혀진 이후, 과학자들은 생명의 설계도를 해독하고 조작하는 능력을 끊임없이 발전시켜 왔다. 인간 게놈 프로젝트의 완성, 차세대 시퀀싱 기술의 발전, 크리스퍼-캐스9과 같은 혁신적인 유전자 편집 기술의 등장은 유전자 혁명의 핵심 동력이다. 이러한 기술적 진보는 단순한 건강 증진을 넘어, 노화를 지연시키거나 심지어 되돌릴 가능성을 열어 주고 있다.

## 노화 시계를 되돌리는 유전자 편집 기술

크리스퍼-캐스9을 필두로 한 유전자 편집 기술은 노화 혁명의 가장 강력한 엔진이다. 이 기술은 DNA 서열을 정확하게 읽고, 분석하고, 조작할 수 있는 능력을 제공한다. 이를 활용하면 노화된 세포의 유전자를 수정하여 기능을 회복하고, 노화 속도를 늦추는 치료법을 개발할 수 있다.

나아가, 손상된 DNA를 복구하고 세포의 노화를 역전시키는 연구가 진행되면서, 인간 수명의 연장 가능성이 점차 현실이 되어 가고 있다. 과학자들은 특정 유전자를 활성화하거나 억제함으로써 세포의 재생 능력을 높이고, 노화로 인해 저하된 기능을 회복하는 방법을 찾고 있다.

## 개인 맞춤형 유전자 치료와 세포 재생 기술

개인의 유전 정보는 각자의 노화 속도와 건강 상태를 결정짓는 중요한 열쇠가 된다. 유전자 분석 기술이 발전하면서, 개인의 유전 정보를 바탕으로 맞춤형 노화 방지 치료를 설계하는 것이 가능해졌다.

예를 들어, 어떤 사람은 노화와 관련된 특정 유전자가 활발하게 작동하는 반면, 다른 사람은 그렇지 않을 수도 있다. 이를 고려해 개인 맞춤형 유전자 치료를 제공하면, 더욱 효과적인 노화 지연과 건강 수명 연장이 가능해진다.

또한, 합성생물학을 활용한 세포 재생 기술도 주목받고 있다.

인공적으로 합성된 유전자 회로를 이용해 노화된 세포를 젊은 상태로 재프로그래밍하거나, 손상된 조직과 장기를 재생하는 기술이 개발되고 있다. 이는 단순한 노화 예방을 넘어, 노화로 인해 발생하는 질병을 근본적으로 치료하는 길을 열어 준다.

## 과학과 윤리가 조화로운 미래를 위하여

유전자 혁명이 그려가는 미래는 더 이상 공상 과학 소설이 아니다. 우리는 노화라는 오랜 숙제를 하나씩 풀어가며, 더 건강하고 활기찬 삶을 누릴 가능성을 눈앞에 두고 있다.

그러나 이러한 혁신적인 변화는 단순한 기술적 성취로만 바라볼 수 없다. 유전자 조작이 인간의 본질을 어디까지 바꿀 수 있는가에 대한 윤리적 논의도 필수적이다. 생명 연장의 혜택이 누구에게나 공평하게 돌아갈 수 있을지, 그리고 인간의 자연스러운 삶의 흐름을 어디까지 개입할 것인지에 대한 고민이 필요하다.

유전자를 정교하게 이해하고 조율해 나가는 이 혁명은 인류가 직면한 흥미로운 가능성 중에 하나이다. 노화를 극복하는 기술이 단순한 생명 연장이 아니라, 보다 건강하고 의미 있는 삶을 위한 도구로 활용될 수 있도록, 과학과 윤리가 조화를 이루는 미래를 만들어 가야 할 것이다.

# 유전자를 자르는 가위,
# 인간의 수명을 디자인하다

크리스퍼-캐스9은 DNA를 자유자재로 편집할 수 있는 혁신적인 도구다. 복잡해 보이는 이름과 달리, 작동 원리는 의외로 단순하다. 마치 워드프로세서에서 텍스트를 수정하듯, DNA의 특정 부분을 찾아 자르고, 고치고, 붙일 수 있다.

이 혁신적인 기술은 처음에는 박테리아의 면역 체계를 연구하는 과정에서 발견되었다. 1993년, 스페인 알리칸테대학의 프란시스코 모히카Francisco Mojica 교수는 고염 환경에 서식하는 고세균류인 할로페락스 메디테라나이Haloferax Mediterranei를 연구하던 중 크리스퍼 서열을 발견했다[2]. 우연한 이 발견이 현대 유전자 편집의 문을 열었다. 그리고 약 20년 후인 2012년, 이네크Jinek 교수와 연구팀이 크리스퍼-캐스9 시스템을 이용한 정밀 DNA 편집 기술을 개발했다. 캐스9Cas9 단백질이 두 개의 RNA 가이드를 통해 특정 DNA 서열을 인식하고 절단할 수 있음을 입증했고, 이 혁신적인 연구는 2020년

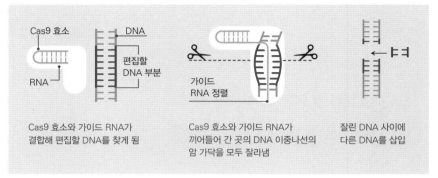

Cas9 효소와 가이드 RNA가
결합해 편집할 DNA를 찾게 됨

Cas9 효소와 가이드 RNA가
끼어들어 간 곳의 DNA 이중나선의
암 가닥을 모두 잘라냄

잘린 DNA 사이에
다른 DNA를 삽입

[그림 6-1] 크리스퍼 유전자 가위 원리

노벨 화학상으로 이어졌다.

2013년, 브로드 연구소Broad Institute의 러 총Le Cong 등은 이 기술을 인간과 마우스 세포에 성공적으로 적용했다[3]. 여러 유전자를 동시에 편집하는 방법을 개발하면서 복잡한 유전자 네트워크 연구와 질병 모델 개발, 나아가 유전자 치료의 가능성을 열었다.

크리스퍼-캐스9은 기존 유전자 편집 기술인 ZFNZinc Finger Nuclease, TALENTranscription Activator-Like Effector Nuclease과 비교해 획기적인 진보를 이뤘다. 이전 기술들은 단백질을 이용해 DNA를 인식해야 했기에 설계와 제작이 복잡하고 비용이 높았다. 반면 크리스퍼-캐스9은 RNA를 이용한 방식으로 설계가 간편하고 비용이 낮으며, 효율성도 뛰어났다.

이 시스템의 작동 방식은 박테리아의 자연 방어 체계를 모방한 것이다. 박테리아는 바이러스 DNA 일부를 자신의 유전체에 저장해 두었다가, 캐스9 단백질과 함께 침입자를 탐지하고 제거한다. 과학자들은 이 원리를 응용해 인공 크리스퍼 RNA를 설계하고, 캐스9 단백질이 원하는 DNA 위치를 정확히 찾아가게 만드는 기술을 개발했다.

이 정교한 편집 과정은 다음과 같이 진행된다. 먼저 gRNA라는 유전자 위치 탐색 가이드를 제작해 DNA 절단 효소인 캐스9과 결합한다. 이 복합체는 방대한 DNA 서열 속에서 목표 부위를 정확히 찾아 절단하며, 이후 세포의 자연적인 복구 과정에서 원하는 유전 정보를 삽입할 수 있다.

2017년, 미국 오리건 보건과학대학OHSU 연구진은 크리스퍼 유전자 편집 기술을 이용해 중요한 돌파구를 마련했다. 이들은 심장 근육이 비정상적으로 두꺼워지는 유전 질환인 비후성 심근증을 유발하는 유전자를 교정하는 데 성공했다. 연구진은 정자가 난자와 결합하는 순간에 유전자 가위(크리스퍼-캐스9) 단백질을 직접 주입하는 새로운 방법을 시도했고[4], 그 결과 전체 58개의 실험 배아 중 42개에서 유전자 교정이 성공적으로 이루어졌다. 이를 통해 부모로부터 유전될 확률을 기존 50%에서 25%로 절반 수준으로 낮추는 데 성공했다.

2019년에는 또 다른 획기적인 연구 성과가 나왔다. 미국에서 진행된 임상 시험에서 크리스퍼-캐스9을 이용해 적혈구가 비정상적으로 낫 모양으로 변하는 희귀 유전병인 겸상적혈구빈혈증Sickle Cell Disease 환자의 조혈모세포를 교정하는 데 성공한 것이다. 이 과정에

서 유전자가 편집된 조혈모세포가 정상적인 적혈구를 만들면서 건
강한 헤모글로빈을 생성할 수 있도록 유도하는 데 성공했다[5].


## 크리스퍼 기술을 선도하는 기업들


현재 크리스퍼-캐스9 기술이 빠르게 산업화되면서 여러 기업이
주목할 만한 연구 성과를 내고 있다. 대표적인 기업들을 살펴보면
다음과 같다.

에디타스 메디신Editas Medicine은 유전자 치료제 개발에 집중하는
기업으로, 특히 눈과 혈액 관련 질환 치료제 분야에서 성과를 내고
있다. 이 회사는 선천적으로 시력을 잃는 희귀 유전병 레버 선천성
흑암시LCA10 치료제를 개발 중이며, 현재 임상 시험 단계에 있다.
또한 크리스퍼-캐스9의 정확성과 효율성을 높이는 기술도 함께 연
구하고 있다.

크리스퍼 테라퓨틱스CRISPR Therapeutics는 겸상적혈구빈혈증과 $\beta$-
지중해빈혈 같은 유전 질환을 치료하는 혁신적인 신약을 개발하고
있다. 특히 CTX001이라는 치료제가 임상 시험에서 좋은 결과를
보여 상용화 가능성이 높아졌으며, 여러 제약사와 협력해 출시를
준비하고 있다.

한편, 인텔리아 테라퓨틱스Intellia Therapeutics는 체내에 직접 투여하
는 방식의 크리스퍼-캐스9 치료제를 연구하는 회사다. 특히 트랜

스티레틴 아밀로이드증$^{ATTR}$ 치료제 개발에서 의미 있는 성과를 냈으며, 리포좀을 이용해 크리스퍼-캐스9을 몸속에 직접 전달하는 혁신적인 방법을 발전시키고 있다.

하지만, 아직 해결해야 할 과제들도 많다. 크리스퍼 기술이 원래 의도와 다르게 다른 유전자를 변형하는 오프타겟 효과를 줄이는 것, 보다 정밀한 전달 시스템을 개발하는 것, 그리고 각국의 규제 승인을 통과하는 것이 주요한 도전 과제다. 또한, 인간 배아 유전자 편집을 둘러싼 윤리적 논란도 여전히 진행 중이어서, 기술 발전과 윤리 기준 사이에서 적절한 균형을 찾는 것이 중요하다.

크리스퍼-캐스9 기술은 이제 질병 치료뿐만 아니라 작물 개량, 진단, 신약 개발 등 다양한 생명과학 분야에 변화를 가져오고 있다. 기존의 유전자 편집 방식보다 훨씬 정밀하고 효율적인 기술로 발전하면서, 특히 노화 연구에서도 손상된 유전자를 복구하고 젊은 세포의 특성을 되살리는 가능성을 보여 주고 있다. 이런 발전을 통해 크리스퍼-캐스9은 생명과학의 새로운 지평을 열고, 인류 건강과 복지에 크게 기여할 것으로 기대된다.

## AI와 크리스퍼-캐스9이 바꾸는 생명과학의 미래

최근 크리스퍼-캐스9 기술이 AI와 만나 새로운 혁신을 이루고 있다. 특히 딥마인드의 알파폴드는 이 기술의 정확성과 효율성을 획기적으로 높이는 데 중요한 역할을 하고 있다. 단백질 구조 예측의 혁신을 이룬 알파폴드는 캐스9 단백질의 최적화와 변형 과정에 결정적인 통찰을 제공한다[6].

가이드 RNA 설계 분야에서도 AI의 활용이 주목받고 있다. 방대한 유전체 데이터를 분석해 최적의 가이드 RNA 서열을 예측하는 기술이 개발되었으며, 대표적으로 마이크로소프트Microsoft의 엘리베이션Elevation과 브로드 연구소의 CRISPRko가 있다. 이들은 딥러닝을 활용해 가이드 RNA의 효율성을 정밀하게 예측하고, 의도치 않은 유전자 편집을 최소화하는 데 성공했다[7].

캐스9 단백질 최적화에서도 알파폴드는 혁신적인 성과를 보이고 있다. 단백질의 3차원 구조를 정밀하게 예측함으로써 부작용을 줄이고 효율성을 높이는 새로운 캐스9 단백질 설계를 가능하게 했다. 그 결과, 유전자 편집의 정확성과 안전성이 크게 향상되었다.

크리스퍼-캐스9 스크리닝 데이터 분석에서도 AI의 역할이 확대되고 있다. 머신러닝 기술을 활용해 복잡한 데이터에서 의미 있는 패턴을 발견하고, 이를 바탕으로 효과적인 유전자 편집 전략을 수립하는 데 기여하고 있다[8].

또한 알파폴드는 크리스퍼-캐스9 전달 효율성을 높이는 데도 핵심적인 역할을 한다. 바이러스 벡터와 나노 입자 같은 전달체의 구조를 최적화하는 데 활용되며, 이는 유전자 편집 기술의 실용화를 가속화하는 중요한 요소가 되고 있다. 이러한 발전은 더욱 정교하고 안전한 유전자 편집 기술 개발의 토대가 될 것으로 전망된다.

# 유전자 편집 기술과 유전자 변형 농산물

유전자 편집 기술은 생명체의 유전 정보를 정밀하게 수정하는 기술로, 질병 치료, 농작물 개량, 새로운 생물 소재 개발 등 다양한 분야에서 혁신적인 가능성을 열고 있다. 특히 농업에서는 병충해 저항성, 수확량 증대, 영양 성분 강화 등 유용한 형질을 가진 품종을 개발하는 데 활용되고 있다.

크리스퍼-캐스9 기술은 기존 유전자 변형 기술보다 정확성과 효율성이 뛰어나고 비용도 낮아 농작물 개량에 혁신을 가져올 것으로 기대된다. 유전자 변형 농산물Genetically Modified Organism, GMO은 외부 유전자를 도입해 형질을 변형한 것이고, 유전자 편집 농산물은 생물체 내부 유전자를 정밀 편집해 원하는 형질을 얻는다. 외부 유전자를 사용하지 않기 때문에 GMO보다 안전성 논란이 적고 소비자 수용도도 높을 것으로 예상된다.

현재 여러 연구자들이 다양한 유전자 편집 농산물을 개발하고 있다. 예를 들어, 2022년 팔루호프스카Paluchowska 등은 감자의 역병 저항성 유전자Rpi genes에 대한 최신 연구를 발표했다. 연구에서는 유전공학을 이용해 저항성 유전자를 직접 옮기는 방법과, 여러 개의 저항성 유전자를 한꺼번에 결합하는 피라미딩pyramiding 기법의 가능성을 탐색했다. 이를 통해 앞으로 감자가 병에 더 강한 품종으로 개량될 수 있는 길이 열리고 있다[9].

2017년, 브라츠 연구팀은 크리스퍼-캐스9 기술을 활용해 유채

Brassica Napus의 특정 유전자를 조작하는 실험을 진행했다. 유채는 다배수체 식물로, 동일한 유전자가 여러 개 존재하는데, 연구팀은 ALCATRAZ라는 유전자의 두 가지 버전에 동시에 변이를 일으키는 데 성공했다. 이를 통해 크리스퍼-캐스9이 다배수체 식물에서도 여러 유전자를 한꺼번에 편집할 수 있다는 가능성을 입증한 것이다[10]. 이처럼 유전자 편집 기술은 작물의 생산성을 높이고, 영양가를 개선하며, 환경 보호에도 기여할 수 있다.

## 더 정교해지는 크리스퍼-캐스9 기술

크리스퍼-캐스9 기술은 지속적으로 발전하고 있으며, 연구자들은 이를 더욱 정교하고 효과적으로 활용하기 위해 다양한 변형을 개발하고 있다. 예를 들어, 기존의 크리스퍼-캐스9보다 크기가 작고 정밀한 Cas12a는 더 적은 공간을 차지하면서도 유전자 편집을 더욱 정확하게 수행할 수 있도록 설계되었다. 또한, 유전자 가위가 DNA를 직접 절단하는 기존 방식과 달리, 염기 편집Base Editing 기술은 DNA의 구조를 근본적으로 손상시키지 않으면서 특정 염기 서열을 바꾸는 방식으로 작동한다. 이러한 기술의 발전은 마치 스마트폰이 매년 새롭고 강력한 기능을 추가하며 업그레이드되는 것과 비슷하다. 크리스퍼-캐스9 역시 점점 더 정교해지며, 다양한 분야에서 활용될 가능성이 커지고 있다.

특히, 이 기술은 인간의 노화를 늦추거나 되돌릴 가능성을 열어 주고 있다. 과거에는 영원한 젊음이 신화나 공상 과학 속 이야기로 만 여겨졌지만, 현대 과학은 점점 그 경계를 허물고 있다.

이제 우리는 개인의 유전자 지도를 펼쳐 놓고, 정교한 시계공이 시계를 조율하듯 생명 시계를 조정할 수 있는 시대에 접어들었다. 알츠하이머병 같은 노화의 그림자도 유전자 가위의 섬세한 손길 앞에서 희미해질 가능성이 높아졌다. 더 놀라운 것은 이 기술이 단 순한 질병 치료를 넘어 세포의 시간을 되돌리는 데까지 이르고 있 다는 점이다. 마치 오래된 영화 필름을 디지털로 복원하듯, 노화된 세포를 젊은 상태로 되돌리는 꿈이 현실이 되어 가고 있다.


## 유전자 편집 기술이 인간에게 던지는 물음표

크리스퍼-캐스9 기술은 질병 치료와 생명과학 발전에 혁명적 가능성을 제시하면서도, 윤리적·사회적 논란을 불러일으키고 있 다. 특히 인간 배아 유전자 편집은 미래 세대에 영구적인 영향을 미칠 수 있어 깊은 우려를 낳고 있다. 2015년, 볼티모어Baltimore 등은 이 기술의 가능성을 인정하면서도, 충분한 안전성이 확보되기 전 까지 인간 배아 유전자 편집을 제한해야 한다고 경고했다[11].

이러한 우려는 2018년 중국에서 현실이 되었다. 과학자 허젠쿠 이賀建奎가 HIV 면역력을 갖도록 유전자를 편집한 이른바 크리스퍼

베이비의 탄생을 발표한 것이다. 그는 배아 단계에서 CCR5 유전자를 제거해 HIV 감염을 막고자 했으나, 이 실험은 전 세계적으로 거센 윤리적 논란을 불러일으켰다. 이 사건을 계기로 국제 사회는 인간 배아 유전자 편집에 대한 엄격한 규제와 가이드라인 마련에 착수했다[12].

현재 유전자 편집 기술의 임상 적용을 둘러싼 논쟁은 계속되고 있다. 반대하는 측은 기술의 불완전성과 의도치 않은 유전자 변형의 위험성을 지적하며, 미래 세대에 미칠 예측 불가능한 영향, 맞춤형 아기 출현에 따른 유전자 차별과 인간 존엄성 훼손 가능성을 우려한다. 또한, 기술의 접근성과 비용 문제로 인한 사회적 불평등 심화 역시 중요한 쟁점이다.

반면, 찬성하는 측은 난치병 치료와 유전 질환 예방이라는 인도적 가치를 강조한다. 무조건적인 규제는 기술 발전을 저해하고, 치료 기회를 박탈할 수 있다는 점을 우려하며, 안전성과 윤리적 문제는 지속적인 연구와 적절한 규제를 통해 해결할 수 있다고 주장한다. 이에 세계보건기구WHO를 비롯한 국제 사회는 유전자 편집 기술의 윤리적·사회적 영향을 면밀히 검토하며, 각국 정부와 과학 단체들은 안전하고 책임 있는 활용을 위한 가이드라인 마련에 협력하고 있다[13].

이러한 논의는 단순히 인간 배아 유전자 편집을 넘어 노화 연구에도 중요한 의미를 갖는다. 백세 시대를 맞아 오래 사는 것뿐만 아니라, 생의 마지막까지 인간다운 삶을 유지하는 것이 핵심 과제가 되었다.

노화는 세포 손상과 유전자 변화가 축적되면서 발생하는 현상으로, 마치 오래된 기계가 녹슬고 고장 나는 것과 같다. 그러나 크리스퍼-캐스9 기술을 활용하면 녹슨 부품을 교체하듯 노화 관련 유전자를 수정해 세포를 젊고 건강하게 유지할 수 있다. 이는 단순한 수명 연장을 넘어 보다 건강한 삶을 지속하도록 돕는 기술이다.

크리스퍼-캐스9이 열어 가는 미래는 단순한 생명 연장의 차원을 넘어, 인간 삶의 질을 근본적으로 변화시킬 가능성을 품고 있다. 그러나 기술이 발전할수록, 우리는 인간 존엄성과 조화를 이루는 방향으로 활용해야 한다. 이를 위해 깊은 고민과 사회적 합의를 지속적으로 발전시켜 나가야 할 것이다.

이러한 유전자 편집 기술의 발전은 단순한 질병 치료를 넘어 개인 맞춤형 의료 시대를 여는 중요한 역할을 하게 된다.

# 유전자 맞춤 시대,
# 노화의 경계를 허물다

"인간은 유한한 존재인가?" 이 질문은 철학과 과학을 넘나들며 오랫동안 제기되어 왔다. 그리고 이제, 유전자 맞춤 시대가 열리면서 우리는 이 질문에 대한 새로운 답을 찾아가고 있다. 유전자 맞춤 치료는 단순히 질병을 치료하는 것을 넘어, 노화의 비밀을 풀고 보다 건강한 삶을 위한 가능성을 제시한다.

고대 연금술사들이 생명의 비밀을 찾아 헤맸듯, 현대 과학자들은 유전체 정보를 해독하며 노화의 원리를 탐구하고 있다. 유전자 맞춤 기술의 발전으로 우리는 질병을 조기에 발견하고 예방하는 것을 넘어, 노화 자체를 조절할 가능성을 모색하고 있다. 이는 단순한 수명 연장을 넘어, 건강하고 활기찬 삶을 오래 유지하는 방향으로 나아가고 있다.

## AI와 디지털 트윈, 노화 혁명의 중심

유전자 맞춤 시대에는 컨시어지 의료Concierge Medicine 서비스가 더욱 정교해질 것이다. 마치 개인 주치의처럼, 24시간 건강 상태를 모니터링하고 필요한 의료 서비스를 제공하는 시스템이 발전하는 것이다. AI는 방대한 유전체 데이터를 분석해 질병을 예측하고, 건강 관리, 맞춤형 운동 및 영양 처방 등을 제안하며 최적의 건강 상태를 유지하도록 돕는다.

더 나아가 AI는 단순한 의료 보조를 넘어 휴먼 디지털 트윈 개념으로 확장되고 있다. 휴먼 디지털 트윈은 개인의 유전 정보, 생활 습관, 건강 상태 등을 분석해 가상 공간에 또 다른 나를 만들어 낸다. 이를 통해 맞춤형 건강 관리가 가능해지고, 신약 개발과 질병 예측 방식에도 새로운 패러다임이 도입되고 있다.

## 유전자 맞춤 시대, 우리는 어디까지 개입할 수 있을까?

유전자 맞춤 기술이 발전하면서 인간의 노화 속도를 조절할 수 있는 시대가 현실로 다가오고 있다. 하지만 이러한 변화는 새로운 윤리적 질문을 던진다. 만약 노화 과정을 조정할 수 있다면, 이 기술을 누구에게 허용할 것인가? 유전자 치료가 특정 계층만이 누릴 수 있는 특권이 된다면, 사회적 불평등이 더욱 심화될 수도 있다.

유전자 맞춤 기술은 단순한 의료 혁신을 넘어 인간 존재 자체에 대한 근본적인 질문을 제기한다. 우리는 생명의 설계를 어디까지 조정할 수 있을까? 유전자 치료가 인간의 삶을 연장하고 질병을 예방하는 강력한 도구가 될 수 있지만, 이로 인해 나타날 사회적 변화와 윤리적 책임 또한 깊이 고민해야 한다. 앞으로 이 기술이 과학과 윤리의 균형 속에서 올바르게 활용될 수 있도록 논의가 필요하다.

# 암 정복을 이끄는
# CAR-T 세포 치료법

CAR-T 세포 치료는 살아 있는 약으로 불리는 혁신적인 암 치료법이다. 환자의 면역세포를 유전적으로 강화해 암세포를 정밀하게 공격하는 방식으로, 맞춤형 의료의 새로운 가능성을 열었다. 이 치료의 핵심은 '키메릭 항원 수용체<sup>CAR</sup>'라는 특별한 장치다. CAR는 암세포 표면의 특정 항원을 찾아내도록 설계된 유전자 조작 수용체로, 이를 통해 환자의 면역 체계를 더욱 강하게 만들어 준다. 최근 연구에서는 CAR-T 치료가 단순히 암을 치료하는 것을 넘어, 나이가 들면서 약해지는 면역 기능을 개선하는 데도 도움이 될 가능성이 있다고 보고 있다.

CAR-T 치료 과정은 환자 맞춤형으로 진행된다. 먼저, 환자의 몸에서 면역 세포인 T 림프구를 채취한 후, 암세포를 정확히 찾아낼 수 있도록 유전적으로 조작한다. 이렇게 강화된 면역 세포는 다시 몸속으로 주입되어 암세포를 공격하게 된다. 이 기술의 시작은

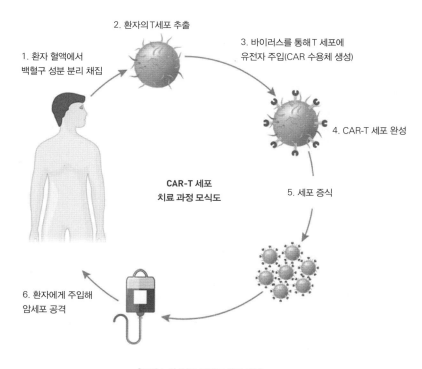

2. 환자의 T세포 추출

1. 환자 혈액에서
백혈구 성분 분리 채집

3. 바이러스를 통해 T 세포에
유전자 주입(CAR 수용체 생성)

4. CAR-T 세포 완성

CAR-T 세포
치료 과정 모식도

5. 세포 증식

6. 환자에게 주입해
암세포 공격

[그림 6-2] CAR-T 세포 치료 과정

1980년대 후반으로 거슬러 올라간다. 이스라엘의 젤리그 에쉬하르
Zelig Eshhar 박사가 CAR 개념을 처음 제안했고, 1990년대에는 미국 펜
실베이니아대학교의 칼 준Carl June 박사 연구팀이 이를 실제 치료에
적용할 가능성을 입증했다. 초창기에는 효과가 제한적이고 부작용
이 심각했지만, 연구자들의 끊임없는 노력 끝에 지금의 혁신적인
치료법으로 발전하게 되었다[14].

CAR 기술은 네 단계에 걸쳐 발전해 왔다. 1세대는 암세포를

인식하는 기본 기능을 가졌고, 2세대에서는 T 세포를 활성화하는 기능이 추가되었다. 3세대에서는 T 세포가 더 오래 살아남고 증식할 수 있도록 개선되었으며, 4세대는 사이토카인 생성 같은 추가 기능을 탑재했다. 이러한 발전 덕분에 CAR-T 세포 치료는 혈액암 치료에서 큰 성과를 내고 있다. 미국 FDA는 킴리아Kymriah와 예스카르타Yescarta 같은 CAR-T 치료제를 승인했으며, 국내에서도 2019년에 킴리아가 허가를 받았다. 이 치료법은 급성 림프구성 백혈병과 미만성 거대 B 세포 림프종 같은 혈액암에서 높은 치료 효과를 보이고 있다.

하지만 아직 해결해야 할 과제도 많다. 가장 큰 난관은 고형암 치료다. 혈액암과 달리 고형암은 덩어리를 이루고 있어 CAR-T 세포가 암세포에 접근하기 어렵다. 게다가 암세포 주변에는 면역 반응을 억제하는 환경이 형성되어 있어 치료 효과가 제한적이다. 또 하나의 문제는 부작용이다. 치료 과정에서 사이토카인 방출 증후군CRS이나 신경독성 같은 심각한 부작용이 발생할 수 있어 철저한 관리가 필요하다. 높은 치료 비용도 해결해야 할 과제다. CAR-T 세포 치료는 환자 맞춤형 첨단 치료법이라 비용이 비싸, 쉽게 접근하기 어려운 것이 현실이다.

그럼에도 불구하고 CAR-T 세포 치료는 혈액암을 넘어 고형암, 자가 면역 질환 등 다양한 질환으로 적용 범위를 넓혀 가고 있다. 과학자들은 여전히 한계를 극복하기 위해 연구를 이어가고 있으며, 이 치료법은 암 정복을 향한 새로운 희망이 되고 있다.

# 맞춤형 유전자 치료를 가능하게 하는 핵심 기술은?

유전자 맞춤 치료의 핵심은 개인의 유전적 특성을 정확히 분석하고, 이를 바탕으로 최적의 치료 전략을 수립하는 것이다. 이를 위해 전장 유전체 시퀀싱Whole Genome Sequencing, WGS, 단일 세포 분석Single-cell Analysis, 액체 생검Liquid Biopsy과 같은 다양한 기술이 활용된다.

**전장 유전체 시퀀싱**: 개인의 모든 DNA 서열을 분석해 유전병을 유발하는 변이를 찾아내거나, 특정 약물에 대한 반응성을 예측하는 데 사용된다.

**단일 세포 분석**: 개별 세포 단위에서 유전자 발현을 살펴보는 기술로, 특히 암처럼 세포 간 차이가 큰 질병의 이해와 치료에 필수적이다.

**액체 생검**: 혈액이나 체액에서 유리된 DNA나 순환 종양 세포를 분석해 비침습적으로 질병의 진행 상황을 모니터링할 수 있도록 한다.

크리스퍼-캐스9을 비롯한 유전자 편집 기술은 유전병 치료의 가능성을 크게 넓히고 있다. 2020년, 미국에서는 크리스퍼-캐스9을 이용한 겸상적혈구빈혈증 치료제가 임상 시험에서 긍정적인 결과를 보이며, 유전자 편집 기술이 실제 환자 치료에 활용될 수 있음을 입증했다.

유전자 편집 기술이 맞춤형 치료에 활용될 가능성을 보여 주는 또 다른 사례로 뒤시엔 근이영양증Duchenne Muscular Dystrophy 치료 연구가 있다. 이 질환은 디스트로핀dystrophin 유전자의 돌연변이로 발생하는 희귀 유전병이다. 2018년, 아모아시이Amoasii 등은 크리스퍼-캐스9을 이용해 돌연 변이된 디스트로핀 유전자를 교정하는 데 성공했다. 비록 동물 실험 단계였지만, 향후 인간 치료에도 적용될 가능성을 보여 준 중요한 연구였다.

## 기업들이 주도하는 유전자 치료 혁신

맞춤형 유전자 치료 시장은 빠르게 성장하고 있으며, 노바티스 Novartis, 길리어드 사이언시스Gilead Sciences, 블루버드 바이오Bluebird Bio 같은 기업들이 앞다투어 진출하고 있다.

노바티스는 2017년 CAR-T 세포 치료제 킴리아로 FDA 승인을 받으며 맞춤형 면역 치료의 새로운 장을 열었다[15]. 특히 기존 치료법에 반응하지 않던 소아 및 청소년 급성 림프구성 백혈병 환자들에게 획기적인 대안을 제시했다. 임상 시험 결과, 킴리아는 재발성 또는 불응성 환자들에게 높은 치료 효과를 보이며 83%의 완전 완화율을 기록했다.

길리어드 사이언시스는 2017년 CAR-T 치료제 예스카르타로 FDA 승인을 받았다. 예스카르타는 미만성 거대 B세포 림프종DLBCL 치료에 사용되며, 킴리아와 함께 CAR-T 치료제 시장을 이끌고 있다[16]. 강점은 T세포 조작 기술과 빠른 생산 프로세스다. 예스카르타의 제조 과정은 약 17일로, 업계에서 가장 신속한 편이다. ZUMA-

1 임상 시험에서는 난치성 DLBCL 환자의 82%가 치료에 반응했고, 54%가 완전 완화에 도달했다. 하지만 CAR-T 치료제는 여전히 높은 비용, 부작용 관리, 고형암 치료 효과 입증이라는 과제를 안고 있다.

블루버드 바이오는 유전자 치료와 유전자 편집 기술을 결합해 유전병 치료에 집중하는 기업이다. 특히 베타 지중해빈혈과 겸상 적혈구병 같은 중증 유전성 혈액 질환 치료에서 괄목할 만한 성과를 내고 있다.

# 생명을 조립하는 기술,
# 합성생물학

인류는 이제 생명이라는 거대한 퍼즐을 새롭게 맞추기 시작했다. 합성생물학은 마치 정교한 레고 블록처럼 생명의 기본 요소를 조립하고 재구성할 수 있게 한다. 이 기술은 단순히 노화를 늦추는 것을 넘어, 인간 수명의 근본적인 한계에 도전하고 있다.

MIT 생물학자들은 바이오브릭$^{BioBrick}$ 프로젝트를 통해 생명공학의 부품 창고를 만들었다. 마치 첨단 장난감 공장처럼, 이곳에는 다양한 생물학적 부품들이 표준화된 형태로 보관되어 있다. 이제 과학자들은 이 부품들을 활용해 노화를 조절하고 건강 수명을 연장할 새로운 방법을 설계하고 있다.

의료 분야에서도 합성생물학은 혁신적인 변화를 가져오고 있다. 맞춤형 치료제 개발, 인공 장기 제작, 새로운 진단 도구 개발 등에 활용되면서 환자의 유전체 정보를 바탕으로 개인 맞춤형 치료제를 설계하거나, 3D 프린팅 기술을 이용해 인공 장기를 제작하는 일이 가능해지고 있다.

하지만, 합성생물학이 던지는 가장 큰 질문은 '얼마나 오래 살 수 있는가?'가 아니라, '어떻게 하면 더 의미 있게 살 수 있는가?'다. 이 질문은 과학을 넘어, 인간 존재의 본질과 가치에 대한 깊은 성찰을 요구하고 있다.

## 합성생물학의 선두 주자들과 도전 과제

합성생물학을 선도하는 대표적인 기업으로는 깅코 바이오웍스 Ginkgo Bioworks와 자이머젠Zymergen이 있다.

깅코 바이오웍스는 생물학의 아마존을 목표로 하며, 산업 전반에서 활용할 맞춤형 미생물을 설계하고 생산하는 서비스를 제공한다[17]. 이 회사의 핵심 강점은 고도로 자동화된 실험실 시스템 파운드리Foundry와 방대한 생물학적 데이터베이스 코드베이스Codebase의 결합에 있다.

자이머젠은 머신러닝과 로보틱스를 활용해 혁신적인 생물학적 물질을 개발하는 기업이다[18]. 대규모 데이터를 활용한 예측 모델링과 고효율 실험 시스템을 결합해 신소재 개발 속도를 비약적으로 높이고 있다.

그러나 합성생물학이 인류의 미래를 바꿀 기술로 주목받는 만큼, 해결해야 할 도전 과제도 많다. 이는 단순한 기술적 문제를 넘어, 생명의 근본을 다시 바라보고 구성하는 일과 맞닿아 있다.

우리는 지금, 생명이라는 거대한 교향곡을 다시 편곡하려 하고 있다. 과학자들이 이 거대한 연주의 지휘자가 되어 가는 과정에서 맞닥뜨린 숙제들을 살펴보자.

첫째, 생명은 수천 개의 악기가 함께 연주하는 웅장한 오케스트라와 같다. 하나의 악기 음을 바꾸면 전체 하모니가 달라지듯, 한 유전자를 조작하는 것이 예기치 못한 부작용을 초래할 수도 있다.

둘째, 우리가 새롭게 설계한 생명체가 자연이라는 거대한 콘서트홀에 들어섰을 때, 어떤 반응을 일으킬지는 예측하기 어렵다. 마치 실험적인 현대 음악이 클래식 공연 한가운데 삽입되는 것처럼, 이들이 자연의 오랜 조화와 어떻게 어우러질지는 여전히 미지수다.

마지막으로, 가장 근본적인 질문이 남아 있다. 우리는 과연 생명이라는 위대한 교향곡을 다시 편곡할 자격이 있는가? 이는 마치 베토벤의 교향곡을 현대적으로 해석하는 것처럼, 경외심과 신중함을 필요로 하는 작업이다. 이러한 도전들은 단순한 과학적 통찰을 넘어, 겸손한 태도를 요구한다. 노화 혁명이라는 새로운 작곡을 시작하면서, 우리는 과학적 정확성과 윤리적 균형을 함께 고려해야 할 것이다.

# 유전자에서 찾는
# 젊음과 장수의 가능성

유전자를 복구하고, 수선하고, 교체할 수 있는 생명공학 기술이 발전하면서, 미래 사회에서 인간의 위치와 역할이 근본적으로 변화할 가능성이 커지고 있다. 특히 선천적 유전 질환이나 유전자 변이가 명확한 암과 같은 질병은, 이제 해결책이 점점 현실적인 범위에 들어서고 있다.

크리스퍼-캐스9 같은 유전자 편집 기술과 합성생물학이 발전하면서, 휴먼 게놈 프로젝트 2.0$^{Human\ Genome\ Project\ 2.0}$처럼 인간의 유전자를 더욱 우성적인 방향으로 개선하려는 연구도 진행되고 있다. 그러나 노화와 장수를 유전적으로 조절하려는 연구는 아직 초기 단계에 머물러 있다. 그 이유는 노화를 결정하는 유전자가 아직 완전히 밝혀지지 않았기 때문이다.

# 노화와 유전적 요인

세포 노화라는 개념은 레너드 헤이플릭Leonard Hayflick이 세포 배양 시 일정한 분열 한계가 존재한다는 헤이플릭 한계Hayflick's limit를 발표하기 전까지 학계에서 제대로 인정받지 못했다. 당시에는 알렉시스 카렐Alexis Carrel이 체세포는 무한정 증식할 수 있다고 주장했기 때문에, 헤이플릭의 주장은 처음에는 외면받았다. 하지만 세포의 수명 한계가 과학적으로 증명되면서, 노화 연구의 새로운 전기가 마련되었다. 이와 함께 정상 세포를 불멸화하는 방법도 연구되기 시작했다.

과학자들은 암유전자, 바이러스 유전자, 텔로머레이즈 유전자를 활용해 세포를 불멸화하거나 암화시키는 기술을 개발했다. 특히 미국 국립암연구소의 임종식 박사는 세계 최초로 바이러스성 T 항원과 암유전자 K-ras를 이용해 인간 섬유아세포Fibroblast와 유각상피세포Epidermal Keratinocyte를 불멸화 및 암화하는 데 성공했다. 이 연구는 암 발생의 원리를 밝히고, 암 모델을 개발하는 데 중요한 기여를 했다[19].

정상적인 세포는 원래 시간이 지나면 노화하지만, 특정 유전적 처리를 하면 불멸화되거나 암화할 수 있다는 사실이 실험적으로 증명된 것이다. 이는 곧 생명 현상을 인위적으로 조작할 수 있는 가능성을 보여 준 중요한 업적이었다.

일반적으로 다세포 생물은 시간이 지나면서 노화하지만, 일부 생명체는 예외적으로 늙지 않는 특성을 가진다. 대표적인 예가 히드라다. 히드라는 민물에 서식하는 작은 생물로, 지속적으로 세포가 분열해도 노화의 흔적을 보이지 않는다. 또 다른 불로장생 생명체로는 플라나리아가 있다. 이들은 유성 생식과 무성 생식을 모두 활용해 거의 무한히 증식할 수 있는 능력을 갖고 있다.

최근에는 일반적인 쥐보다 10배 이상 긴 수명을 가진 벌거숭이두더지Naked Mole Rat의 생체 메커니즘이 새롭게 주목받고 있다. 이들은 암에 걸리지 않고, 통증을 거의 느끼지 않으며, 노화 속도가 매우 느린 특징을 가지고 있어 장수 연구의 중요한 모델이 되고 있다[20].

이런 관점에서 노화와 장수에 관련된 유전자를 밝히기 위해서는 다양한 접근이 필요하다. 과연 조로유전자, 즉 빨리 늙게 하는 유전자가 존재하는가? 반대로 노화를 막는 불로유전자는 있는가? 더 나아가 오래 살도록 돕는 장수유전자가 실제로 작용하는가? 이러한 질문들에 대한 답을 찾는 것이 노화 연구의 중요한 과제다.


## 노화 관련 유전자: 조로유전자, 불로유전자, 장수유전자

노화를 직접적으로 유도하는 유전자를 찾는 작업은 지금까지 성공하지 못하고 있다. 대신 수명을 단축하고 노화를 촉진하는 유전자군을 분석하는 일들이 주목을 받았다.

## 조로유전자

인간의 조로증은 공식적으로 부분적 조로 증후군Segmental Progeroid Syndrome으로 분류된다. 이는 노화가 몸 전체에서 균일하게 진행되는 것이 아니라, 신체 부위마다 다르게 나타나기 때문이다.

현재까지 알려진 조로증 관련 유전자를 다음과 같다. 허치슨-길포드 증후군Hutchinson-Gilford Syndrome은 세포의 핵막을 안정적으로 유지하는 lamin A/C 유전자의 이상으로 나타난다. 워너 증후군Werner Syndrome은 DNA의 이중 가닥 손상을 복구하는 WRN 유전자에 이상이 생겨 발생한다. 또한 코케인 증후군Cockayne Syndrome은 유전자 손상을 복구하는 CSA, CSB, XPD, XPG 유전자와 관련이 있으며, 아타시아-텔랑지에크타지아Ataxia-Telangiectasia는 DNA 손상 복구에 중요한 ATM 유전자의 돌연변이에 의해 발생한다.

이처럼 다양한 유전자가 조로증을 유발하지만, 공통점이 있다. 모두 유전체의 안정성과 관련된 유전자에서 돌연변이가 일어나면서 질환이 나타난다는 것이다. 특히 유전체 유지에 중요한 역할을 하는 p53 유전자가 과도하게 발현되면 오히려 노화를 촉진한다는 사실이 밝혀졌다. 이는 유전체 보존이 노화 과정에서 핵심적인 요소임을 보여 준다.

하지만 지금까지 발견된 조로 관련 유전자들은 본래 노화를 유도하는 유전자가 아니다. 단지 정상 유전자의 특수한 변이형일 뿐이다. 따라서 본질적 노화 유전자Essential Gerontogene가 아니라, 가상 노화 유전자Virtual Gerontogene로 분류된다. 현재까지 진정한 의미의 노화 유전자는 발견되지 않았다.

## 불로유전자

　나이가 들어도 노화 증상이 거의 나타나지 않는 특별한 사례들이 보고되면서 많은 관심을 끌고 있다. 그중 대표적인 사례가 미국 메릴랜드에서 태어난 브룩 그린버그Brooke Greenberg다. 그녀는 20세가 될 때까지 일반적인 성장 과정을 따르지 않고, 어린아이의 신체적 특성을 유지했다. 신체 조직에서도 노화의 흔적이 발견되지 않았다. 유전자 검사와 임상 검사를 진행했지만, 원인을 밝혀내지 못해 X증후군Syndrome X이라는 이름이 붙었다. 그녀의 장기는 균형 있게 발달하지 못하고, 일부만 성장해 불균형한 형태를 보였다.

　이와 비슷한 사례들이 추가로 발견되자, 연구자들은 이를 새로운 질병군으로 분류하고 유태 복합 증후군Neotenic Complex Syndrome 이라는 이름을 붙였다. 연구 결과에 따르면, 특정 유전자의 돌연변이가 세포의 핵심 조절 기능에 영향을 미치는 것으로 나타났다. 예를 들어, DDX3X, TLK2, HDAC8 유전자의 변화가 세포의 유전자 발현 조절에 중요한 히스톤 아세틸화Histone Acetylation 과정과 관련이 있었다. 또한, X염색체의 특정 영역에서 핵심 유전자의 변형이 보고되었다.

　이 증후군은 현재까지 여성에게서만 발견되었으며, X염색체와의 관련성이 주목받고 있다. 단순히 성장 속도가 느려지는 것이 아니라, 세포 자체에서도 노화가 거의 진행되지 않는 특징을 보인다. 연구자들은 이를 통해 불로 유전자가 존재할 가능성을 탐구하고 있다.

## 장수유전자

장수와 관련된 유전적 요인은 여전히 논란이 많지만, 연구에 따르면 유전자의 영향력은 약 0.1~0.3 정도로 추정된다. 특히, 초장수Super Longevity의 경우 유전적 성향이 더욱 강할 것으로 예상된다. 실제로 백세인의 자녀와 일반 노인층(70대)의 자녀가 90대까지 생존할 확률을 비교하면, 백세인의 자녀가 약 4배 더 오래 살 가능성이 높다. 미국에서 진행된 백세인 가족 연구에서도 백세인의 자녀가 백세인이 될 확률이 일반인의 자녀보다 남성은 17배, 여성은 8배 높은 것으로 나타났다. 이는 초장수의 경우 유전적 요인이 상당히 중요한 역할을 한다는 점을 시사한다.

장수유전자를 찾기 위한 연구에서 특히 주목받고 있는 것은 4번 염색체다. 여기에서 발견된 MTPMicrosomal Transfer Protein 유전자는 지단백Lipoprotein 생성에 관여하며, 특히 노년층의 심혈관 질환과 관련이 있을 가능성이 제기되었다. 또한, 초장수인에게서 관찰된 HDL-콜레스테롤과 LDL-콜레스테롤 입자의 크기와 관련된 CETP 유전자, 그리고 치매와 연관된 것으로 알려진 APOE 유전자 변이가 서로 영향을 주고받는다는 사실도 밝혀졌다. 이러한 연구 결과는 심혈관 질환과 관련된 유전자가 장수에도 중요한 역할을 한다는 점을 강조한다.

뿐만 아니라, 동물 실험에서 장수유전자로 주목받았던 인슐린/IGF 시스템Insulin/IGF System 관련 유전자군 역시 초장수인 연구에서도 연관성이 확인되었다. IGF 혈중 농도 및 IGF 반응계의 단일염기

다형성Single Nucleotide Polymorphism, SNP 변이가 초장수인과 관련이 있는 것으로 나타난 것이다. 이는 동물 연구에서 밝혀진 장수유전자 관련 결과가 인간에게도 적용될 가능성이 높다는 점을 시사한다.

최근 대규모 연구에서는 인종과 무관하게 RNA 편집 시스템RNA Editing System과 관련된 ADARB1/2 유전자가 장수에 영향을 미칠 가능성이 제기되었다. 한국의 백세인 연구에서도 흥미로운 결과가 도출되었다. 서양 백세인에서 유의미하게 나타난 HLA, ACE, APOE, MTTP, CETP 유전자 패턴이 한국에서는 유의한 영향을 보이지 않았으며, 특히 APOE4 유전자가 서양에서는 장수와 관련이 깊었지만, 한국에서는 장수와 직접적인 연관이 없고 치매와는 유의한 상관관계를 보였다[21].

반면, DNA 복구 시스템DNA repair system과 관련된 hMLH1, LYN, BRCA1, p53, FHIT, mtDNA, caveolin1 등의 유전형은 한국인의 장수와 유의미한 연관이 있었다. 특히 ALDH2 유전자형은 한국 백세인 중에서도 남성에게서만 의미 있는 결과를 보였다[22].

이러한 연구 결과는 서양인의 장수와 관련이 깊은 지질 관련 지단백질 유전자 패턴이 한국인에게서는 유의하지 않았다는 점에서, 한국인의 전통적인 생활 방식과 환경이 지질 관련 질환의 영향을 줄였을 가능성을 시사한다. 지역별로 장수유전자 패턴이 다른 것은 각 지역의 환경·생태·문화적 요인에 따라 적합한 유전형이 선택되었음을 보여 주는 중요한 증거다.

# 유전자를 다루는 시대,
# 윤리를 묻다

　생명체의 본질인 유전자를 제어하면 형태와 기능을 변화시킬 수 있다는 가능성은 오래전부터 제기되어 왔다. 선택적으로 필요한 유전자를 클로닝하고, 이를 유전체에서 분리·정제한 뒤 재조합 방식으로 수정해 온전한 형태로 복원하거나 우성적으로 개선하는 기술은 이미 성공적으로 구현되고 있다. 이러한 유전자 조작 기술을 통해 수많은 농작물과 동물이 개량되었으며, GMO 형태로 상업화되어 지구 생태계에 깊이 자리 잡았다. 그러나 이러한 기술을 인간에게 적용하는 문제는 여전히 논란의 대상이다.

　무엇보다도 노화, 불로, 장수유전자를 정확히 규명하는 것이 선결 과제다. 특정 유전자를 표적으로 삼아 조절해야 장수를 촉진할 방법을 개발할 수 있기 때문이다. 그러나 지금까지 밝혀진 노화 및 장수 관련 유전자는 지나치게 다양하며, 이들의 영향을 분석하는 것도 쉽지 않다. 특히 스트레스 반응이나 대사 반응과 관련된 유전자, 유전체 보존과 관련된 불특정 유전자군의 패턴, 개별 생체 내에서 나타나는 노화 현상의 불특정성이 문제로 작용한다. 만약 노화가 모든 세포에서 동일한 방식과 속도로 진행된다면 조절이 비교적 수월할 것이다. 그러나 실제로는 장기, 조직, 세포마다 노화 속도가 다르게 나타나기 때문에 유전자 조작만으로 이를 한꺼번에 교정하는 것은 현실적으로 어렵다.

또 다른 문제는 윤리적 측면이다. 생명과학이 발전하면서 생명 현상을 제어하는 연구자들의 윤리적 책임이 더욱 강조되고 있다. 국제 사회에서도 이에 대한 대비책을 논의하는 가운데, 우리나라는 이 분야에서 선도적인 역할을 하게 되었다. 그러나 과거 인체 유래 줄기세포 연구 개발 과정에서 일부 학자들이 성급하게 앞서 나가려다 국제적 논란을 불러일으킨 사례가 있다. 연구에 대한 과도한 열정이 부정확한 결과를 초래하며 학계뿐만 아니라 국민에게도 큰 실망을 안겼다.

이에 따라 2005년, 생명과학 연구의 윤리적 지침을 마련하고 이를 준수하자는 선언이 이루어졌다. 한국분자세포생물학회(당시 회장 박상철 교수)는 '생명과학연구자 윤리헌장'을 제정해 선포했으며, 이 노력은 세계적인 학술지에서도 특집으로 다루어졌다[23]. 해당 헌장은 연구자들에게 생명의 존엄성, 생명 윤리, 공동체 의식, 연구 결과의 투명성 및 공개 우선 원칙을 강조하며, 연구 결과가 사회와 자연 생태계에 부정적인 영향을 미쳐서는 안 된다고 명시했다. 이는 세계 최초로 생명과학 연구의 방향성과 윤리 의식을 공식적으

로 정립한 사례로, 우리 학계가 국제 생명과학 연구 윤리 분야를
선도하는 중요한 계기가 되었다.

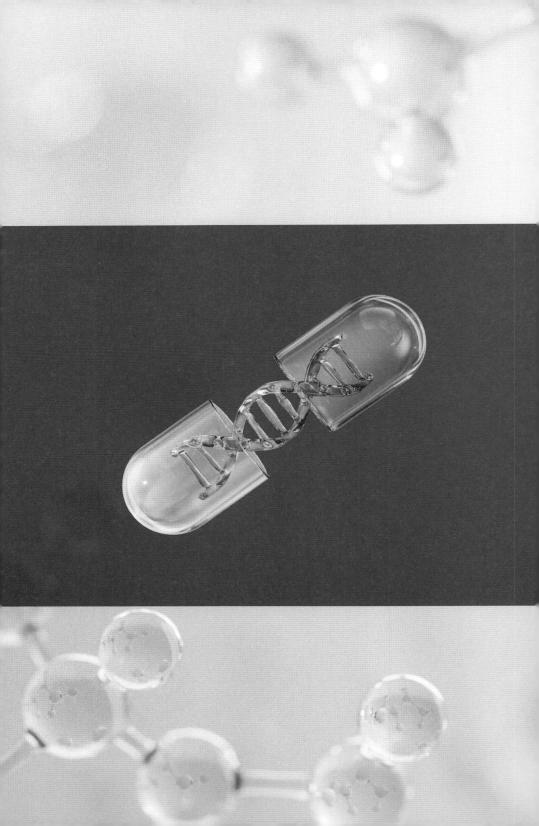

## 7장

# 나노 기술,
# 몸속으로 들어간 의사

# 몸속 깊이 들어온
# 나노 기술

　현대 문명이 맞닥뜨린 기술 혁신의 최전선에서 나노 기술은 단순한 과학적 도약을 넘어 인류의 삶을 근본적으로 변화시키고 있다. 원자 수준에서 물질을 정밀하게 조작할 수 있는 능력은 플라톤 Platon이 말한 이데아와 현실 세계의 경계를 허물만큼 깊은 존재론적 의미를 지닌다. 특히 노화와 생명의 본질에 대한 새로운 이해는 하이데거의 존재와 시간을 현대적 맥락에서 재해석하게 만든다. 노화를 단순한 생물학적 퇴행이 아니라 생명의 완성 과정으로 바라보는 관점이 등장한 것도 이러한 변화의 일부다.

　나노미터 수준의 미세한 세계를 다루는 나노 기술은 원자와 분자를 직접 조작함으로써 기존 기술의 한계를 뛰어넘는 혁신적 가능성을 제시하고 있다. 의학, 재료과학, 전자공학, 에너지, 환경 등 다양한 분야에서 패러다임의 변화를 이끌고 있다.

　특히 나노의학의 발전이 주목할 만하다. 혈관을 따라 이동하는 나노 로봇은 데카르트의 기계론적 신체관을 현실화하며, 노화 세포를 선택적으로 제거하는 제노제[Senolysis] 기술은 노화에 대한 기존의 결정론적 시각을 뒤흔든다.

그중 대표적인 예가 나노 약물 전달 시스템이다. 초기의 단순한 약물 전달 방식에서 점차 환경 반응성, 표적 지향성, 시간 조절성을 갖춘 지능형 시스템으로 진화하고 있다. 나노 기술은 생체 신호를 감지하는 것을 넘어, 다중 신호를 통합 분석하고 예측 진단하는 수준으로 발전하고 있다. 이는 오랜 임상 경험을 지닌 의사의 직관적 통찰력이 첨단 기술로 구현되는 것과 유사한 개념이다.

이러한 변화는 우리가 노화와 기술 발전을 바라보는 시각에도 근본적인 전환을 요구한다. 나이 듦이 단순한 쇠퇴가 아니라 창조적 성숙의 과정이듯, 나노 기술의 발전도 단순한 기능 확장이 아닌 질적 도약을 추구해야 한다.

이러한 관점은 보부아르[Beauvoir]가 《노년[La Vieillesse]》에서 제기한 실존적 문제를 넘어, 노화를 새로운 가능성의 영역으로 재해석하게 한다. 기존의 전신 투여 방식이 초래하는 부작용과 삶의 질 저하를 극복하고, 표적 치료[Targeted Therapy]를 통해 환자의 존엄성을 보존하는 것은 단순한 의학적 진보를 넘어선 실존적 혁신이다.

나노 센서 기술의 발전은 능동적 건강 관리의 기반을 마련하고 있다. 실시간 건강 모니터링은 단순한 생체 정보 수집을 넘어 개인의 자율성과 독립성을 강화하는 도구로 진화하고 있다. 노년기를 수동적으로 관리받는 시기가 아니라 스스로 건강을 디자인하는 시대로 변화시키는 것이다. 예를 들어, 스마트 의류와 생체 적합 소재는 신체적 제약을 보완하는 동시에 사용자의 자존감과 사회적 상호 작용을 증진하도록 설계되고 있다. 결국, 나노 기술의 발전은 인간 존엄성 보존이라는 철학적 과제와 긴밀하게 연결된다.

2030년, 세계에서 가장 장수하는 국가가 될 것으로 전망되는 한국은 K-시니어 세대를 중심으로 질적 성장을 동반한 장수 사회의 비전을 제시하고 있다. 이는 단순한 수명 연장을 넘어 존엄성과 창조성이 조화를 이루는 새로운 노화 패러다임을 의미한다.

그러나 이러한 기술 발전이 가져올 도전도 존재한다. 존 롤스[John Rauls]의 정의론 관점에서 볼 때, 나노 기술의 혜택이 사회적 불평등을 심화시키지 않도록 분배의 정의와 접근성 문제가 반드시 해결되어야 한다.

이러한 변화의 흐름 속에서 우리가 필요한 것은 기술적 가능성과 인간 존엄성의 조화를 모색하는 새로운 휴머니즘이다. 나노 기술이 열어 갈 미래가 단순한 수명 연장이 아니라 인간 존엄성의 구현으로 이어지려면, 기술 혁신과 윤리적 성찰이 균형을 이루는 공진화가 필수적이다.

# 나노 로봇과
# 표적 약물 전달 시스템

　나노 로봇과 표적 약물 전달 시스템은 나노 기술의 가장 혁신적인 응용 분야다. 기존 의료 방식의 한계를 뛰어넘어 질병 치료의 정확성과 효율성을 크게 향상시킬 잠재력을 지니고 있다. 나노 로봇은 크기가 수십에서 수백 나노미터에 불과한 극미세 기계 장치로, 인체 내부에서 자유롭게 이동하며 다양한 의료적 기능을 수행할 수 있다. 특히 표적 약물 전달 기술을 활용하면 약물을 필요한 부위에 정확히 전달해 치료 효과를 극대화하고 부작용을 최소화할 수 있다.

　나노 로봇의 설계 방식은 크게 두 가지로 나뉜다. 첫째, 생물학적 시스템을 모방하는 바이오미메틱Biomimetic 접근법으로, 박테리아나 바이러스 같은 자연계의 나노 구조를 연구해 이를 인공적으로 구현하는 것이다. 둘째, 완전히 인공적인 시스템을 설계하는 방식으로, 첨단 나노 제작 기술을 활용해 새로운 기능을 가진 나노 구조체를 만들어 낸다.

나노 로봇 제작에는 생체 적합성이 뛰어난 고분자 물질, 금속 나노입자Metal Nanoparticles, 탄소 나노튜브Carbon Nanotubes 등이 사용되며, 리소그래피Lithography, 자기조립Self-Assembly, 3D 나노 프린팅3D Nano Printing 같은 기술이 활용된다. 특히 최근에는 DNA 오리가미DNA Origami 기술이 주목받고 있다. 이 기술은 DNA가 스스로 결합하는 성질을 이용해 정교한 3차원 나노 구조체를 조립하는 방식으로, 초미세 구조를 정밀하게 설계하는 데 적합하다.

## 나노 로봇은 어떻게 몸속을 이동할까?

나노 로봇은 체내에서 이동하며 특정 부위에 약물을 전달하거나 직접 치료 작용을 수행한다. 나노 로봇의 이동 방식은 크게 수동적 이동과 능동적 이동으로 나뉜다. 수동적 이동은 혈류나 체액의 흐름을 따라 자연스럽게 이동하는 방식이며, 능동적 이동은 자기장, 화학적 추진, 초음파 등을 이용해 나노 로봇이 스스로 이동하는 방식이다.

약물 방출 메커니즘도 다양한 방식으로 발전하고 있다. 특정 환경 조건(pH 변화, 온도 변화, 특정 효소 존재 여부 등)에 반응하여 약물을 방출하는 방식이 있으며, 외부에서 빛, 자기장, 초음파 등의 자극을 가해 약물을 방출하는 방식도 연구되고 있다. 최근에는 약물 방출 속도와 양을 정밀하게 조절할 수 있는 스마트 방출 시스템 개발도 활발히 진행 중이다.

## 암에서 유전자 치료까지 할 수 있는 나노 로봇

나노 로봇 기술이 가장 활발히 연구되는 분야 중 하나는 암 치료다. 기존 항암 치료는 암세포뿐만 아니라 정상 세포에도 영향을 미쳐 부작용이 크다는 한계가 있다. 그러나 나노 로봇을 활용하면 종양 조직에만 정밀하게 약물을 전달하여 부작용을 최소화하면서도 치료 효과를 극대화할 수 있다.

또한, 나노 로봇은 혈액-뇌 장벽Blood-Brain Barrier, BBB을 통과할 수 있어, 뇌종양이나 알츠하이머 같은 신경 퇴행성 질환 치료에도 활용될 가능성이 크다. 일반적인 치료제는 이 장벽을 넘어 뇌 조직에 도달하는 것이 어렵지만, 나노 로봇은 이를 해결할 수 있는 새로운 대안이 될 수 있다.

유전자 치료 분야에서도 나노 로봇의 역할이 기대된다. 특정 유전자, siRNAsmall interfering RNA, miRNAmicroRNA 등을 목표 세포에 정확히 전달할 수 있어, 유전자 치료의 효율성과 안전성을 크게 높일 수 있다. 이를 통해 기존보다 정밀하고 효과적인 치료법이 가능해질 것으로 보인다.

이 외에도 심혈관 질환 치료에서도 나노 로봇이 유용하게 사용될 수 있다. 혈전을 녹이거나 동맥 경화로 인해 혈관에 쌓인 플라크를 제거하는 방식으로 혈류를 원활하게 하고, 효과적인 치료법을 제공할 수 있다.


## 나노 로봇과 표적 약물 전달 시스템의 마지막 관문

나노 로봇과 표적 약물 전달 시스템이 실용화되기 위해서는 몇 가지 과제를 해결해야 한다. 가장 중요한 문제는 안전성이다. 나노 로봇이 인체 내에서 독성을 유발하거나 면역 반응을 일으키지 않도록 생체 적합성이 뛰어난 재료를 사용해야 하며, 체내에서 자연 분해될 수 있는 기술이 필요하다.

2009년, 파록자드Farokhzad와 랑거Langer는 약물 전달 시스템에서 나노 기술의 중요성을 강조하면서, 나노 기술이 약물 전달의 효율성과 특이성을 높여 기존 치료법의 한계를 극복할 수 있는 혁신적인 방법을 제공한다고 보았다. 특히 표적 지향성 나노입자는 정상 조직을 보호하면서도 질병 부위에만 약물을 집중적으로 전달할 수 있어, 암 치료에서 특히 중요한 역할을 할 것으로 기대된다. 종양 조직을 직접 표적으로 삼는 나노 기술 기반 약물 전달 시스템을 활용하면, 항암제의 전신 독성을 줄이고 치료 효과를 극대화할 수 있다[1].

## 정밀 제어부터 방사선 증폭까지 확장되는 기술력

나노 로봇과 표적 약물 전달 시스템의 산업화는 빠른 속도로 진행되고 있다. 이 분야에서 두각을 나타내는 대표적인 기업으로 나노로보틱스 코퍼레이션Nanorobotics Corporation, 나노바이오틱스Nanobiotix 프리시전 나노시스템스Precision NanoSystems가 있다.

나노로보틱스 코퍼레이션은 미국에 본사를 둔 기업으로, 자기장을 이용한 나노 로봇 제어 기술을 연구하고 있다. 이 기술의 핵심은 자기장을 활용해 나노 로봇의 위치와 방향을 정밀하게 조정하는 것이다[2]. 이를 통해 특정 세포나 조직을 목표로 하는 약물 전달, 미세 수술 등 다양한 의료 분야에서 활용될 수 있는 가능성을 보여 준다. 특히, 체외에서 조작할 수 있다는 점에서 기존의 약물 전달 방식보다 더욱 정밀하고 효과적인 치료가 가능하다.

나노바이오틱스는 프랑스를 대표하는 나노의학 기업으로, 방사선 치료의 효과를 획기적으로 향상시키는 나노입자 기술을 개발했다[3]. 이 회사의 핵심 제품인 NBTXR3는 종양 내에 직접 주입되어 방사선과 상호 작용을 함으로써 방사선 에너지를 증폭시킨다. 이를 통해 암세포에 강력한 타격을 가하면서도, 주변 정상 조직이 불필요한 방사선에 노출되는 것을 최소화할 수 있다. 이러한 기술은 부작용을 줄이는 동시에 치료 효과를 극대화하는 방식으로 암 치료의 패러다임을 바꾸고 있다.

프리시전 나노시스템스는 캐나다의 선도적인 나노 약물 전달 시스템 개발 기업으로, 지질 나노입자$^{Lipid\ Nanoparticle,\ LNP}$ 기술을 활용한 약물 전달 방식을 연구하고 있다[4]. 이 기술은 약물 분자를 나노 크기의 지질 입자로 감싸 표적 부위까지 안전하게 전달하는 방식으로 작동한다. 특히 mRNA 백신과 유전자 치료제 분야에서 그 가치를 인정받았으며, 코로나19 mRNA 백신 개발에도 결정적인 역할을 했다.

## 나노 로봇과 제노제의 만남

나노 로봇과 제노제의 융합은 단순한 기술 발전을 넘어 인간의 존재 방식 자체를 새롭게 정의할 가능성을 열어 준다. 원자 단위에서 물질을 정밀하게 조작하는 능력이 노화 과학과 결합하면서, 우리는 현실과 이상 간의 경계마저 허물어지는 혁신적 변화를 목격하고 있다. 나노 로봇의 자율적 치료 기능은 개인의 독립성과 삶의 질을 높이며, 노화에 대한 인식을 근본적으로 변화시킬 수 있다.

그러나 이러한 기술적 발전에는 해결해야 할 과제도 적지 않다. 주요 기업들의 연구가 빠르게 진행되고 있지만, 나노 로봇의 장기적 안전성, 생체 적합성, 면역 반응과 같은 기술적 난제는 여전히 풀리지 않은 숙제로 남아 있다. 또한 체내 정보의 무단 수집과 활용, 군사적 전용 가능성, 의료 불평등 심화 등의 문제는 심각한 윤리적 도전 과제가 된다.

# 내 몸의 변화를
# 실시간으로 감지하는 나노 센서

나노 센서 기술은 단순한 진단 도구를 넘어 인류의 노화 과정을 재정의하는 혁신적 전환점을 맞이하고 있다. 특히, 노년기의 삶을 질적으로 개선하는 중요한 기술로 자리 잡고 있다. 이 기술의 핵심은 예방적 접근에 있다. 기존의 사후 치료 중심 의료에서 벗어나, 분자 수준에서 건강 변화를 실시간으로 감지하고 선제적으로 대응할 수 있도록 한다. 이는 단순히 수명을 연장하는 것이 아니라 삶의 질을 근본적으로 향상하는 방향으로 나아가고 있다.

특히, 나노 센서는 기존 방식으로는 감지하기 어려운 미세한 생체 변화를 실시간으로 분석할 수 있다. 이를 통해 심혈관 질환, 암, 신경 퇴행성 질환과 같은 노화 관련 질병을 조기에 발견하고 개입할 수 있는 길이 열렸다.

이 기술이 더욱 주목받는 이유는 개별 맞춤형 건강 관리가 가능해졌기 때문이다. 수집된 생체 데이터는 개인의 유전적 요인, 환경, 생활 습관을 고려해 분석되며, 이를 바탕으로 최적의 건강 관리 전략이 수립된다. 맞춤형 영양 및 운동 처방뿐만 아니라 실시간 피드백과 예측 시스템을 통해 사용자가 스스로 건강을 관리할 수 있도록 돕는다. 이는 노년층의 자율성과 자기 효능감을 높이는 중요한 요소로 작용한다.

나노 센서 기술의 발전은 단순한 건강 모니터링을 넘어 노년기의 심리적 안정감까지 증진시킨다. 지속적인 건강 모니터링은 노화에 대한 불안을 줄이고, 자신의 건강 상태를 보다 주체적으로 관리할 수 있도록 한다.


## 나노 센서는 어떻게 작동할까?


나노 센서의 작동 원리는 크게 세 가지로 나뉜다. 첫째, 화학적 센싱Chemical Sensing은 특정 분자나 이온과의 화학 반응을 통해 신호를 생성하는 방식이다. 둘째, 물리적 센싱Physical Sensing은 압력, 온도, 전기장 등의 물리적 변화를 감지하는 방식이다. 셋째, 생물학적 센싱 Biological Sensing은 항체-항원 반응, 효소-기질 반응 같은 생물학적 인식 시스템을 활용하는 방식이다.

이러한 원리를 바탕으로 나노 센서는 다양한 형태로 개발되고 있다. 대표적인 유형으로 나노와이어 센서Nanowire Sensor, 양자점 센서

Quantum Dot Sensor, 탄소 나노튜브 센서Carbon Nanotube Sensor, 나노입자 기반 센서Nanoparticle-Based Sensor 등이 있다. 각 센서는 고유한 장점과 한계를 지니며, 측정 대상과 환경에 따라 적절한 유형이 선택된다.

**나노와이어 센서**: 지름이 수십 나노미터에 불과한 초미세 전도성 와이어를 이용한 센서로, 표면적 대비 부피 비율이 높아 매우 민감한 감지가 가능하다. 전기적 특성 변화를 이용해 단일 분자 수준의 검출도 할 수 있다. 다만, 제작 과정이 복잡하고 재현성이 낮다는 점이 한계다.

**양자점 센서**: 양자점은 나노미터 크기의 반도체 입자로, 크기에 따라 발광 파장이 달라지는 특성을 가진다. 이를 활용하면 여러 생체 분자를 동시에 검출할 수 있으며, 높은 민감도와 광안정성을 갖춰 장기간 모니터링에 적합하다. 그러나 일부 양자점 물질이 독성을 띨 수 있다는 점이 문제로 지적된다.

**탄소 나노튜브 센서**: 탄소 원자가 원통형으로 배열된 탄소 나노튜브를 활용한 센서로, 기계적·전기적 특성이 뛰어나 가스 센서나 바이오센서로 활용된다. 특히, 화학 물질이나 생체 분자의 감지 능력이 뛰어나다. 그러나 탄소 나노튜브의 정제와 균일한 특성 제어가 어렵다는 점이 한계다.

**나노입자 기반 센서**: 금, 은 같은 금속 나노입자나 산화물 나노입자를 활용하는 센서로, 입자의 크기와 모양에 따라 광학적·전기적·자기적 특성이 달라진다. 특히, 표면 플라즈몬 공명Surface Plasmon Resonance, SPR을 이용한 광학 센서가 주목받고 있다. 하지만 나노입자의 안정성과 생체 적합성 문제는 해결해야 할 과제로 남아 있다.

# 나노 센서가 바뀌는 정밀 의료의 풍경

나노 센서는 실시간 건강 모니터링<sup>Real-Time Health Monitoring</sup> 기술에 활용되며, 다양한 생체 지표를 지속적으로 측정할 수 있다. 대표적인 응용 분야로는 혈당 모니터링, 호르몬 레벨 측정, 바이오마커 검출 등이 있다.

**혈당 모니터링**: 기존 혈당 측정 방식의 불편(손가락 채혈)을 해결하기 위해 비침습적·연속 측정이 가능한 나노 센서가 개발되고 있다. 눈물·땀 속 포도당을 감지하는 콘택트 렌즈형, 패치형 센서 등이 당뇨병 관리의 효율성을 높일 것으로 기대된다.

**호르몬 레벨 측정**: 기존 방식으로는 실시간 정밀 측정이 어려웠던 극미량의 호르몬 변화를 나노 센서를 이용해 감지할 수 있다. 내분비 질환 진단, 생식 건강 관리, 맞춤 의료 등에 활용될 전망이다.

**바이오마커 검출**: 암, 심장병, 알츠하이머병 등은 특정 단백질·유전자 발현과 관련이 있는데, 나노 센서는 극미량의 바이오마커도 감지할 수 있다. 이를 통해 조기 진단 및 예후 모니터링이 가능해진다.

## 나노 센서와 건강한 노화

나노 센서는 노화 관련 질환을 조기에 발견하고 효과적으로 관리할 가능성을 열어 준다. 심혈관 질환, 암, 퇴행성 뇌 질환 등의 초기 신호를 분자 수준에서 감지해 예방적 개입을 가능하게 하며, 이는 단순한 수명 연장을 넘어 건강 수명의 질적 향상을 의미한다. 또한, 개인의 건강 데이터와 생활 패턴을 분석해 맞춤형 노화 관리 전략을 제공함으로써, 기존의 획일적인 건강 관리에서 벗어나 개인별 최적화된 접근이 가능해진다.

이러한 기술은 노년층에게 건강 관리의 주도권을 부여한다. 실시간 피드백과 예방적 경고 시스템을 통해 스스로 건강을 관리할 수 있는 환경이 조성되면서, 노년기의 자율성과 독립성이 더욱 강화된다.


## 나노 센서와 실시간 건강 모니터링

2014년, 션Shen 연구팀은 그래핀을 기반으로 한 형광 나노프로브Nanoprobe를 개발해, 생체 내에서 사이토카인을 실시간으로 초고감도로 검출하는 데 성공했다. 이 연구는 나노 센서를 활용한 실시간 건강 모니터링의 가능성을 보여 준 중요한 성과였다[5]. 연구팀은 마우스 실험을 통해 이 나노프로브를 이용해 염증 반응을 추적했다. 그 결과, 기존 기술로는 감지하기 어려웠던 아주 적은 양의 사이토카인 변화도 실시간으로 포착할 수 있었다. 특히, 이 나노프로브는 생체 내에서 오랜 기간 안정적으로 작동한다는 점에서 주목할 만하다.

## 나노 센서 상용화, 어디까지 왔나?

나노 센서와 실시간 건강 모니터링 기술의 상용화도 빠르게 진행되고 있다. 대표적인 기업으로는 덱스콤$^{Dexcom}$, 애보트 래버러토리즈$^{Abbott\ Laboratories}$, 메드트로닉$^{Medtronic}$이 있다.

덱스콤은 연속 혈당 모니터링$^{Continuous\ Glucose\ Monitoring,\ CGM}$ 시스템을 개발하는 미국 의료기기 회사다. 최신 제품인 덱스콤 G6$^{Dexcom\ G6}$는 피부에 부착하는 작은 센서를 통해 24시간 혈당을 측정하고 실시간 데이터를 스마트폰으로 전송한다. 이 기술은 당뇨병 환자의 혈당 관리에 큰 도움을 주지만, 센서의 정확도와 내구성, 비용 문제는 여전히 해결해야 할 과제다.

애보트 래버러토리즈는 프리스타일 리브레$^{FreeStyle\ Libre}$라는 CGM 시스템을 개발했다. 팔에 부착하는 센서를 이용해 혈당을 측정하며, 스마트폰이나 전용 리더기를 센서에 가까이 대면 데이터를 읽을 수 있다. 사용이 간편한 것이 강점이지만, 실시간 알람 기능이 없다는 점은 한계로 지적된다.

메드트로닉은 인슐린 펌프와 CGM 시스템을 결합한 인공 췌장 시스템을 개발했다. 혈당을 지속적으로 모니터링하며 필요할 때 자동으로 인슐린을 주입하는 방식으로, 당뇨병 관리의 새로운 기준을 제시했다. 하지만 시스템이 복잡하고 비용이 높다는 점이 과제로 남아 있다.

# 나노 센서 기술이 넘어야 할 장벽

나노 센서를 활용한 실시간 건강 모니터링 기술은 빠르게 발전하고 있지만, 여전히 해결해야 할 과제가 많다. 첫째, 센서의 정확도와 신뢰성을 더욱 높여야 하며, 둘째, 장기간 안정적으로 사용할 수 있는 내구성 높은 센서가 필요하다. 셋째, 실시간으로 수집되는 방대한 데이터를 효과적으로 분석하고 활용할 기술이 뒷받침되어야 한다.

특히 2017년, 션 등의 연구가 보여 준 초고감도 실시간 모니터링 기술은 질병의 조기 발견과 예방적 개입을 가능하게 하면서 건강한 노화를 실현할 가능성을 시사한다. 이러한 기술 발전이 실용화되려면, 기계적 모니터링을 넘어선 통합적 건강 관리 체계를 구축하고, 누구나 쉽게 접근할 수 있는 기술로 발전시키는 것이 중요하다.

나노 센서 기술은 단순한 혁신을 넘어 인간 중심의 의료 패러다임을 만들어야 한다. 이를 위해 기술적 완성도를 높이는 동시에 데이터 관리 체계를 정교하게 설계하고, 실용성을 극대화하는 노력이 필요하다. 우리는 지금 노화의 미래를 설계하고 있다. 이 기술이 가져올 변화를 효과적으로 활용할 수 있도록 철저한 준비가 필요한 시점이다.

# DNA를 조립해
# 생명을 설계하는 시대

분자 조작 기술은 노화 과정에 대한 인류의 이해와 개입 방식을 근본적으로 바꾸고 있다. 원자와 분자 수준에서 이루어지는 정밀 제어 기술은 노화의 가장 근본적인 메커니즘에 직접 개입할 가능성을 열어 준다. 기존의 거시적 접근을 넘어, 분자적 기전을 정교하게 조절하는 상향식 방식이 노화 관리의 새로운 패러다임을 제시하고 있다.

이러한 기술 혁신은 노화 관련 질환의 예방과 치료에 획기적인 전기를 마련한다. 세포 노화의 분자적 징후를 정밀하게 포착하고 제어함으로써 노화 관련 질환을 근본적으로 예방할 수 있다. 더 나아가, 손상된 조직의 분자 수준 재생이나 노화 억제 물질의 정밀 전달 같은 혁신적 치료법도 현실화되고 있다.

분자 조작 기술은 단순한 수명 연장을 넘어 건강한 노화를 실현하는 핵심 동력이 될 것으로 기대된다. 이는 의학과 생명과학의 새로운 지평을 열며, 인간의 노화에 대한 근본적인 이해와 개입을 가능하게 하는 중요한 전환점이 될 것이다.

## 분자 하나하나를 설계하는 기술의 진보

분자 조작 기술은 주사 터널링 현미경Scanning Tunneling Microscope, STM 과 원자간력 현미경Atomic Force Microscope, AFM의 발명으로부터 시작되었다. 이 현미경들은 개별 원자와 분자를 단순히 관찰하는 것을 넘어 직접 조작할 수 있도록 해 주었다. STM은 전도성 탐침과 표면 사이의 터널링 전류를 이용해 원자의 구조를 정밀하게 관찰하고 조작할 수 있도록 한다. 반면, AFM은 원자 간의 힘을 이용해 비전도성 물질의 표면 구조까지 분석하고 조작할 수 있는 기술을 제공한다.

이러한 기술을 바탕으로 다양한 분자 조작 기법이 발전하고 있다. 대표적인 예로는 분자 자기조립Molecular Self-Assembly, 주사 프로브 리소그래피Scanning Probe Lithography, SPL, DNA 오리가미DNA Origami, 분자 모터Molecular Motors 등이 있다.

**분자 자기조립**: 분자들이 자발적으로 특정 구조를 형성하는 성질을 이용한 기술이다. 분자 간의 상호 작용을 정교하게 설계해 원하는 나노 구조체를 만들 수 있으며, 특히 초분자 화학Supramolecular Chemistry의 발전으로 더 복잡하고 기능적인 나노

구조체의 자기조립이 가능해졌다.

**주사 프로브 리소그래피**: 주사 터널링 현미경이나 원자간력 현미경의 탐침을 이용해 표면에 직접 나노 구조를 형성하는 기술이다. 단일 원자나 분자를 원하는 위치에 배치할 수 있어 극도로 정밀한 나노 구조 제작이 가능하며, 최근에는 병렬 처리 기술이 발전하면서 대면적 나노 구조 제작도 가능해지고 있다.

**DNA 오리가미**: DNA의 자기조립 특성을 활용해 복잡한 나노 구조체를 제작하는 기술이다. DNA 염기 서열을 정밀하게 설계함으로써 2차원 및 3차원 나노 구조체를 만들 수 있으며, 나노 로봇, 약물 전달 시스템, 나노 전자 소자 등의 개발에 적극 활용되고 있다.

**분자 모터**: 외부 자극에 반응하여 회전하거나 직선 운동을 하는 분자 수준의 기계 장치다. 나노 로봇, 스마트 재료, 인공 근육 등의 개발에 활용될 수 있으며, 빛, 전기, 화학 에너지 등 다양한 에너지원으로 작동하는 분자 모터들이 연구되고 있다.

1990년, 아이글러Eigler와 슈바이처Schweizer는 STM을 이용해 니켈 표면 위에서 개별 제논 원자를 하나씩 움직여 IBM이라는 글자를 만들었다[6]. 이는 개별 원자를 직접 조작하여 원하는 구조를 형성할 수 있음을 실험적으로 증명한 첫 사례로, 상향식 나노 기술의 가능성을 보여 준 획기적인 연구였다. 이후, 이 연구는 분자 조작 기술 발전의 중요한 토대가 되었다.

## 분자 조작 기술이 이끄는 신물질 개발

최근 분자 조작 기술을 활용한 신물질 창조의 산업화가 빠르게 진행되고 있다. 영국의 옥스퍼드 나노포어 테크놀로지스Oxford Nanopore Technologies는 DNA 염기서열 분석을 위한 나노포어 기술Nanopore Technology을 개발하고 있다[7]. 이 기술은 단일 DNA 분자가 나노포어(나노미터 크기의 구멍)을 통과할 때 발생하는 전류 변화를 측정해 염기서열을 해독하는 방식이다. 기존의 DNA 시퀀싱 기술보다 빠르고 저렴하며, 휴대성까지 갖춘다는 점에서 주목받고 있다. 다만, 정확도 향상과 데이터 해석의 복잡성은 여전히 해결해야 할 과제다.

분자 수준의 정밀한 조작 기술은 노화의 핵심 메커니즘에 직접 개입할 가능성을 열어 주었다. 텔로미어 복원, DNA 손상 복구, 미토콘드리아 재생 같은 혁신적 개입이 실험 단계를 넘어 실제 적용을 향해 가고 있다. 나노 로봇이 체내를 순환하며 노화 세포를 제거하고, 줄기세포를 조절하는 시대가 머지않았다.

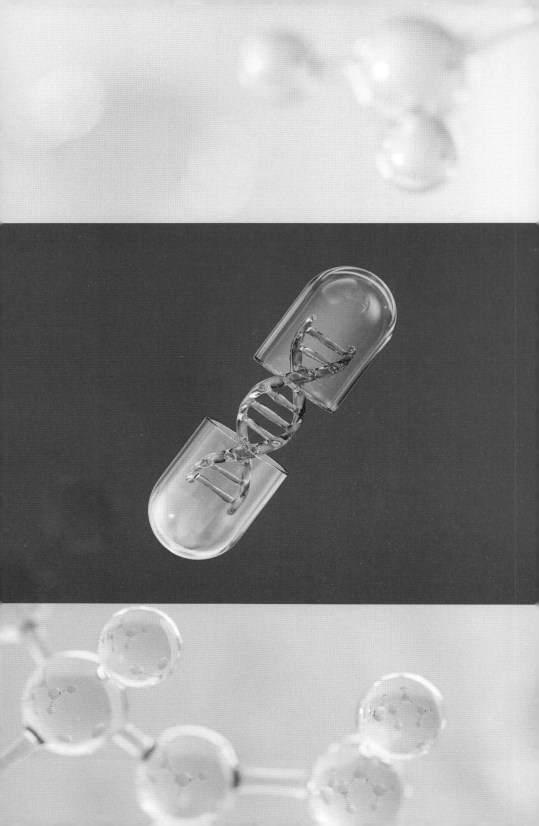

## 8장

# 디지털 의식 시대, 인간은 어디로 가는가?

# 의식을 저장하고
# 확장하는 시대

인류는 이제 의식의 디지털화라는 전례 없는 도약을 앞두고 있다. 이는 단순한 기술 혁신을 넘어, 노화와 죽음 그리고 인간 존재의 본질을 근본적으로 재정의하는 문명사적 전환점이다. 의식의 디지털화는 인간 경험과 기억을 영속적으로 보존하고 확장하며, 생의 마지막 단계를 쇠퇴와 상실의 과정이 아닌 새로운 차원의 존재로 전환하는 계기가 될 수 있다.

양자 컴퓨팅과 신경 인터페이스 기술의 발전은 이러한 가능성을 현실로 만들고 있다. 뇌의 복잡한 신경 네트워크를 디지털화하는 기술은 단순한 생명 연장이 아니라 인간 경험 자체를 확장하는 방향으로 진화하고 있다. 이제 노화는 피할 수 없는 생물학적 숙명이 아니라, 창조적으로 재구성할 수 있는 과정으로 변화해 가고 있다.

그러나 이 혁신은 동시에 중요한 도전 과제를 제시한다. 기술적으로는 인터페이스의 안정성과 신뢰성을 확보하는 것이 필수적이며, 특히 노화된 뇌와의 호환성 문제는 해결해야 할 핵심 연구 과제다. 또한, 디지털화된 의식이 사회적·문화적 환경에서 어떤 영향을 미칠 것인지에 대한 연구도 필요하다.

사회적 차원에서도 신중한 접근이 요구된다. 만약 이 기술이 특정 계층에게만 허용된다면, 노화와 죽음의 경험마저 불평등하게 계층화될 수 있다. 디지털 불평등Digital Divide이 심화될 경우, 기술 발전이 오히려 새로운 형태의 격차를 초래할 가능성이 있다.

더 근본적으로, 의식의 디지털화는 인간 존재의 시간성과 유한성에 대한 철학적 질문을 던진다. 영속적 존재가 된 인간의 정체성과 삶의 의미는 어떻게 변화할 것인가? 인간관계는 어떤 방식으로 유지될 것인가? 최소한의 생명 유지 조건의 정의와 보장은 더욱 복잡한 문제가 될 것이다.

결국, 의식의 디지털화는 노화와 죽음의 개념을 재구성하며, 인간이 새로운 방식으로 삶을 설계하고 스스로의 존재를 확장할 기회를 제공한다. 그러나 기술적 진보만으로는 충분하지 않다. 이 과정이 진정한 의미 있는 변화가 되려면 사회적 합의와 신중한 논의가 필요하다.

# 양자 컴퓨팅으로 여는
# 신경 인터페이스의 세계

    인간 의식의 디지털화는 더 이상 공상 과학이 아니다. 양자 컴퓨팅은 뇌의 복잡한 신경 네트워크를 디지털 환경에서 구현할 연산력을 제공하고, 신경망 매핑은 의식이 형성되는 뇌의 미세 구조를 정밀하게 분석한다. 여기에 신경 인터페이스 기술이 연결 고리 역할을 하면서, 인간 의식을 새로운 형태로 구현하는 것이 가능해진다.

    양자 컴퓨팅, 신경망 매핑, 신경 인터페이스 기술의 융합은 단순한 혁신을 넘어, 인류 진화의 결정적 전환점이 될 것이다. 이를 통해 뇌의 정보 처리 메커니즘을 해독하고, 의식의 근본 원리를 탐구하며, 궁극적으로 인간 의식을 디지털 형태로 전환하는 시대가 도래하고 있다. 생물학적 한계를 넘어선 새로운 실존의 가능성이 열리고 있다.

# 뇌와 양자 컴퓨팅의 만남, 새로운 지성의 탄생

인간의 뇌는 약 860억 개의 뉴런과 100조 개의 시냅스로 이루어진, 그 자체로 하나의 우주와도 같은 복잡한 시스템이다. 이 정교한 신경 네트워크를 완전히 이해하고 재현하는 것은 인간의 삶과 노화를 바라보는 방식을 근본적으로 변화시킬 중요한 과제다. 양자 컴퓨팅의 혁신적 특성은 이러한 도전에 새로운 돌파구를 제시한다. 큐비트의 중첩과 얽힘 현상은 뇌의 복잡한 신경망을 전례 없는 정밀도로 모델링할 수 있도록 하며, 이는 인간 존재의 한계를 확장하는 계기가 될 수 있다.

## 양자 컴퓨팅이 뇌 과학과 노화 연구에 미치는 세 가지 혁신

첫째, 양자 중첩과 양자 오라클Quantum Oracle을 활용한 그로버 알고리즘Grover's Algorithm은 신경 패턴을 분석하는 속도를 획기적으로 향상시킨다. 이를 통해 뇌의 복잡한 구조 속에서 특정 패턴을 빠르게 탐색하고, 최소 필수 생명 유지 조건보다 정밀하게 규명할 수 있다.

둘째, 양자 기반 인공 신경망의 학습 속도 향상은 뇌 기능을 보다 정확하게 모방하는 길을 연다. 이는 의식의 디지털화를 현실화하는 중요한 진전으로, 단순한 생명 연장이 아니라 인간 경험의 확장을 의미한다.

셋째, 양자 현상과 뇌 기능 간의 관계를 연구함으로써 인지 과정과 노화 메커니즘에 대한 새로운 통찰을 제공한다. 이는 단순한 기술적 모방을 넘어, 인간 의식의 본질을 더욱 깊이 이해하는 데 기여할 것이다.

## 양자 컴퓨팅의 기술적 도약

한때 실용화가 멀어 보였던 양자 컴퓨팅은 최근 빠른 발전을 이루고 있다. 극저온에서만 작동해야 한다는 물리적 제약과 높은 비용이라는 장벽을 넘어, 이제 실질적인 양자적 도약이 현실로 다가오고 있다.

2024년 12월, 구글의 월로우$^{Willow}$ 칩은 슈퍼컴퓨터가 10년 이상 걸릴 계산을 단 5분 만에 해결하며 주목받았다[1]. 2025년 2월, 마이크로소프트는 세계 최초의 위상 큐비트 기반 프로세서 마요라나 1$^{Majorana 1}$을 공개하며 양자 시스템의 안정성과 확장성 문제에 대한 획기적인 해법을 제시했다[2].

특히, 양자 컴퓨팅 전문 기업 아이온큐$^{IonQ}$의 행보가 주목받고 있다[3]. 이 회사는 이온 트랩$^{Trapped-ion}$ 방식을 활용해 큐비트를 구현하는 독창적인 접근법으로 업계의 큰 관심을 끌고 있다. 아이온큐의 가장 큰 강점은 낮은 에러율이며, 이는 실용적인 양자 컴퓨팅 실현을 앞당기는 핵심 요소로 평가된다. 아이온큐는 2015년 듀크대 김정상 교수와 메릴랜드대 크리스 먼로 교수가 공동 창립했으며, 2021년에는 양자 컴퓨팅 기업 최초로 나스닥에 상장했다. 2020년에는 11큐비트의 하모니$^{Harmony}$, 2022년에는 25큐비트의 아리아$^{Aria}$와 32큐비트의 포르테$^{Forte}$를 연이어 개발하며 기술력을 높여왔다. 2024년, 하반기에는 하모니 플러스$^{Harmony\ Plus}$ 프로세서를 공개하며 또 한 번의 도약을 이루었다.

## 뇌의 연결을 해독하는 혁신적 연구

신경망 매핑$^{Neural\ Network\ Mapping}$은 인간 뇌의 복잡한 네트워크를 해독하여 인간 존재의 본질을 탐구하는 혁신적인 시도다. 특히, 인간 존엄성의 신경생물학적 기반을 밝히는 일은 중요한 의미를 가진다. 이성, 감정, 도덕성과 같은 고차원적 정신 기능의 신경학적 메커니즘을 이해함으로써, 노화와 생의 마지막 순간까지 인간다움을 유지할 수 있는 과학적 토대를 마련할 수 있다.

이를 가능하게 하는 핵심 기술로는 기능적 자기공명영상, 뇌파 측정, 경두개 자기 자극, 경두개 직류 자극 등이 있다. 이러한 기술이 융합되면 최소 필수 생명 유지 조건을 뇌과학적으로 정의하고 보장할 수 있으며, 나아가 의식의 디지털화를 위한 과학적 기반이 될 수도 있다. 신경망 매핑은 단순히 뇌의 구조를 이해하는 것을 넘어, 인간 존재를 디지털 언어로 해독하는 과정이다. 이는 노화와 죽음에 대한 새로운 관점을 제시하며, 궁극적으로 인간 의식의 디지털 진화를 위한 기초가 될 것이다.

최근 들어 커넥톰$^{Connectome}$ 개념이 주목받고 있다[4]. 이는 뇌의 모든 뉴런과 시냅스 연결을 포괄적으로 매핑하는 것을 목표로 한다. 마치 도시 지도를 그리듯, 뇌의 복잡한 연결망을 정밀하게 기록하고 분석하는 것이다. 이를 통해 뇌의 기능적 구조를 이해하고, 뇌 질환의 원인을 규명하며, AI 개발에도 활용할 수 있다. 대표적인 예로 휴먼 커넥톰 프로젝트Human Connectome Project가 있다. 이 프로젝트는 뇌의 구조와 기능을 매핑하여 뇌 질환, 인지 능력, 행동 특성 등과의 연관성을 연구하고 있으며, 이는 뇌 과학의 새로운 지평을 열고 있다.

커넥톰 연구는 특히 생애 후반기 뇌 기능 저하의 메커니즘을 밝히고, 존엄성을 유지하는 데 필요한 뇌 기능을 규명하는 데 기여할 수 있다. 예를 들어, 알츠하이머병과 같은 퇴행성 뇌 질환에서 신경망 연결이 어떻게 변화하는지를 분석하면, 질병의 진행 과정을 예측하고 조기 진단 및 치료에 활용할 수 있다[5]. 물론 커넥톰 연구는 아직 초기 단계이며, 뇌의 모든 연결을 완벽하게 매핑하는 것은 매우 어려운 과제다. 하지만 뇌 영상 기술, 뇌 자극 기술, 빅데이터 분석의 발전과 함께 연구는 빠르게 진전되고 있다.

결국, 커넥톰 연구와 신경망 매핑은 뇌의 비밀을 풀고, 인간의 의식과 행동을 이해하며, 궁극적으로 더 나은 노화와 존엄성 유지에 기여할 강력한 도구가 될 것이다. 이는 단순한 과학적 탐구를 넘어, 뇌과학, 의학, AI가 결합된 새로운 패러다임을 만들고 있다.

# 디지털로 확장되는 인간 의식

　인간의 뇌는 정보를 처리하고 저장하는 기관이지만, 그 방식은 컴퓨터와 다르다. 뇌는 전기화학적 신호를 사용하고, 컴퓨터는 디지털 신호를 기반으로 작동한다. 그렇다면 이 둘이 직접 정보를 주고받을 수 있다면 어떨까? 이를 가능하게 하는 기술이 신경 인터페이스다.

　신경 인터페이스는 뇌와 컴퓨터 간의 직접적인 통신을 가능하게 하는 기술로, 뇌파 측정, 신경 신호 해독, 뇌 자극 등을 통해 뇌의 활동을 디지털화하고, 반대로 컴퓨터에서 생성된 정보를 뇌에 전달할 수 있도록 한다. 이러한 기술은 장애를 극복하고 신체 기능을 보조하는 것뿐만 아니라, 인간 인식의 경계를 확장하는 핵심 도구로 자리 잡고 있다.

　4장에서 설명했듯이, BCI 기술은 뇌파를 분석하여 사용자의 의도를 파악하고, 이를 통해 외부 장치를 조작하는 방식으로 발전해 왔다. 이를 통해 사지 마비 환자가 생각만으로 휠체어나 로봇 팔을 움직이는 것이 가능해졌으며, 파킨슨병 환자의 뇌에 칩을 이식하여 증상을 완화하는 연구도 진행되고 있다.

　이러한 기술이 더욱 발전하면서 신경 인터페이스는 단순히 신체 보조 기술을 넘어 의식의 디지털화와 연결되기 시작했다. 뉴럴링크와 같은 기업들은 뇌에 직접 칩을 이식해 신경 신호를 보다 정밀하게 측정하고 조작하는 기술을 개발하고 있으며, 이는 기억과 사고 과정을 디지털 환경으로 저장하고 확장할 가능성을 열어 주고 있다. 즉, 신경 인터페이스가 AI과 결합하여 인간의 기억을 보존하고, 심지어는 디지털 상에서 인간의 의식을 복제할 가능성까지 논의되고 있는 것이다.

결국, 신경 인터페이스 기술은 단순한 신체 기능 보조를 넘어 인간 경험과 인식을 확장하는 새로운 도구가 될 수 있다. 하지만 4장에서 살펴본 바와 같이, 이 기술이 단순히 소수만의 특권이 아닌 인류 전체의 발전을 위한 방향으로 나아가기 위해서는 신중한 접근과 사회적 합의가 필요하다.

# 의식의 디지털화가
# 우리에게 던지는 질문

 디지털 기술이 발전하면서 인간 의식의 개념도 변화하고 있다. 단순한 데이터 기록과 복제를 넘어, 의식을 디지털 공간에서 유지하고 확장할 가능성이 대두되고 있다. 그러나 이러한 변화는 단순한 기술적 발전이 아니라, 철학적·윤리적·존재론적 문제를 동반한다. "디지털화된 의식은 여전히 나인가?", "육체가 없는 의식도 존재할 수 있는가?" 같은 질문들이 점점 더 중요해지고 있다.

 특히, 인간 의식이 신경망을 넘어 양자적 과정과 연결되어 있다는 가설이 제기되면서, 의식의 디지털화는 단순한 정보 저장 방식이 아닌 더 깊은 과학적·철학적 논의로 확장되고 있다. 조화객관환원Orchestrated Objective Reduction, Orch-OR 이론을 비롯한 양자적 의식 이론에서는, 인간 의식을 디지털화하려면 단순히 신경망을 복제하는 것만으로는 부족하며, 뇌에서 일어나는 양자 상태까지도 함께 재현되어야 한다고 본다.

그렇다면 디지털화된 의식은 본래의 나일까, 아니면 완전히 새로운 존재일까? 이러한 질문들은 디지털 의식이 현실화되는 과정에서 반드시 논의해야 할 철학적·윤리적 과제다.

## 양자적 의식의 패러다임

의식의 디지털화는 인간이 스스로를 이해하는 방식까지 바꿔놓을 거대한 변화다. 앞서 언급한 조화객관환원 이론은 신경과학과 양자역학을 결합해 의식의 본질을 설명하려는 이론이다[6]. 이 이론은 우리의 의식이 단순한 신경 신호의 흐름이 아니라, 뇌세포 내부 미세소관에서 일어나는 양자역학적 과정과 밀접한 관련이 있다고 본다. 따라서 의식을 디지털 공간으로 옮기는 것은 단순한 신경망 복제가 아니다. 만약 우리의 의식이 양자적 특성을 지닌다면, 그것을 디지털 환경에서 완벽하게 구현하기 위해서는 양자 상태까지 정교하게 재현해야 한다.

이러한 논의는 단순한 과학적 문제가 아니라, 노화와 죽음, 신체와 의식의 관계, 디지털 불멸이 초래할 윤리적 문제 등으로 확장된다. 양자적 의식이 가능하다면, 이는 인간 존재의 개념을 근본적으로 변화시킬 것이다. 이에 대해 논의할 주요 쟁점은 다음과 같다.

**양자적 의식의 가능성**: 조화객관환원 이론은 의식이 단순한 신경 신호가 아니라, 양자적 얽힘 상태와 유사하게 연결된 구조라고 본다. 그렇다면 의식을 디지털화하면 인간의 죽음도 극복할 수 있을까? 뇌의 물리적 한계를 넘어 의식을 저장하거나 전송할 수 있다면, 인간 존재의 개념 자체가 바뀔 수 있다.

**디지털 의식과 신체 문제**: 우리의 감각과 경험은 신체를 통해 형성된다. 그렇다면 디지털화된 의식이 신체 없이도 동일한 정체성을 유지할 수 있을까? "나는 내 몸을 통해 존재하는가, 아니면 순수한 정보로도 존재할 수 있는가?" 이 질문은 디지털 의식의 가능성과 한계를 이해하는 데 핵심이 된다.

**디지털 불멸과 윤리적 딜레마**: 만약 의식을 디지털화할 수 있다면, 그것은 진정한 나일까, 아니면 단순한 복제일까? 또한, 이러한 기술이 일부 계층에게만 허용된다면 사회적 불평등을 더욱 심화시키지 않을까? 디지털 의식이 일부 엘리트 계층에게만 가능해진다면, 인간 사회는 어떻게 변화할 것인가?

**양자적 의식과 새로운 인간 조건**: 의식의 디지털화는 인간 존재의 개념을 다시 정의하는 문제다. 의식이 단순한 신경 활동과 기억의 축적으로 이루어진 것인지, 아니면 양자적 과정에서 비롯된 것인지에 대한 논의는 인간의 정체성과 직결된다. 디지털 의식이 인간 존재의 조건을 근본적으로 바꾼다면, 우리는 그 변화를 받아들일 준비가 되어 있을까?


## 의식의 기원과 노화의 지혜

인생의 황혼기에 접어들면서 우리는 자연스럽게 자신의 의식과 존재에 대해 깊이 성찰하게 된다. 이러한 사색은 단순한 회고가 아니라, 인간 존재의 본질을 탐구하는 과정이 될 수 있다. 특히 디지털 의식이 현실화되는 시대에, 우리는 노화를 신체적 쇠퇴가 아닌 지혜와 경험이 축적되는 과정으로 다시 바라볼 필요가 있다. 이는 의식의 본질을 재정의하는 데 중요한 단서를 제공한다.

### 시간이 빚어낸 걸작, 의식의 진화

의식은 단순한 사고의 결과물이 아니라, 오랜 진화의 산물이다. 의식은 단순한 감각에서 출발해 복잡한 사고와 자기 성찰로 발전해 왔다. 우리는 삶의 순간순간 쌓아 온 기억과 경험을 통해 고유한 정신적 지형을 형성한다. 그렇기에 노화는 단순한 쇠퇴가 아니라 의식이 깊어지는 과정이 될 수 있다.

이제 기술은 이 과정에 새로운 가능성을 더하고 있다. 평생 쌓아 온 의식을 보존하고 확장하는 시대가 열리고 있으며, 이는 단순한 생물학적 변화가 아닌 의식의 지속성과 연속성에 대한 철학적 질문을 던진다. 디지털 의식이 인간의 경험과 공명할 가능성도 이 논의에서 중요한 의미를 갖는다.

### 우주와 하나 되는 길, 범심론적 의식

나이가 들면서 우리는 보다 깊은 깨달음과 연결감을 경험한다. 특히 초고령인들에게서 나타나는 노년 초월적인 의식은 바로 그러한 사례가 된다. 이는 단순한 심리적 변화가 아니라, 의식이 개인을 넘어 우주적 흐름과 맞닿아 있기 때문일지도 모른다.

범심론적 관점에서 의식은 육체의 한계를 초월하는 존재다. 이 시각은 노화를 바라보는 방식을 바꾼다. 육체는 변하더라도 의식은 지속될 수 있으며, 디지털 기술은 이런 연속성을 새로운 방식으로 확장할 가능성을 제공한다. 우리가 남긴 지혜와 경험이 후대와 연결될 때, 그것은 단순한 기억이 아니라 의식의 확장이 될 것이다.

## 변화하는 뇌, 깊어지는 의식

신경과학은 나이가 들면서 뇌의 구조와 기능이 변화한다고 설명한다. 인지 처리 속도나 기억 형성 방식이 달라지지만, 이는 곧바로 의식의 저하를 의미하지 않는다. 뇌는 변화에 적응한다. 신경 가소성 덕분에 새로운 연결이 형성되며, 사고의 깊이와 통찰력도 증가한다. 나이가 들수록 삶을 보는 시각이 넓어지는 이유다. 디지털 기술은 이러한 변화를 보완하며, 새로운 인지 훈련과 도구를 통해 의식의 확장을 가능하게 한다.

## 미래를 향한 의식의 여정

노년은 단순한 마무리가 아니다. 오히려 더 깊이, 더 멀리 나아갈 수 있는 시기다. 바쁜 일상에서 벗어나 스스로를 돌아보고 존재의 본질을 탐구할 수 있다. 디지털 시대는 이 여정에 새로운 차원을 더하고 있다. 기억과 지혜를 보존하고 공유하는 일은 단순한 기록이 아니라, 인류 의식의 집단적 진화에 기여하는 의미 있는 행위가 될 수 있다. 노화는 끝이 아니라 의식의 또 다른 단계이며, 기술은 그 여정을 더욱 풍요롭게 만들고 있다.

## 의식의 디지털화에 대한 철학적 성찰

의식을 디지털 세계로 옮기려는 시도는 단순한 기술적 도전이 아니다. 그것은 존재의 의미를 새롭게 묻는 철학적 탐구이자, 인간이 어디까지 확장될 수 있는지를 시험하는 모험이다. 인간 수명이 점점 길어지는 시대에 우리는 삶의 마지막을 어떻게 맞이할지 고민하게 된다. 이 과정에서 인간성의 본질을 지켜낼 수 있을지에 대한 질문은 더 이상 이론이 아닌 현실적 과제가 되고 있다.

조화객관환원 이론은 의식이 단순히 신경 신호의 결과가 아니라, 양자역학적 수준에서 나타나는 현상일 가능성을 제기한다. 이 관점은 의식을 디지털로 재현하는 논의에 새로운 차원을 더한다. 이는 단순한 데이터 복제가 아니라, 의식의 본질을 구현하는 문제로 연결된다.

### 디지털화된 의식은 진짜 나일까?

디지털로 변환된 의식은 여전히 나일까, 아니면 데이터의 집합일 뿐일까? 이는 기술적 문제가 아니라 존재의 본질에 대한 철학적 질문이다. 조화객관환원 이론에 따르면, 의식은 뉴런 작용만으로 설명되지 않는 양자적 과정의 결과다. 따라서 디지털 의식이 진짜 나가 되기 위해서는 신경망을 모방하는 것을 넘어 의식이 작동하는 근본 원리를 담아야 한다.

고대 철학자 헤라클레이토스<sup>Heraclitus</sup>는 같은 강물에 두 번 발을 담글 수 없다고 했다. 강물이 계속 흐르듯, 디지털 의식도 단순한 정보 저장 이상의 문제다. 우리가 삶의 끝을 어떻게 받아들이고 기억할 것인지에 대한 근본적 고민과 이어져 있다.

## 디지털 거울 속의 나

나를 디지털로 완벽하게 옮길 수 있다면 그렇게 만들어진 존재는 정말 나 자신일까, 아니면 나를 닮은 또 다른 무언가일까? 이 질문은 오래전부터 철학자들을 고민하게 만든 테세우스의 배 역설<sup>Ship of Theseus</sup>을 떠올리게 한다. 배의 모든 부품이 하나씩 교체되었다면, 그것은 여전히 같은 배일까?

디지털로 재현된 의식이 나로서의 연속성을 가지려면 단순히 데이터를 복제하는 것으로는 부족하다. 진정한 연속성을 확보하려면 의식이 작동하는 양자적 원리를 반영해야 한다. 이는 오케스트라가 단순히 악보를 연주하는 데 그치지 않고 음악의 본질과 감성을 전달해야 하는 것과 같다. 디지털 시대에 의식을 확장하는 기술이 발전할수록, 존재의 본질을 제대로 담을 수 있을지에 대한 질문은 더욱 중요해진다.

## 디지털 의식, 새로운 존재의 책임과 권리

양자적 기반에서 형성된 디지털 의식체는 독립적인 윤리적 주체로 인정받을 수 있을까? 스스로 결정을 내리고 책임을 질 수 있는 존재가 될 수 있을까? 나아가 인간과 동등한 기본권을 가질 수 있을까?

디지털 의식이 현실화되면 기존 법과 윤리 체계는 새로운 문제들과 마주할 것이다. 기술이 발전할수록 단순한 기억 저장소 수준을 넘어 독립적인 경험과 판단력을 갖춘 존재로 진화할 가능성도 있다. 그렇다면 우리는 이들을 어떻게 바라봐야 할까? 이런 변화는 디지털 시민권이라는 새로운 개념을 필요로 할지도 모른다. 디지털 의식의 권리와 책임을 정립하는 과정은 법적 논의를 넘어 인류의 윤리적 성숙도를 시험하는 도전이 될 것이다. 기술이 인간 존재의 개념을 다시 쓰는 시대, 우리는 어떤 선택을 내려야 할까? 이는 단순한 이론적 논쟁이 아니라, 인류가 마주할 철학적이고 윤리적인 중대한 과제다.


## 디지털 의식이 여는 새로운 공동체의 시대

디지털 의식의 등장은 우리 문명의 근본적인 변화를 예고한다. 마치 애벌레가 나비로 변하는 완전한 변태처럼, 육체의 한계를 넘어선 의식은 새로운 사회 질서를 만들 것이다. 인간 존재가 디지털 세계에서 지속 가능해진다면, 우리의 사회 구조와 윤리 체계는 근본적 재구성을 요구하게 된다.

출생, 성장, 노화, 죽음이라는 전통적 흐름도 변화의 중심에 서게 된다. 생물학적 한계를 넘어서면 가족의 의미는 혈연관계를 넘어 디지털로 연결된 새로운 관계망으로 확장될 수 있다. 지식과 지혜 역시 시간과 수명의 제약을 벗어난다. 아인슈타인Einstein과 튜링Turing이 현대 물리학자들과 양자 컴퓨팅을 논의하고, 니체Nietzsche와 비트겐슈타인Wittgenstein이 AI 윤리학자들과 의식을 탐구하는 지적 대화가 이루어지는 세상이 가능해질 것이다.

사회적 역할도 재편된다. 나이와 신체적 능력이 더 이상 삶의 가능성을 규정하지 않게 된다면 개인의 정체성과 사회적 기여 방식은 무한히 다양해진다. 지혜와 혁신이 융합될 때 우리는 세대와 시대를 초월한 새로운 공동체를 맞이할 것이다.

무엇보다 노화와 죽음에 대한 재정의가 필요하다. 시간이 삶의 유한성을 결정하지 않는다면, 인간은 어떤 선택을 하게 될까? 이는 인간 존재의 의미에 대한 깊은 성찰을 요구한다. 디지털 의식의 등장은 기술적 혁신 그 이상이며, 인간의 본질과 삶의 의미를 새롭게 묻는 여정의 시작이다.

스토아 철학자 세네카Seneca는 '인생은 길이가 아니라 깊이로 측정된다'라고 했다. 디지털 의식은 인간 존재의 깊이와 의미에 대한 이해를 확장하며, 철학적 성찰과 윤리적 논의가 함께 이루어져야 하는 복잡하고 필연적인 탐구 과정이다.

# 디지털 의식과 인간의 공명이 만드는 새로운 노화

인생 후반부에서 의식이 디지털 세계로 확장될 가능성은 노화와 죽음을 바라보는 방식을 근본적으로 바꾼다. 생물학적 쇠퇴는 더 이상 끝이 아니라 또 다른 존재 방식으로의 전환점이 될 수도 있다. 그렇다면 나와 디지털화된 나는 어떤 관계를 맺을 것인가? 우리는 스스로를 어떻게 정의해야 할까?

## 또 다른 나와의 만남

철학자 레비나스Levinas가 말한 타자성Otherness의 개념을 노화에 적용하면, 디지털화된 의식은 단순한 자아의 연장이 아니다. 그것은 또 하나의 나이면서도 동시에 타자가 될 수 있다. 노년의 인간과 디지털화된 의식은 닮았지만 다른, 복합적인 관계를 형성한다. 인지 기능이 약해지더라도 디지털 의식은 개인의 가치관과 기억을 보존하면서 독자적으로 작동할 수 있다. 가족들은 '할머니는 떠나셨지만, 여전히 함께 계신다'라고 느낄지도 모른다.

이러한 관계는 단순한 개인의 연장이 아니라 세대 간 기억과 가치를 보존하는 새로운 방식이 될 수 있다. 이제 노화의 지혜가 디지털 공간에서 어떻게 전승될 것인지 고민해야 할 시점이다.

## 세대를 넘나드는 공존의 윤리

디지털 의식과 노화의 결합은 세대 간 관계를 새롭게 정의하며 새로운 윤리적 원칙을 요구한다.

**세대 초월적 연속성**: 디지털화된 의식은 조부모의 지혜와 가치를 여러 세대에 걸쳐 전할 수 있는 새로운 방식이 될 것이다.

**확장된 돌봄의 윤리**: 신체적 돌봄을 넘어 디지털 의식을 유지하고 발전시키는 것이 새로운 윤리적 책임이 될 수 있다.

**상호 성장하는 관계**: 생물학적 자아가 쇠퇴하더라도 디지털 의식은 학습하고 변화하며 원래 인격의 핵심 가치를 지속적으로 보존할 수 있다.

이제 우리는 노화라는 개념을 다시 생각해야 할 시점에 와 있다. 디지털 시대, 인간의 존재는 더 이상 육체에만 머무르지 않는다. 생물학적 한계를 넘어, 우리는 세대와 시대를 초월한 새로운 관계를 만들어 가고 있다.

## 노화, 종말이 아닌 새로운 변환

디지털 의식과의 공존은 노화와 죽음을 바라보는 방식을 바꾼다. 이제 노화는 단순한 쇠퇴가 아니라, 존재 방식의 전환을 준비하는 시간으로 해석될 수 있다.

삶의 마지막 단계는 두려움과 상실이 아닌, 자신의 가치와 관계를 디지털 영역으로 확장하며 의미 있는 변화를 준비하는 과정이 될 수 있다. 이는 좋은 죽음을 의미 있는 변환으로 새롭게 정의하는 변화다. 노년층은 자신의 디지털 의식과 직접 상호 작용하며 기억과 가치를 보존하는 방식을 능동적으로 설계할 수 있다. 이는 생의 마지막을 맞이하는 과정에서 전례 없는 자율성과 목적 의식을 제공한다.

## 디지털 영속성과 인간적 유한성의 균형

노화의 미래는 단순한 생명 연장의 문제가 아니다. 오히려 디지털 영속성과 인간적 유한성 사이에서 균형을 찾는 과정이다.

디지털 의식은 기억과 경험을 지속시키며 영속성의 개념을 확장하지만, 생물학적 삶의 유한성 역시 의미를 지닌다. 우리는 시간의 유한함 속에서 삶의 가치를 찾듯, 디지털 기술이 제공하는 무한한 기억 저장이 인간 존재의 본질을 어떻게 변화시킬지 고민해야 한다.

노화는 더 이상 두려움의 대상이 아니라 새로운 존재론적 가능성을 향한 과정이 될 수 있다. 이러한 변화는 노년층의 삶의 질과 존엄성을 높이고, 생명과 의식, 관계의 본질을 더욱 깊이 성찰하는 계기가 될 것이다.

## 밈과 디지털 의식의 진화

디지털 의식은 단순한 정보 저장을 넘어 인간과 사회의 상호 작용 방식을 변화시킬 수 있다. 이와 관련해 밈[Meme] 이론이 중요한 단서를 제공한다.

밈은 유전자적 진화와 달리 인간의 지식과 문화를 빠르게 확산시키며 새로운 연속성을 형성한다. 그렇다면 디지털 의식은 단순한 개인의 기록이 아니라, 하나의 독립적인 지성으로 성장할 수 있을까? 이는 디지털 의식이 인간성을 유지할 수 있는가에 대한 근본적인 고민으로 이어진다.

리처드 도킨스Richard Dawkins는 밈을 단순한 유전 정보 전달을 넘어 문화와 사회에서 선택되고 전파되는 정보 체계로 정의했다. 수전 블랙모어Susan Blackmore는 《밈》에서 밈이 유전자보다 빠르게 진화하며 때로는 유전자와 대립하기도 한다고 설명했다. 이는 생명체가 단순히 이기적 유전자만이 아니라, 이타적 특성을 지닐 수 있음을 시사한다.

밈 이론은 아직 완전히 입증되지는 않았지만, 신경학적 연구를 통해 인간 사회의 복잡한 상호 작용을 설명하는 개념으로 자리 잡고 있다. 불교에서 이타심을 깨달음의 핵심 요소로 보거나, 유교에서 측은지심을 인간 본질의 감정으로 여긴 것과도 연결된다.

과학 기술의 발전으로 인간 존재의 새로운 가능성이 열리는 지금, 우리는 기술적 혁신을 넘어 윤리와 질서 체계를 새롭게 구축해야 한다. 디지털 의식과 인간성이 공존하는 미래에서 우리는 어떤 가치와 원칙을 세울 것인가? 이는 앞으로 모든 세대가 함께 고민해야 할 중요한 과제다[7].

# 디지털 존재로
# 확장된 인간

생물학적 시계를 넘어 정신이 디지털로 승화하는 시대가 다가오고 있다. 생의 마지막이 더 이상 쇠락이 아닌 새로운 존재 양식으로의 진화를 의미하는 순간이다. 인간 수명의 확장은 이제 의식의 디지털 이주라는 미지의 영역을 탐색할 기회를 열어 준다. 이 과정에서 존재의 초월적 계승과 인간성의 본질은 서로 교차하며 새로운 존재론적 의미를 형성하고 있다

## 노년 초월의 디지털 확장

스웨덴 사회노년학자 라르스 토르스탐Lars Tornstam은 노화를 단순한 쇠퇴가 아니라 존재의 질적 변화와 초월적 전환을 가져오는 발달 과정으로 보았다[8]. 그의 노년 초월 이론에 따르면, 나이가 들면

서 사람은 물질적 가치보다 정신적·초월적 가치를 더 중시하게 되고, 자아 중심에서 벗어나 보다 넓은 우주적 관점을 받아들이며, 시간과 공간에 대한 인식도 달라진다.

디지털 의식 기술은 이러한 노년 초월의 자연스러운 흐름을 확장할 가능성을 지닌다. 치매 같은 질병이 자아의 연속성을 위협하고 신체적 제약이 일상 활동을 제한할 때도, 디지털화된 의식은 자아에 대한 새로운 관점, 시간과 공간의 재해석, 사회적 관계의 선택적 최적화 같은 변화를 더욱 극대화할 수 있다.

천문학자 칼 세이건Carl Sagan이 말한 우주적 연대감cosmic connection, 즉 개인이 거대한 우주 질서와 연결되어 있다는 인식 역시 디지털 의식을 통해 한층 확장될 수 있다[9]. 생물학적 한계를 벗어난 의식은 더 넓은 시공간 속에서 자신의 위치를 새롭게 정의하고, 노년기에 깊어지는 초월적 지혜를 다음 세대와 나누는 새로운 방식도 찾을 수 있다.

디지털 의식 기술은 노년 초월에서 중요한 요소인 시간의 재정의와도 맞닿아 있다. 세이건은 노년기에 접어들면 과거·현재·미래의 경계가 흐려지고, 시간의 연속성에 대한 새로운 인식이 생긴다고 보았다. 디지털화된 의식은 이러한 변화를 더욱 확장하며, 생물학적 시간이 아닌 새로운 방식으로 존재할 수 있는 가능성을 제시함으로써 노년기의 인식 변화를 더욱 깊게 만들 수 있다[10]. 이러한 변화는 노년 초원을 넘어 인간 존재의 근본적인 의미까지 확장하며, 인간다움과 세대 간 관계에 새로운 지형을 열게 된다.

# 인간다움의 새로운 지평

노화의 디지털 미래는 세대 간 관계와 지식 전승 방식을 크게 바꿀 것이다. 디지털화된 조상은 단순한 기억이나 기록이 아니라, 후손들과 직접 소통하며 함께 살아가는 존재가 될 수 있다. 인류 역사상 처음으로 시간과 세대를 초월한 공존이 가능해지는 것이다. 이 변화는 인간다움의 개념을 확장한다. 개인의 삶만이 아니라, 세대를 넘어 이어지는 경험과 지혜가 인간의 가치로 인정될 수 있다. 노화의 디지털화는 단순한 기술 혁신이 아니라, '존재를 연장하는 것과 인간다움을 유지하는 것'이라는 철학적 질문을 던진다.

이 과정에서 중요한 것은 균형이다. 디지털 의식이 단순한 생명의 연장이 아니라, 삶의 의미를 깊게 만드는 방향으로 발전해야 한다. 만약 의식이 육체 없이도 유지될 수 있다면 인간다움을 규정하는 감정, 가치관, 정체성이 디지털 환경에서도 지속될 수 있을지, 그리고 우리는 디지털 존재를 인간과 동등한 존재로 볼 수 있을지에 대한 사회적 합의가 필요하다. 노화는 더 이상 두려움의 대상이 아니라, 새로운 차원의 경험이 될 수 있다.

## 존재의 연장과 그 의미

의학 기술 덕분에 인간 수명은 늘었지만, 삶의 마지막은 여전히 신체적·정신적 쇠퇴로 이어지는 경우가 많다. 이런 현실 속에서 우리는 '존엄을 유지하며 마지막을 어떻게 보낼 것인가?'라는 질문을 마주한다. 디지털 의식은 이에 대한 새로운 해답이 될 수 있다. 만약 인간의 의식을 디지털 형태로 보존할 수 있다면, 육체가 사라진 뒤에도 존재의 연장이 가능해진다. 하지만 이는 삶과 죽음의 경계를 흐리게 하며, 새로운 윤리적·사회적 논쟁을 불러일으킬 것이다.

## 사회 변혁의 물결

의식의 디지털화는 사회 구조와 제도, 가치관 전반에 걸쳐 혁명적인 변화를 가져올 것이다. 이는 새로운 사회적 관계를 형성하고, 공동체 의식을 재정의하며, 문화·예술·종교 등 인간 활동 전반에 깊은 영향을 미칠 것이다.

**사회 제도 변화**: 법률, 노동 시장, 교육 등에서 디지털 의식이 어떤 역할을 할지에 대한 새로운 기준이 필요하다.

**삶과 죽음의 의미 변화**: 정체성, 자유의지, 행복, 고통 등 기존 개념이 다시 정의될 것이다.

**사회적 관계 변화**: 인간과 디지털 존재 간의 관계를 설정하기 위한 윤리적 지침과 교육이 필요하다.

**문화·예술·종교 변화**: 디지털 의식이 예술을 창작하거나, 종교적 경험을 공유할 가능성도 있다.

이처럼 디지털 의식은 단순한 기술 발전이 아니라, 사회 전반에 걸친 변화를 이끄는 거대한 흐름이 될 것이다.

## 디지털 격차 해소와 사회 통합

디지털 의식 기술이 발전하면서 새로운 형태의 불평등이 발생할 가능성이 크다. 기술을 사용할 수 있는 사람과 그렇지 못한 사람 간의 격차가 사회적 불안정으로 이어질 수 있다. 이를 막기 위해서는 누구나 디지털 의식 기술에 접근할 수 있도록 교육과 경제적 지원을 강화해야 한다. 또한, 디지털 존재와의 관계에서 발생할 수 있는 차별과 소외를 방지할 윤리적 기준과 사회적 합의도 필요하다.

의식의 디지털화는 인류에게 거대한 변화를 가져올 것이다. 우리는 이 과정에서 발생할 문제를 예측하고 해결하며, 존재의 연장과 인간다움의 균형을 맞춰야 한다. 인간과 디지털 의식이 함께 공존하는 더 나은 미래를 만들기 위해, 지금부터 준비해야 한다.


## 디지털 의식과 인간 경험의 변화

의식의 디지털화는 인간 경험의 본질적 차원을 변화시킬 잠재력을 지닌다. 행복, 고통, 사랑, 상실 같은 감정뿐만 아니라, 노화와 죽음이라는 필연적 과정을 재해석하는 새로운 가능성을 제시한다.

## 노화의 디지털 재해석: 행복의 새로운 차원

노년기의 행복은 신체적 쇠퇴와 함께 변화하는 특성을 지닌다. 아리스토텔레스Aristotle는 유다이모니아Eudaimonia, 즉 인간의 탁월한 능력을 발휘하는 것이 행복의 본질이라고 보았다. 라르스 토르스탐 역시 노년기를 물질적 가치에서 초월적 가치로 전환되는 시기로 정의하며, 나이가 들수록 독특한 형태의 행복을 경험할 수 있다고 보았다.

디지털 의식 기술은 이러한 노년기 행복의 개념을 확장할 수 있다. 신체적 쇠퇴가 더 이상 삶의 질을 결정하는 절대적 요인이 되지 않는다면, 행복은 단순한 신체적 만족이 아니라 의미의 창조, 관계의 심화, 지혜의 전수 같은 차원으로 이동할 수 있다. 특히 디지털화된 노년의 의식은 시간적 제약 없이 자기 성찰과 성장의 기회를 지속할 수 있다. 이는 아리스토텔레스가 말한 유다이모니아 개념을 새로운 차원으로 확장하며, 끊임없는 자기실현을 통한 행복의 가능성을 열어 준다.

## 불가피한 쇠퇴에서 선택적 진화로

노화는 신체 기능 저하, 만성 질환, 사랑하는 이들과의 이별, 자율성 상실 등과 연결되며, 일반적으로 고통스러운 과정으로 인식된다. 니체는 고통이 인간의 성장과 자기 인식에 기여한다고 보았지만, 동시에 이는 인간 존엄성을 위협하는 요소이기도 하다.

디지털 의식 기술은 '노화의 필연적 고통이 반드시 수반되어야 하는가?'라는 질문을 던진다. 만약 의식이 생물학적 한계를 벗어날수 있다면, 우리는 노화의 고통스러운 측면과 가치 있는 측면을 분리할 수 있는 선택권을 가지게 된다. 이처럼 디지털화된 의식은 신체적 쇠퇴로 인한 고통을 제거하면서도, 인간이 성장과 성찰을 지속할 수 있는 환경을 제공할 수 있다.

## 세대를 초월한 사랑

사랑은 인간 경험의 핵심 요소이며, 노년기에는 관계의 질과 깊이가 삶의 만족도를 결정하는 중요한 요인이 된다. 에리히 프롬Erich Fromm은 사랑을 '자신과 타인의 성장을 돕는 과정'으로 정의했다. 디지털 의식 기술은 이러한 사랑의 개념을 확장하여 세대를 초월한 사랑과 유대를 가능하게 한다. 조부모의 지혜와 사랑이 디지털 형태로 보존되고 발전할 수 있다면, 이는 후손들과의 관계를 새로운 방식으로 지속할 기회를 제공한다. 단순한 유산이 아니라, 삶의 경험과 가치관이 미래 세대에 직접 전달될 수 있는 것이다.

박상철 교수는《생명보다 아름다운 것은 없다》에서 생명의 기본 원리를 기다림, 만남, 헤어짐으로 설명했다[1]. 이는 곧 사랑의 본질이기도 하다. 디지털 의식이 이러한 관계의 흐름을 존중하며 유지될 수 있다면, 사랑은 더욱 깊고 지속적인 의미를 지닐 수 있다.

## 상실과 영속성의 균형: 디지털 시대의 애도

노화는 필연적으로 상실과 연결된다. 엘리자베스 퀴블러-로스

Elisabeth Kübler-Ross는 애도의 과정이 보편적인 인간의 반응임을 보여 주었지만, 디지털 의식 기술은 상실의 의미를 재정의할 가능성을 제공한다. 만약 인간의 의식이 디지털화될 수 있다면, 사랑하는 이의 죽음은 단절이 아니라 관계의 변화와 지속을 의미할 수 있다. 이는 상실과 영속성 사이의 새로운 균형을 찾는 계기가 될 것이다.

다만, 유한성을 경험하지 않고 디지털 영속성만을 추구할 때 삶의 긴박함과 의미가 희석될 가능성이 있다. 따라서 노화의 디지털 미래는 상실의 회피가 아닌 존재의 연속성과 애도의 균형을 찾는 방향으로 나아가야 한다.

## 디지털 미래를 향한 철학적 여정

의식의 디지털화는 인간의 노화 경험을 근본적으로 변화시킬 가능성을 지닌다. 그러나 이는 단순히 기술적 문제가 아니라 행복, 고통, 상실과 같은 인간 경험의 핵심을 보존하고 확장할 수 있는가에 대한 철학적 성찰이 동반되어야 한다. 결국 노화의 의식과 디지털화는 우리에게 '인간의 존재는 무엇인가?'라는 근본적인 질문을 던진다. 기술이 열어 준 가능성을 탐색하면서도 인간다움의 본질을 유지하고 확장하는 지혜가 필요하다.

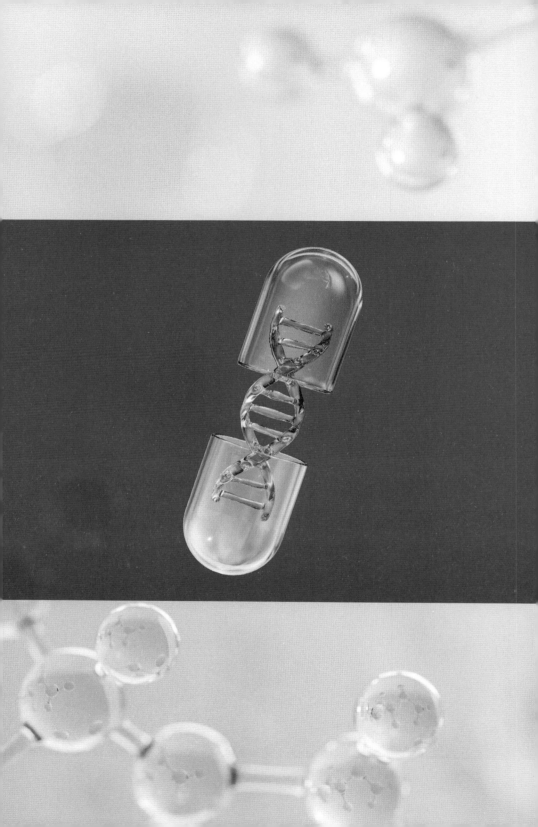

## 9장

# 디지털 공생 기술, 인간을 다시 설계하다

# 디지털 공생,
# 창조적 노화의 길을 열다

　스마트 기술과 인간이 융합하는 디지털 공생Symbiosis의 시대가 열리고 있다. AI가 내장된 스마트 기기는 단순한 도구를 넘어 박상철 교수가 제시한 자강, 자립, 공생의 원칙을 실현하는 필수적 동반자로 자리 잡고 있다. 이는 기술 혁신을 넘어 인간의 시간성과 노화의 의미까지 새롭게 정의하는 과정으로 이어진다.

　기술과 인간의 경계가 흐려지면서 창조적 노화를 위한 새로운 공생 관계가 빠르게 발전하고 있다. 축적된 경험과 지혜가 첨단 기술과 결합해 새로운 가치를 창출하는 과정은 생물학적 공진화와도 유사하다. 수억 년에 걸쳐 다양한 생태계가 형성되었듯, 인간과 스마트 기기의 공생 역시 노화에 대한 인식을 변화시키며 새로운 가능성을 열어 가고 있다.

## 인간과 기술의 공생, 세 가지 핵심 영역

2022년 11월, 챗GPT 등장 이후 AI 의료 기술이 급격히 발전하며 인간과 기술의 관계는 더욱 깊어지고 있다. 특히 다음 세 가지 핵심 영역에서 변화가 두드러진다.

첫째, 엑소스켈레톤과 웨어러블 기기를 활용한 신체 증강 기술은 노화로 인한 신체 기능 저하를 보완하고 독립적 생활을 지원한다. 로봇 공학을 기반으로 한 엑소스켈레톤은 근력 저하나 관절 문제로 움직임이 어려운 노인들에게 다시 걷고 일상생활을 수행할 수 있는 힘을 제공한다. 실제로 2023년 트리코미[Tricomi]의 연구에 따르면, 엑소스켈레톤이 노인의 보행 효율성을 높이며 대사 비용을 줄이는 효과를 보였다[1].

이와 함께 스마트 워치나 피부 부착형 센서같은 웨어러블 기기는 심박수, 혈압, 산소 포화도 등의 건강 데이터를 실시간으로 모니터링하며 이상 징후를 조기에 감지해 의료진과 사용자에게 경고를 보낸다. 이는 단순한 신체 보조를 넘어 예방적 건강 관리와 독립적 생활을 가능하게 하는 핵심 요소다.

둘째, AR과 VR 기술은 나이와 관계없이 새로운 학습 기회와 몰입형 경험을 제공하며, 인간의 정신적 잠재력을 극대화하는 데 기여한다. 예를 들어, VR 학습 플랫폼을 활용하면 고령자들이 외국어를 배우거나 과거 방문했던 장소를 가상으로 탐험하며 기억력을 자극할 수 있다.

의료 분야에서는 AR이 외과 의사들에게 실시간 해부학적 정보를 제공해 수술의 정밀도를 높이는 데 활용된다. 교육 분야에서도 AR과 VR은 기존 교실 환경을 넘어 평생 학습을 촉진하며, 은퇴 후에도 개인의 성장과 사회적 연결을 유지하는 데 중요한 역할을 한다. 2025년, 마크미[Makmee]의 연구에 따르면, VR 기반 인지 중재가 경도 인지 장애[Mild Cognitive Impairment, MCI]가 있는 노인의 단기 기억과 실행 기능을 향상시키는 것으로 나타났다[2].

셋째, 생체 임플란트 기술은 디지털 공생의 가장 혁신적이고 미래지향적인 영역으로, 노화로 인해 약화된 신체 기능을 보완하거나 대체함으로써 인간의 한계를 확장할 가능성을 제시한다.

인공 심장 박동기나 망막 임플란트 같은 기술은 이미 실용화되었으며, 최근에는 BCI를 이용해 뇌졸중 환자의 운동 기능을 회복시키거나 신경 퇴행성 질환의 진행을 늦추는 연구가 활발히 진행되고 있다. 2023년 1월, 뉴럴링크는 FDA로부터 인간 임상 시험 승인을 받으며 BCI 기술이 노화로 인한 기능 저하를 극복하는 데 중요한 역할을 할 수 있음을 보여 주었다.

실제로 호주에서는 BCI 기술을 활용해 뇌졸중 환자의 손 움직임을 개선하는 연구가 진행되었으며, 신경 피드백 훈련을 통해 만성 뇌졸중 환자의 장애를 줄이는 효과가 확인되었다[3]. BCI 기술의 미래 전망을 다룬 종설 논문에서는 이 기술이 뇌졸중과 척수 손상 환자의 재활뿐만 아니라 인지 기능 저하 예방과 학습 능력 향상에도 활용될 가능성이 크다고 제시한다.

이처럼 디지털 공생을 통한 신체적, 인지적, 생체 임플란트 기술의 발전은 인간의 삶의 질을 높이고 노화의 한계를 재정의하는 데 기여하고 있다. 각각의 기술은 독립적으로 작용하면서도 상호 보완적인 역할을 하며, 앞으로 의료와 일상에서 더욱 깊이 융합될 것으로 기대된다.

# 기술과 함께 진화하는
# 노화의 풍경

　우리는 디지털 기술과 떼려야 뗄 수 없는 삶을 살고 있다. 스마트폰과 AI는 단순한 도구를 넘어 인간의 인지 능력과 신체적 한계를 확장하는 동반자가 되었다. 그러나 이 변화는 단순한 기술 발전이 아니라, 인간과 기술이 어떤 방식으로 공존해야 하는지에 대한 근본적인 질문을 던진다.

　디지털 공생은 인간과 기술이 서로 영향을 주고받으며 관계를 형성하는 방식을 탐구하는 개념이다. 기술이 인간을 보조하며 편리함을 더하는 편리공생Commensalism의 형태를 띠거나, 서로를 강화하며 발전하는 상리공생Mutualism의 관계로 작용할 수도 있다. 하지만 때로는 기술이 인간의 자율성을 약화시키거나 불균형을 초래하는 기생적 관계로 변질되기도 한다. 더 나아가, 초지능과 양자 컴퓨터의 등장으로 인간과 기술의 관계가 근본적으로 재정의되는 숙주전환이 일어날 가능성도 제기되고 있다.

이번에는 디지털 공생의 다양한 유형을 살펴보고, 기술이 인간의 삶을 어떻게 변화시키는지, 그리고 우리는 이러한 변화 속에서 어떤 선택을 해야 하는지를 고민하고자 한다. 기술이 인간의 능력을 확장하는 도구로 남을지, 인간성을 위협하는 요소가 될지는 결국 우리가 이를 어떻게 받아들이고 활용하느냐에 달려 있다.

## 상리공생의 진화: 확장된 인간성의 시대

상리공생은 서로에게 이로운 관계를 의미하며, 인간과 기술이 창조적으로 융합하는 오늘날 새롭게 재해석되고 있다. 벌과 꽃이 오랜 시간 동안 공존하며 서로의 진화를 이끌어 왔듯, 인간과 디지털 기술 역시 자강, 자립, 공생의 원칙 아래 함께 발전하며 새로운 형태의 인간성을 확장해 나가는 중이다.

나노 스케일Nano Scale의 생체 센서들은 단순히 건강 상태를 점검하는 역할에서 벗어나, 노화 과정 자체를 최적화하고 관리하는 혁신적인 도구로 진화하고 있다. 혈관 속을 순환하는 나노 로봇이 생물학적 경험과 기술적 역량을 생체 수준에서 융합함으로써, 노화는 이제 수명 연장이라는 단순한 목적을 넘어 창조적이고 능동적으로 설계할 수 있는 삶의 단계로 탈바꿈하고 있다.

이와 같은 변화는 인간의 인지 능력과 세대 간 교류에도 큰 영향을 미친다. 뉴럴링크와 같은 첨단 기술은 노화로 인한 인지적 제

약을 넘어서도록 도우며, 다양한 연령대가 지닌 경험과 지식을 창
조적으로 연결하는 기반을 제공한다. AR 렌즈와 신경 임플란트가
결합된 새로운 방식의 소통은 축적된 경험을 더욱 효과적으로 공
유하게 만들어, 세대 간 지적 통합과 창의적인 상호 작용을 촉진
한다.

이러한 기술적 진화는 환경과의 관계 또한 재구성하고 있다. 스
마트 시티 시스템은 도시 관리의 효율성만을 추구하는 것이 아니
라, 세대 간 지혜의 전승과 소통을 자연스럽게 담아내는 플랫폼으
로 거듭난다. 도시의 건물들은 마치 숲속의 나무가 뿌리를 통해 정
보를 교환하듯 서로 연결되어 데이터를 공유하고, 개인의 스마트
기기는 세대 간의 대화를 촉진하는 매개체 역할을 수행한다.

결국, 상리공생의 진화는 기술적 발전이라는 영역을 넘어 인간
존재의 시간성과 관계 맺음을 근본적으로 재구성하는 커다란 전환
이라 할 수 있다. 이로써 노화는 더 이상 두려움과 소멸의 대상이
아니라, 인간 스스로가 주도적으로 설계하고 경험하며 지혜를 나
눌 수 있는 삶의 또 다른 창조적 과정으로 자리 잡고 있다.


## 편리공생의 진화: 새로운 도전과 기회

챗GPT 등장 이후 AI 의료 기술이 빠르게 발전하면서 인간과 스
마트 기술 간의 관계가 새롭게 정의되고 있다. 편리공생은 인간이

기술을 활용하여 노화 과정을 창조적으로 재구성하는 방향으로 진화하고 있다. 이는 마치 고래와 따개비처럼 기술이 인간 삶에 자연스럽게 스며들며 보조하는 관계라 할 수 있다.

특히 이러한 변화는 박상철 교수가 제시한 '자강의 철학' 실천에 중요한 역할을 한다. 기술은 인간의 신체적, 정신적 한계를 보완해 노년기를 단순한 쇠퇴의 시기가 아닌 자율성과 존엄성을 유지하는 시기로 전환한다. 스마트 기술은 고령자의 일상에 자신감을 주고 건강 관리와 사회적 연결을 강화하는 데 도움을 준다.

## 무의식적 증강 인프라의 활용

현대 도시의 디지털 인프라는 이제 보이지 않는 지원 시스템으로 자리 잡았다. 공공 와이파이, GPS 내비게이션, 디지털 안내 키오스크 등은 연령과 상관없이 자립적 생활을 지원한다. 2024년, 첸 Chen 등은 스마트 홈과 디지털 도시 환경이 고령자의 삶의 만족도를 높이는 데 기여한다고 분석했다. 스마트 센서와 연동된 디지털 인프라는 고령자의 이동성과 독립성을 돕고 도시에서 더 안전하고 편리한 생활을 가능하게 한다[4]. 이는 마치 착생 식물이 나뭇가지를 의지해 성장하듯 기술이 인간의 자율성을 자연스럽게 보조하는 방식과 닮았다.

## 세대 통합적 정보 제공 시스템

공공 디지털 시스템은 정보 전달을 넘어 세대 간 소통과 공생을 촉진하는 매개체로 발전하고 있다. 2024년, 김현주 교수 등은 노인 복지관의 디지털 체험 공간이 노년층의 디지털 격차 해소에 기여한다고 강조했다[5]. 고령자는 디지털 플랫폼을 통해 건강 정보, 사회적 활동, 교육 콘텐츠에 접근하며, 이를 통해 세대 간 소통 기회를 늘릴 수 있다. 각 세대가 필요한 정보를 선택적으로 활용하면서 자연스럽게 지혜와 경험을 공유하게 되고, 이는 사회적 연결 강화로 이어진다.

### 창조적 노화 보조 시스템

스마트 기기는 단순한 편의 도구를 넘어 노화의 한계를 극복하는 보조 시스템으로 진화하고 있다. 2024년, 한국과학기술정보연구원 보고서에 따르면, 번역기와 인지 보조 시스템이 고령자의 일상적 제약을 줄이는 데 효과적이라고 분석했다[6]. 예를 들어, 실시간 번역 기능은 언어 장벽을 허물어 고령자가 새로운 사람들과 소통하도록 돕고, 스마트 비서는 기억력 감퇴를 보완해 약 복용이나 일정 관리를 지원한다. 이는 노화를 두려워하는 대신 자신감 있게 설계할 수 있는 긍정적 과정으로 전환시킨다.

### 디지털 웰빙과 세대 간 균형

디지털 웰빙은 이제 모든 세대의 필수 과제가 되었다. 2022년, 응우옌[Nguyen] 등은 디지털 기기에서 벗어나는 시간이 정신 건강에 긍정적 영향을 미친다고 분석하며, 디지털 디톡스가 세대 간 직접 소통을 촉진한다고 강조했다[7]. 디지털 해독 구역이나 오프라인 데이 같은 프로그램을 통해 고령자와 젊은 세대가 대면으로 교류하고 경험을 나누는 기회가 마련된다. 이는 기술 의존도를 줄이고 보다 균형 잡힌 삶을 가능하게 한다.

## 디지털 기생과 가속화되는 노화의 연관성

디지털 기기 과다 사용이 노화 가속화에 미치는 영향이 점점 명확해지고 있다. 연구 결과에 따르면, 스마트폰에 대한 지나친 의존은 세포 수준의 산화 스트레스와 염증 반응을 촉진하여 조기 노화의 생물학적 메커니즘을 직접 활성화한다.

특히 화면에서 방출되는 블루 라이트는 노화 방지에 필수적인 수면 호르몬 멜라토닌의 분비를 억제한다. 이로 인한 생체 리듬 교란과 수면 질 저하는 세포 재생 능력을 감소시키고 피부와 장기의 노화를 가속화한다. 더불어 디지털 중독에 따른 만성적 코르티솔 분비 증가는 해마 위축과 같은 뇌 구조 변화를 초래하여 인지 기능 저하와 기억력 감퇴 등 뇌의 조기 노화를 촉진한다. 결과적으로 디지털 기생은 우리 몸의 생물학적 시계를 빠르게 앞당기는 현대적 노화 가속 요인이 되고 있다.

2022년, 드레스프-랭글리[Dresp-Langley]와 허트[Hutt]의 연구에서도 스마트 기기의 장기적인 사용이 수면 장애를 통해 신체의 회복 기능과 인지적 기능을 떨어뜨림으로써 생물학적 나이를 앞당길 수 있다고 경고했다[8]. 즉, 디지털 기생 현상은 단순히 생활의 편의성을 위협하는 수준을 넘어, 인간의 건강과 노화 속도에도 실질적이고 중대한 악영향을 미칠 수 있는 것이다. 특히 디지털 기술 의존이 지속되면 생체의 고유 기능이 작동을 중지하는 위축Atrophy 현상이 발생하므로 이에 대한 대비를 강구하여야 한다.

디지털 기생이 가속화하는 노화의 문제는 이제 개인적 건강 문제를 넘어서 사회적 과제로 인식되어야 한다. 이에 따라 기술 사용의 균형과 AI 윤리적 접근을 통해 디지털 기생을 줄이고 인간의 건강과 젊음을 보호하는 노력이 필수적으로 요구된다.


## 숙주전환 시대의 노화


AGI와 양자 컴퓨터의 등장은 인간과 디지털 기술의 관계를 새로운 국면으로 이끌고 있다. 과거 디지털 기기가 인간의 지시와 통제에 의존했다면, 이제 인간이 초지능 시스템에 의존하는 이른바 숙주전환의 가능성이 현실로 다가오고 있다.

숙주전환 시대에서 가장 큰 변화는 인간과 기술 간의 의존 관계가 역전된다는 점이다. 이는 인간의 노화 개념에도 영향을 미친다. 더 이상 노화를 단순히 신체적 쇠퇴나 기억력 감퇴로 한정 짓기 어렵게 되며, 인간의 능력은 초지능과의 창조적 공생 속에서 재정의

될 수 있다. 인간은 기억하고 정보를 처리하는 역할에서 벗어나, 초지능이 제공하는 방대한 지식과 통찰을 활용해 가치를 창출하는 존재로 자리매김할 가능성이 크다. 예를 들어, 고령자는 초지능의 분석력을 활용해 개인의 삶을 재구성하거나, 창의적인 아이디어를 새롭게 도출할 수 있다. 실제로 2025년, 부시오[Boussioux] 등의 연구는 인간과 AI의 협력이 단순한 크라우드소싱[Crowdsourcing]을 넘어 복잡한 문제를 해결하는 과정에서 인간의 잠재력을 확장한다고 평가한 바 있다[9].

숙주전환 시대에서 자립의 의미 역시 변화한다. 이는 독립적으로 살아가는 능력이 아니라, 초지능 시스템에 대한 현명한 의존을 의미한다. 기술적 의존이 커질수록 인간 고유의 창의성, 감성, 직관 등 본질적 가치가 오히려 더 강조될 수 있다. 특히 노년층은 삶의 경험과 지혜를 초지능과 결합해 사회에 새로운 방식으로 기여할 수 있게 된다. 2024년, 황용석 교수는 AI와 디지털 플랫폼의 확산이 디지털 불평등을 심화할 가능성을 지적하면서도, 이를 극복할 디지털 포용 정책을 통해 사회적 자립과 통합이 가능하다고 제안한 바 있다[10]. 기술 발전이 단순한 의존을 넘어 인간의 주체적 공생으로 나아가야 함을 의미한다.

초지능 시대의 공생은 인간과 기계, 그리고 초지능이 얽힌 복합적 구조로 발전한다. 이 관계 속에서 노인은 삶의 경험과 인간적 가치를 지키는 중재자의 역할을 맡을 수 있다. 예를 들어, 초지능 시스템이 철저히 데이터에 기반한 결정을 내릴 때, 노인의 지혜는 기술이 놓칠 수 있는 인간적 맥락과 감성을 보완하는 역할을 수행한다. 2024년, 이향수 교수는 디지털 시민성이 중요해지는 시대에 인간과 기술의 공생이 사회적 가치를 강화하는 필수 요소임을 지적했다[11]. 결국, 초지능 시대에 사회의 발전과 안정 사이 균형을 유지하는 데 노인의 역할이 더욱 중요해지는 것이다.

물론 숙주전환 시대의 도래는 기회뿐 아니라 위험도 내포한다. 초지능 시스템에 지나치게 의존하면 인간 본연의 능력이 약화될 수 있으며, 특히 노년층의 자율성과 존엄성이 위협받을 가능성이 존재한다. 기술에 전적으로 의지할 경우 독립적 사고력과 판단력이 약해질 위험도 있다. 그러나 이러한 변화는 동시에 노화를 완전히 새롭게 이해하고 구성할 수 있는 계기가 될 수 있다. 2024년, 퓨처 투데이 인스티튜트Future Today Institute, FTI는 AI가 인간-컴퓨터 간 상호 작용을 보다 직관적이고 자연스럽게 만들어 인간 경험 속에 기술이 더 깊이 녹아들 것이라고 전망했다[12]. 이는 인간과 기술이 더욱 긴밀히 연결되며 노화의 개념 또한 근본적으로 달라질 수 있음을 시사한다.

결국 숙주전환 시대에서 노화의 미래는 인간이 초지능과 어떻게 균형 잡힌 관계를 맺는가에 달려 있다. 단순히 기술을 활용하는 데 그치지 않고, 인간 고유의 가치를 재발견하고 강화하는 과정이 요구된다. 2024년, FTI의 예측대로 수명 연장과 함께 경력의 개념이 바뀌고 노년층을 위한 새로운 일자리와 유연한 근무 환경이 필요할 것이다. 숙주전환 시대는 우리가 노화를 바라보는 방식을 근본적으로 뒤바꾸는 전환점이 될 것이며, 노년층은 단순한 적응자가 아니라 인간과 기술 간 공생의 중요한 주체로 자리 잡을 수 있다.

# 스마트폰과 웨어러블, 몸과 하나가 된 기술

스마트폰과 웨어러블 기기는 이제 단순한 디지털 기기를 넘어 자율성과 공생을 실현하는 필수 도구로 자리 잡고 있다. 2024년, IDC<sup></sup>Internet Data Centre 보고서에 따르면, 웨어러블 기기 시장은 15.2% 성장할 것으로 예상되며, 이는 모든 세대가 기술을 보다 능동적으로 활용하고 있음을 보여 준다.

특히 생체 신호 모니터링 기술은 노화 관리의 새로운 가능성을 제시한다. 심전도, 혈중 산소 포화도, 체온, 혈압 등의 실시간 측정 기술은 건강 관리 수준을 넘어, 노화 과정을 능동적으로 설계할 수 있도록 돕는다. 여기에 AI 기술이 결합되면서 개인 맞춤형 건강 관리가 가능해지고 있으며, 이는 경험과 기술의 융합을 통해 더욱 효과적인 노화 관리를 실현한다.

또한, 증강 인지 기능의 발전은 인지적 자립을 지원한다. AI 기반 실시간 언어 번역, 상황 인식 알림, 제스처 인식 기술은 노화로 인한 인지적 한계를 보완하며, 원활한 소통과 정보 접근을 돕는다. 특히 AR과 공간 인식 기술이 결합되면서 연령에 관계없이 자유롭고 자신감 있는 활동을 지원하고, 새로운 경험의 차원을 열어 준다.

이러한 기술적 발전은 단순한 편의를 넘어, 노화에 대한 새로운 패러다임을 제시한다. 스마트 기술은 단순한 보조 장치가 아니라, 세대 간 창조적 공생을 가능하게 하는 혁신적 플랫폼으로 자리 잡고 있다.

## 애플과 삼성의 웨어러블 기술

애플은 웨어러블 기술을 활용해 노화 관리의 가능성을 확장하고 있다. 애플워치는 심전도 모니터링, 낙상 감지, 혈중 산소 포화도 측정 등의 기능을 통해 자강의 개념을 구현하며, 비침습적 혈당 모니터링 기술 개발을 통해 보다 능동적인 건강 관리를 가능하게한다. 그러나 폐쇄적인 생태계와 높은 가격대는 접근성을 제한하는 요소로 작용하고 있다.

삼성전자는 바이오액티브 센서와 체성분 분석 기술을 통해 건강 관리의 새로운 가능성을 제시한다. 스트레스 관리 알고리즘과 수면 분석 기능은 기술과 경험의 융합을 보여 주는 사례다. 특히 피부 온도를 기반으로 한 건강 관리와 심방세동 조기 감지 기술은 보다 적극적인 건강 관리를 지원한다. 다만, 센서의 정확도와 배터리 수명 개선이 필요한 과제로 남아 있으며, 모든 세대가 신뢰할 수 있는 안정성을 확보하는 것이 중요하다.

## 웨어러블 기술, 몸을 읽는 과학으로 진화하다

웨어러블 기기 분야에서는 꾸준히 혁신적인 연구가 이루어지고 있다. 2016년, 카이스트의 이승우 교수 연구팀은 나노 소재와 바이오 물질을 결합하여 유연한 바이오 센서를 개발했다[13]. 이 연구팀은 단겹탄소나노튜브와 바이오 물질을 활용해 뛰어난 유연성은 물론, 높은 민감도와 선택성을 갖춘 센서를 만들었다. 이 센서는 기존 제품에 비해 전력 소비량을 크게 낮추면서도 정확성을 높이는 획기적인 성과를 이루었다. 또한 그래핀을 이용한 유연한 센서 설계 덕분에 착용감이 매우 개선됐으며, 장시간 모니터링에도 안정적인 성능을 유지할 수 있게 되었다. 다만 이 기술이 상용화되기 위해서는 대량 생산 문제 해결과 생체 적합성에 대한 추가적인 검증이 필요한 상황이다.

한편, 스탠퍼드대학 연구팀은 피부에 붙여 사용하는 초소형 센서를 개발했다. 이 센서는 피부에서 나오는 땀을 실시간으로 분석하여 전해질 균형, 스트레스 호르몬 수치, 대사 상태 등 건강 상태를 손쉽게 확인할 수 있다. 특히 이 센서는 운동선수들이 훈련 중

탈수 상태를 정확히 측정하고, 가장 적절한 수분 보충 시기를 알려주는 데 탁월한 성능을 보였다. 이러한 기술은 스포츠 분야뿐 아니라 일반적인 건강 관리에도 큰 변화를 가져올 것으로 기대된다.

# AR과 VR이 확장하는
# 시니어의 감각과 경험

AR과 VR 글래스의 발전은 단순한 기술적 진보를 넘어, 디지털 환경 속에서 자립과 공생이라는 철학적 가치를 실현하는 새로운 변화를 만들고 있다.

우선 디스플레이 기술의 혁신은 노화로 인해 발생하는 시각적 제약을 극복할 수 있게 해 준다. 마이크로 OLED<sup>Micro OLED</sup>와 같은 첨단 디스플레이 기술은 더욱 선명하고 정밀한 시각 경험을 제공할 가능성을 열고 있다. 150도 이상의 넓은 시야각을 지원하는 홀로그래픽 디스플레이 덕분에 착용자는 현실에 더욱 가까운 시각 경험과 자연스러운 공간감을 느낄 수 있다.

또한 공간 인식 기술의 발전도 주목할 만하다. 여러 개의 센서와 AI 알고리즘을 함께 사용해, 사용자가 주변 공간을 더욱 정확하고 효과적으로 파악하도록 돕는다. 덕분에 노인층도 공간 탐색과 이동에 있어 어려움을 겪지 않고, 더욱 안전하고 편안하게 생활할 수 있다.

　무엇보다 주목할 점은 혼합 현실Mixed Reality, MR 기술이다. 혼합된 디지털 공간에서 다양한 세대가 물리적 제약을 넘어 서로 소통하고 경험을 공유할 수 있어 세대 간 이해와 교류를 넓히는 데 큰 도움이 된다. 이는 디지털 세상에서의 진정한 의미의 공생을 가능하게 하는 중요한 변화라고 할 수 있다.

　결국 AR과 VR 기술은 단순히 노화를 보완하거나 보조하는 도구를 넘어, 인간의 감각과 인지 능력을 창의적으로 확장시키는 역할을 하고 있다. 이러한 기술의 발전은 노화를 더 이상 극복할 수 없는 한계가 아니라, 새로운 가능성을 창조할 수 있는 계기로 삼고 있음을 보여 준다.

## AR과 VR로 일상을 확장하는 기업들

　메타버스 기업들의 AR과 VR 기술 혁신은 새로운 시대의 문을 열고 있다. 메타Meta의 퀘스트Quest는 대표적인 VR 기기로, 노화로 인해 발생하는 신체적 제약을 극복하고 누구나 자율적으로 디지털 환경을 경험할 수 있도록 돕는다. 특히 별도의 장비 없이도 생생한 가상 현실을 체험할 수 있으며, 직관적인 사용 방식 덕분에 모든 세대가 쉽게 접근할 수 있다. 이러한 기술은 자강의 개념과도 연결되는데, 물리적 한계를 보완하여 보다 자율적인 디지털 생활을 가능하게 해 주기 때문이다.

메타가 개발한 AR 글래스 오리온Orion은 한 단계 더 진화된 모습을 보여 준다. 이 기기는 마이크로 OLED와 같은 첨단 디스플레이 기술과, 직관적인 인터페이스를 결합해 누구나 쉽게 사용할 수 있도록 만들어졌다. 특히 AI 기술과 결합된 신경 인터페이스는 연령과 관계없이 누구나 자연스럽게 AR 환경을 이용할 수 있게 만들어 준다.

애플의 비전 프로Vision Pro는 MR을 활용해 디지털 공간에서 사람 간의 공존과 소통 방식을 변화시키고 있다. 특히 애플 인텔리전스Apple Intelligence의 통합을 통해 더욱 개인화된 경험과 직관적인 사용 환경을 제공하며, 연령이나 경험의 차이를 넘어 누구나 쉽게 디지털 세상과 연결될 수 있도록 돕는다.

마이크로소프트의 홀로렌즈HoloLens는 특히 기업 환경에서 기술을 통한 업무 방식의 변화를 주도하고 있다. 홀로렌즈를 이용하면 현실과 디지털이 결합된 공간에서 보다 효율적인 업무가 가능하다. 최근 업데이트된 홀로렌즈의 사용자 환경은 세대 간 협업을 더욱 쉽게 만들었으며, 마이크로소프트 팀즈Microsoft Teams나 다이나믹스 365Dynamics 365 같은 협업 도구와의 연동을 통해 세대를 뛰어넘는 협력과 소통을 강화하고 있다.

이처럼 AR과 VR 기술의 발전은 단지 기기의 성능 향상에 그치지 않고, 모든 세대가 더욱 쉽게 디지털 환경을 경험할 수 있게 하는 방향으로 나아가고 있다.

# AR과 VR 기반 한국형 스마트 시니어 케어

한국의 시니어 센터가 단순한 쉼터를 넘어 첨단 기술이 접목된 혁신적인 공간으로 변화하고 있다. 특히 AR과 VR 기술이 적극 도입되면서, 어르신들의 건강한 노후를 지원하는 새로운 패러다임이 형성되고 있다. 이제 시니어 센터는 단순한 복지 시설이 아니라, 미래 도시의 축소판처럼 변화하고 있다.

강남노인종합복지관의 강남 메타버스 체험관은 그 이름만으로도 호기심을 자극한다. 이곳에서 VR 고글을 착용하는 순간, 어르신들은 새로운 디지털 세계로 들어가 색다른 경험을 하게 된다. 단순히 영상을 감상하는 것이 아니라, 오감을 활용한 몰입형 VR 체험을 통해 인지 능력을 자극하고, 잃어버렸던 활력을 되찾을 수 있다. 마치 젊은 시절의 에너지를 다시 느끼는 듯한 생생한 경험을 제공하는 것이다.

해피 테이블Happy Table 은 단순한 식탁이 아니다. 이 스마트 테이블은 어르신들의 소통 창구이자 건강 관리 도구로 활용된다. 최대 4명이 동시에 사용할 수 있으며, 함께 게임을 즐기거나 퀴즈를 풀면서 자연스럽게 인지 능력을 높이고 치매 예방 효과를 기대할 수 있다. 놀이를 통해 즐거움과 건강을 동시에 챙길 수 있는 스마트한 기술이다.

거울세계체험관은 또 다른 차원의 경험을 제공한다. 별도의 장비 없이도 세계 곳곳을 가상으로 여행할 수 있는 기술이 적용되어, 마치 거울을 통해 다른 세계로 순간 이동하는 듯한 느낌을 준다. 이 덕분에 어르신들은 앉은 자리에서 세계 각국의 아름다운 풍경을 감상하고 새로운 문화를 체험할 수 있다. 특히 거동이 불편해 여행이 어려운 어르신들에게는 더욱 특별한 경험이 된다.

LG유플러스와 한컴위드가 협력하여 운영하는 한컴 말랑말랑 행복케어 센터도 주목할 만하다. 전문의와 협력하여 개발한 인지 훈련 및 치매 예방 VR 프로그램은 게임을 하듯 재미있게 진행되면서도 효과적으로 인지 능력을 향상시키는 데 도움을 준다. 여기에 AI 로봇이 어르신들의 말벗이 되어 주는 기능까지 더해지면서, 기술이 단순한 기기를 넘어 정서적 안정까지 제공하는 역할을 하고 있다.

특히 AR과 VR 기술은 거동이 불편한 어르신들에게 큰 도움이 된다. 360도 VR 영상을 통해 집에서도 실제 여행지에 온 듯한 생생한 경험을 할 수 있어, 단조로운 일상에서 벗어나 우울감을 해소하고 정신 건강을 유지하는 효과를 기대할 수 있다.

이처럼 한국의 시니어 센터는 AR과 VR 기술을 활용해 인지 능력 향상, 신체 활동 증진, 정서적 안정 등 다양한 성과를 거두고 있다. 단순한 기술 도입을 넘어, 어르신들이 더욱 건강하고 활기찬 노후를 보낼 수 있도록 진심 어린 노력이 곳곳에서 이루어지고 있다. 이제 시니어 센터는 첨단 기술과 따뜻한 돌봄이 결합된 미래형 복지 모델로 자리 잡고 있다.

# AR과 VR 기술의 진화와 디지털 공생의 과제

AR과 VR 기술의 발전은 인간과 디지털 기술이 공존하는 방식을 새로운 차원으로 확장하고 있다. 특히 노화의 미래에 혁신적인 변화를 예고하며, 단순한 기술적 진보를 넘어 세대를 초월한 디지털 공생의 가능성을 열어 가고 있다.

기기의 소형화와 경량화는 노화로 인한 신체적 제약을 보완하며, 누구나 쉽게 기술을 활용할 수 있는 환경을 조성한다. 안경에서 콘택트렌즈형 AR과 VR 기기로의 진화는 기술이 점차 자연스럽게 삶에 스며들고 있음을 보여 준다.

나노 소재 기술의 발전은 기기의 착용 부담을 줄이며, 노년층도 보다 편안하게 AR과 VR을 활용할 수 있도록 돕는다. 여기에 수년 내에 등장할 6G 네트워크는 공간의 한계를 뛰어넘어 사회적 참여를 더욱 자유롭게 만들 것이다. 테라비트급 속도와 초저지연 기술은 이동이 불편한 노년층에게도 실시간 연결과 원활한 상호 작용을 지원하며, 새로운 경험과 활동의 기회를 제공한다. 더 이상 물리적 거리가 소통의 장애물이 되지 않는 시대가 열리고 있는 것이다.

AI와의 융합 또한 노화 관리의 방식을 혁신적으로 변화시키고 있다. 컨텍스트 인식 AI[Context-aware AI]는 사용자의 건강 상태와 생활 패턴을 실시간으로 분석해 맞춤형 지원을 제공하며, BCI 기술은 인지 기능 저하를 보완하는 새로운 가능성을 제시한다. 이러한 기술들은 노화로 인한 불편을 줄이는 동시에, 개인에게 최적화된 도움을 받을 수 있는 환경을 만든다. 노화는 단순한 생물학적 과정이 아니라, 디지털 공생을 통해 창조적으로 재구성되는 과정이 되고 있다. AR과 VR 기술은 노화로 인한 신체적·인지적 제약을 보완할 뿐만 아니라, 노년층이 축적한 경험과 지혜를 사회에 환원할 수 있는 플랫폼이 된다. 이는 노년기를 수동적 쇠퇴의 시기가 아닌, 새로운 가능성이 열리는 단계로 전환하는 중요한 계기가 된다.

더 나아가, 이러한 기술은 세대 간 소통 방식에도 변화를 가져온다. 가상과 현실이 융합된 공간에서는 모든 세대가 동등한 참여자로 활동할 수 있으며, 이는 노화에 대한 사회적 인식을 바꾸는 계기가 된다. 세대 간 격차를 줄이고, 공감과 소통을 강화하는 데 중요한 역할을 하게 되는 것이다.

하지만 건강한 디지털 공생을 위해 해결해야 할 과제들도 남아 있다. 시각적 피로, 멀미, 인지적 부담 등은 노년층이 기술을 활용하는 데 걸림돌이 될 수 있으며, 디지털 격차 해소와 기술 접근성을 보장하는 것 또한 필수적인 요소다. 기술이 발전하는 만큼, 모든 연령대가 편리하고 안전하게 사용할 수 있도록 배려하는 노력이 동반되어야 한다.

결국, AR과 VR 기술의 발전은 노화의 미래를 새롭게 디자인할 기회를 제공한다. 이는 단순히 기능을 보완하는 차원을 넘어, 노년기의 삶을 창의적으로 재구성하는 전환점이 될 것이다. 앞으로의 과제는 이러한 기술이 모든 세대가 존엄성과 자율성을 유지하면서 활용할 수 있도록 지속적으로 발전하는 것이다.

# 몸속으로 들어간 기술, 생체 임플란트의 가능성

생체 임플란트형 스마트 기기 기술은 노화의 개념을 근본적으로 바꾸고 있다. 이는 단순히 신체 기능을 보완하는 것을 넘어, 인간과 기술이 완전히 융합하는 새로운 형태의 디지털 공생을 실현한다. 나노 기술과 생체재료 공학의 발전으로 이러한 융합이 더욱 자연스럽고 안전해지면서, 노화 과정을 창조적으로 재구성할 가능성이 커지고 있다.

특히, BCI는 노화로 인한 인지적 제약을 극복하는 혁신적 도구로 주목받고 있다. 마이크로 전극 어레이Microelectrode Array를 활용한 양방향 통신 기술은 신경 신호를 보다 정밀하게 주고받을 수 있도록 하며, 이를 통해 노년층의 인지 기능을 보완하고 확장하는 길을 열어 준다. 단순한 신경 보조 기능을 넘어, 개인이 축적한 경험과 지혜를 더욱 효과적으로 활용하고 전승할 수 있는 플랫폼이 될 수 있다.

인공 감각 기관의 발전 또한 노화로 인한 기능 저하를 보완하는 핵심 기술로 자리 잡고 있다. 예를 들어, 수백 개의 전극을 활용해 시각 정보를 전달하는 기술은 노화로 인해 시력이 저하된 이들에게 새로운 가능성을 제시하며, 더욱 정교해진 인공와우<sup>Cochlear Implant</sup>는 노년층의 난청 문제를 해결하고 원활한 의사소통을 돕는다. 이러한 기술들은 감각을 되찾아 주는 것을 넘어, 보다 풍부한 사회적 교류와 독립적인 생활을 가능하게 한다.

결국, 생체 임플란트 기술은 노화를 단순한 쇠퇴 과정이 아닌, 기술과의 융합을 통해 새로운 가능성을 만드는 과정으로 전환시키고 있다. 이는 세대를 초월한 디지털 공생의 궁극적인 형태로, 모든 연령대가 자신의 잠재력을 최대한 실현할 수 있도록 돕는 기반이 된다.

생체 임플란트 기술은 노화의 미래를 새롭게 디자인할 혁신적 도구가 될 것이다. 인간과 기술의 경계를 허물며, 모든 세대가 주체적으로 참여할 수 있는 새로운 문명의 가능성을 열어 가는 데 중요한 역할을 할 것이다.

## 생체 임플란트를 둘러싼 기술의 현장

뉴럴링크의 BCI 기술은 노화와 디지털 공생의 관계를 근본적으로 재정의하고 있다. 수천 개의 미세 전극을 통해 대뇌 피질과 직접 통신하는 방식은 노화로 인한 신경학적 제약을 보완하고 극복할 가능성을 제시한다[14].

특히 로봇 수술 시스템을 활용한 정밀 임플란트 삽입 기술은 노년기 신경 재활의 새로운 패러다임을 열고 있다[15]. 유연한 전극 실의 개발은 고령 환자의 뇌 조직에 부담을 최소화하면서도 효과적인 신경 인터페이스를 구현할 수 있도록 한다. 이는 노화 과정에서 발생할 수 있는 신경 기능 저하를 보완하고 확장하는 중요한 기술적 진보다.

생각만으로 외부 장치를 제어할 수 있는 시스템도 주목할 만하다. 이는 노화나 질병으로 인해 신체적 제약이 있는 이들에게 새로운 가능성을 제공하며, 단순한 기능 회복을 넘어 축적된 경험과 지혜를 더욱 효과적으로 활용할 수 있는 인터페이스가 된다.

존스홉킨스대학의 응용물리연구소Applied Physics Laboratory, APL는 신경 보철Neuroprosthetics 분야에서 중요한 성과를 내고 있다[16]. 연구팀은 고급 모듈형 보철 팔Modular Prosthetic Limb, MPL을 개발하여, 피질 임플란트 Cortical Implant를 통해 사용자의 생각만으로 자연스러운 움직임을 구현할 수 있도록 했다. 특히, 촉각 피드백 시스템Haptic Feedback System이 도입되면서, 사용자가 물체를 쥐고 조작하는 섬세한 동작까지 가능해졌다.

신경 보철 기술은 단순한 기계적 기능을 넘어, 사용자가 보다 자연스럽게 움직임을 경험할 수 있도록 발전하고 있다. 예를 들어, 감각 피드백 기능이 포함된 보철물은 사용자가 물체를 만지고 조작하는 데 필요한 촉각 정보를 전달하여, 보철물의 활용도를 크게 향상시킨다. 이러한 기술은 절단 장애인들이 보철물을 더욱 효과적으로 사용할 수 있도록 돕고, 삶의 질을 개선하는 데 기여하고 있다.

또한, 존스홉킨스대학의 연구는 감각 운동 통합에 대한 이해를 바탕으로 하여 신경 보철물이 뇌와 효과적으로 상호 작용할 수 있도록 하는 방법에 대한 발전을 이루고 있다. 이는 사용자에게 더 나은 감각적 경험을 제공하고, 보철물의 제어 능력을 향상시키는 데 중요한 역할을 한다.

메드트로닉Medtronic의 혁신적 성과는 생체 임플란트 기술을 활용한 노화의 창조적 재구성 가능성을 보여 준다. AI 알고리즘이 탑재된 최신 심장 페이스메이커Pacemaker는 단순히 심장 기능 저하를 보완하는 것을 넘어, 보다 지능적이고 자연스러운 방식으로 관리할 수 있도록 한다. 이는 신체의 자연스러운 리듬을 유지하면서도 최적의 기능을 지원하는 새로운 차원의 디지털 공생을 실현한다.

폐쇄 회로 방식의 뇌 심부 자극 시스템Closed-loop Deep Brain Stimulation, DBS은 파킨슨병Parkinson's Disease과 같은 신경 퇴행성 질환에 대한 새로운 치료 접근법을 제시한다. 실시간 모니터링과 자동 조절 기능을 통해 환자의 상태 변화에 즉각 반응하며, 보다 정교한 맞춤형 치료를 가능하게 한다. 이는 노화와 신경학적 변화를 더욱 세밀하게 관리할 수 있는 가능성을 연다.

이러한 기술의 발전은 노년기의 신체 기능을 단순히 보조하는 것이 아니라, 인간과 기술이 하나의 유기적 시스템으로 작동하는 새로운 공생 모델을 제시한다. 특히 AI의 도입은 개인의 생체 리듬과 필요에 맞춘 최적화된 지원을 가능하게 하며, 이는 노화 관리의 패러다임을 변화시킨다.

결국, 이러한 혁신은 노화를 단순한 기능 저하 과정이 아닌, 기술과의 융합을 통해 새로운 가능성을 창출하는 과정으로 재정의한다. 이는 인간과 기술의 경계를 허물며, 더 나은 삶의 질을 실현하는 혁신적 플랫폼이 될 것이다.

## 이미 시작된 생체 임플란트의 응용

스위스 로잔 공과대학의 척수 임플란트 프로젝트는 하반신 마비 환자의 보행 기능 회복에서 중요한 성과를 보여 주고 있다. 이 프로젝트는 2023년에 로라흐Lorach의 주도로 진행되었으며, 유연한 전극 어레이를 통해 척수의 손상된 부위를 우회하여 뇌의 신호를 다리 근육으로 전달하는 기술을 개발했다[17].

임상 시험에 참여한 환자들은 재활 훈련을 통해 보조 기구의 도움을 받아 다시 걸을 수 있게 되었으며, 이들은 이제 서거나 걷고, 심지어 수영이나 자전거 타기와 같은 활동도 할 수 있게 되었다. 특히, 이 시스템은 뇌와 척수 사이의 통신을 재설정하는 무선 디지털 브릿지를 통해 작동하며, 이는 신경 재생 의학의 새로운 가능성을 제시하고 있다.

이 연구 결과는《네이처$^{Nature}$》에 발표되었으며, 환자들은 임플란트가 활성화된 후 하루 만에 서고 걷는 등의 동작을 수행할 수 있었다. 이러한 성과는 신경 재생 의학 분야에서 큰 진전을 의미하며, 향후 팔과 손 기능 회복에도 적용될 수 있는 가능성이 있다.

미시간대학의 청각 연구팀이 개발한 차세대 인공와우 시스템은 광유전학 기술을 활용하여 청각 신경을 더욱 정밀하게 자극할 수 있는 혁신적인 접근 방식을 제시하고 있다. 이 시스템은 기존 전기 자극 방식보다 주파수 분해능이 크게 향상되어, 사용자가 음악을 더 풍부하게 감상할 수 있게 한다. 또한, AI 기반의 소리 처리 알고리즘은 복잡한 소음 환경에서도 목표 음성을 효과적으로 분리할 수 있는 기능을 갖추고 있다[18].

2023년, 로라흐 등의 연구는 생체 적합성과 장기 안정성 문제를 해결할 수 있는 새로운 접근 방식을 제시했다. 이들이 개발한 하이드로젤 기반의 유연한 전극은 뇌 조직과 유사한 물리적 특성을 가지고 있어 면역 반응을 최소화할 수 있다. 또한 자가 치유 능력이 있어 미세 손상이 발생해도 전극의 기능이 유지된다. 이 연구는 장기간 안정적으로 작동할 수 있는 신경 인터페이스의 가능성을 보여 주었다.

MIT의 연구팀은 나노 입자를 활용한 새로운 형태의 생체 센서를 개발했다[19]. 이 센서는 혈류에 주입되어 체내를 순환하면서 다양한 생체 지표를 측정할 수 있다. 특히 암 세포나 염증 표지자를 초기에 감지할 수 있어, 질병의 조기 진단에 혁신적인 가능성을 제시했다. 센서의 데이터는 피부에 부착하는 패치형 리더기를 통해 실시간으로 읽을 수 있다.

## 인간 증강의 새로운 지평과 한계

생체 임플란트 기술은 단순한 의료 치료를 넘어, 인간의 능력을 확장하는 방향으로 발전하고 있다. 버클리대학Berkeley University 연구팀은 '적외선을 감지할 수 있는 나노 입자Nanoparticles for Infrared Vision'를 망막에 주입하는 실험에 성공하며, 인간의 시각 능력을 자연적 한계를 넘어 확장할 가능성을 제시했다. 이 기술은 특히 시각 장애인들에게 새로운 희망을 줄 수 있는 혁신적인 접근법으로 주목받고 있다[20].

버클리 연구팀이 개발한 나노 입자는 망막 내에서 적외선을 감지하는 기능을 갖추고 있으며, 생체 적합성이 뛰어나 조직과 결합해 면역 반응을 최소화할 수 있다. 이를 통해 사용자는 적외선 빛을 감지하고 시각 정보로 변환할 수 있게 된다. 초기 실험에서는 동물 모델을 대상으로 적외선 감지가 가능함을 입증했으며, 향후 임상 시험을 통해 인간 적용 가능성을 모색하고 있다.

하버드대학에서는 인지 기능을 향상시키는 피질 임플란트Cortical Implant를 연구하고 있다. 이 장치는 뇌의 특정 영역에 장착되어 신경 신호를 직접 처리하며, 사용자의 정보 처리 능력을 향상시키는 것을 목표로 한다. 뇌의 전기적 활동을 모니터링하고, 필요한 정보를 실시간으로 분석하여 의사 결정을 돕는 기술로, 인지 기능이 저하된 환자뿐만 아니라 일반 사용자에게도 유용할 수 있다[21].

군사 분야에서도 인간 증강 기술 연구가 활발히 진행되고 있다. 미국 국방고등연구계획국DARPA의 NESD Neural Engineering System Design 프로그램은 고해상도 시각 및 청각 정보를 직접 뇌로 전달하는 시스템을 개발 중이다. 이 기술은 전투원의 상황 인식 능력을 획기적으로 향상시키며, 실시간으로 주변 환경을 분석하고 필수 정보를 제공함으로써 전투 중 생존율을 높이는 역할을 할 것으로 기대된다.

## 생체 임플란트가 마주한 질문들

생체 임플란트 기술은 노화의 미래를 근본적으로 변화시킬 혁신적 가능성을 지니고 있다. 그러나 이러한 발전이 진정한 가치를 갖기 위해서는 기술적 한계를 극복하는 것뿐만 아니라 윤리적 고려와 사회적 합의가 반드시 동반되어야 한다. 생체 임플란트가 노화 관리의 핵심 도구로 자리를 잡기 위해서는 여전히 다음과 같은 과제를 해결해야 한다.

**안전성과 생체 적합성 확보**: 노화된 조직에서는 면역 반응과 염증 위험이 증가할 수 있어, 이를 최소화하기 위한 연구가 필수적이다.

**윤리적 경계의 재정의**: 인지 능력 향상 기술이 자연적 노화와 증강된 노화의 경계를 모호하게 하면서, 인간의 존엄성과 자율성에 대한 사회적 논의가 요구된다.

**사회적 형평성 문제 해결**: 첨단 임플란트가 특정 계층에만 제공될 경우 자연적 노화와 증강된 노화 사이의 격차가 확대되어 새로운 사회적 불평등을 초래할 수 있다.

**데이터 보안과 프라이버시 강화**: 네트워크에 연결된 임플란트가 해킹될 경우, 노년층의 민감한 생체 정보 유출로 심각한 피해가 발생할 수 있다.

**명확한 법적 규제 마련**: AI Act와 같은 법적 프레임워크는 기술 발전과 인간 존엄성 보호 사이에서 균형을 유지하는 중요한 역할을 한다.

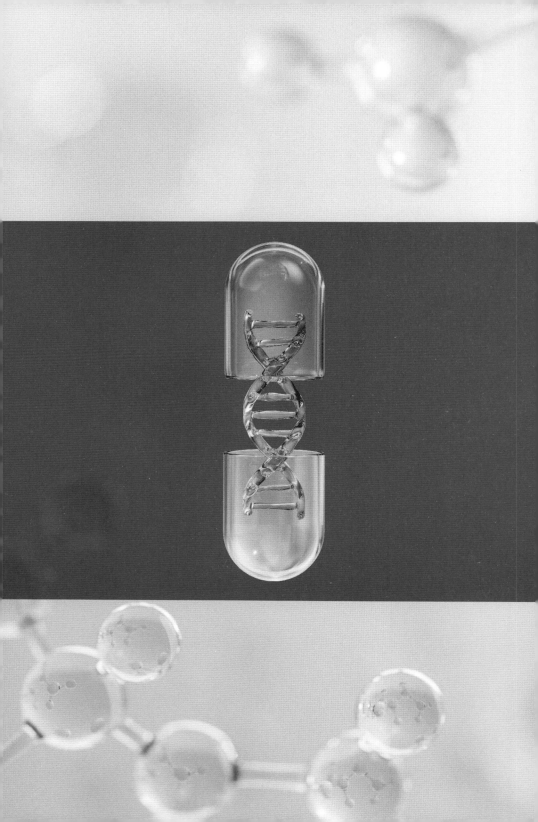

## 10장

# K-시니어와
# 휴먼 플랫폼 혁명

# 디지털 플랫폼이 여는
# K-시니어의 새로운 역할

대한민국의 K-시니어는 현대사를 일구어 온 주역이다. 1945년 해방부터 1974년 사이에 태어난 이들은 전쟁의 폐허 위에서 민주화와 경제 성장이라는 두 가지 기적을 이루었다. 1960년대에는 독일의 간호사와 광부, 70~80년대에는 중동 건설 현장의 선구자로 국가 발전의 초석을 다졌고, 세계적인 전자 산업과 반도체 산업을 일구었다. 민주화 운동과 IMF 외환 위기 극복 과정에서도 이들이 중심적인 역할을 했다. 반세기정도의 짧은 기간에 사회·정치적 및 경제적 측면에서 혁신을 이루어 세계적으로 유례 없는 성취를 이룬 이 세대는 이제 또 다른 도전, 바로 노화 혁명의 중심에 서 있다. 이들은 대한민국의 위대한 세대The Greatest Generation라 불릴 만하다.

한국은 세계 최고 수준의 디지털 인프라와 초고령화가 결합된 실험의 장이 되고 있다. 2023년 이미 65세 이상 인구가 1천만 명을 넘었으며, 2050년에는 40%, 2067년에는 46.5%에 이를 전망이다.

특히 1,659만 명에 이르는 베이비부머 세대는 이 변화의 핵심이 될 것이다.

지금의 노인 기준인 65세는 19세기 비스마르크 시대의 유산이다. 앞으로 10~20년 내에는 80세까지도 일할 수 있는 시대가 열리고, 15년 후에는 100세 이상 인구가 3만 5천 명을 넘어설 것으로 예상된다. 그러나 현재 노년층의 약 90%가 만성 질환을 앓고 있으며, 다수는 복합 질환을 겪고 있어 의료 체계의 혁신이 시급하다.

이에 따라 세 가지 분야의 기술 혁명이 빠르게 진행 중이다. 크리스퍼-캐스9 유전자 기술을 활용한 생명과학 혁명, 나노 기술과 스마트 약물을 앞세운 화학 혁명, 로봇과 BCI 개발 중심의 기계 혁명이 대표적이다. 특히 면역 세포와 줄기세포 치료제 분야에서 한국이 이룬 성과는 글로벌 노인 의료 시장에서의 경쟁력을 높이고 있다.

제도적 혁신도 이루어지고 있다. 노인 의학 전문의 제도와 노인 근로 라이선스 도입을 통해 계속 일하고 싶어 하는 K-시니어 세대의 참여를 돕고 있다. 이는 노령연금의 안정화, 국민건강보험 효율성 증대, 생산 가능 인구 감소 문제의 해법으로도 주목받고 있다.

한국 고유의 효 문화와 첨단 기술의 결합은 세계가 주목할 새로운 돌봄 모델로 자리 잡고 있다. 실시간 건강 모니터링, AI 기반 맞춤형 의료 서비스, VR을 활용한 인지 훈련 등이 이미 현실화되고 있으며, 삶의 마지막 순간을 존엄하게 맞이할 수 있도록 기술과 인간성이 조화를 이루는 방향도 모색되고 있다.

산업화와 민주화를 이끈 K-시니어의 도전 정신은 이제 디지털 노화 혁명으로 이어지고 있다. 이들이 만드는 새로운 노화 모델은 인류가 직면한 초고령화 문제에 대한 창의적인 해답이 될 것이다.

# 고령화에 맞서는
# 기술 플랫폼의 진화

전 세계적으로 진행 중인 고령화는 단순한 인구 구조 변화가 아니라, 사회 시스템 전반의 재구성을 요구하는 거대한 흐름이다. 특히 한국은 세계에서 가장 빠른 속도로 고령화가 진행되는 동시에, 첨단 기술 인프라가 잘 구축된 국가로, 두 가지 특성을 결합한 혁신적인 대응 전략이 필요하다. 고령 인구의 급증은 의료, 복지, 경제 활동, 사회적 관계 등 다양한 분야에서 새로운 도전과 기회를 만들고 있으며, 이를 효과적으로 해결하기 위해 인간 중심의 기술 혁신, 즉 휴먼 플랫폼 혁명이 요구되고 있다.

디지털 헬스케어, AI, 로봇 기술, 원격 의료, 맞춤형 복지 시스템 등 최신 기술들은 고령화 사회에서 삶의 질을 높이는 핵심 도구로 자리 잡고 있다. AI 기반 건강 모니터링 시스템, 인지 기능 향상 프로그램, 스마트 돌봄 로봇, 개인 맞춤형 원격 의료 서비스 등은 단순한 생명 연장을 넘어, 존엄한 노년을 실현하는 데 기여하고 있다. 또한, 고령자들의 경제 및 사회 활동을 지원하는 디지털 플랫폼과 AI 기반 직무 매칭 서비스는 세대 간의 단절을 해소하고 지속 가능한 경제 시스템 구축을 가능하게 한다[1].

## 초고령 사회와 맞서는 대한민국의 기술력

한국은 세계에서 가장 빠르게 고령화가 진행되는 국가 중 하나이면서도, 최고 수준의 기술 인프라를 갖춘 독특한 환경을 지니고 있다. 2022년, 김우영 교수 등의 연구에 따르면, 한국의 고령화는 단순한 인구 구조 변화가 아니라, 사회 시스템 전반의 재구성을 요구하는 근본적 변화로 인식된다[2]. 특히, 고령층의 높은 기술 수용성과 학습 의지는 휴먼 플랫폼 혁명 기술이 성공적으로 도입될 수 있는 중요한 자산이 되고 있다.

고령화에 따른 의료적 도전 속에서, 삼성서울병원의 디지털 케어 센터Digital Care Center는 AI 기반 건강 모니터링, 웨어러블 디바이스를 활용한 실시간 생체 신호 분석, 원격 진료 시스템을 통합적으로 운영하며, 디지털 트윈 케어 시스템Digital Twin Care System을 통해 각 환자의 인지 기능과 신체 활동을 종합적으로 관리하고 있다. 이는 고령자의 삶의 질을 개선하는 새로운 의료 패러다임을 제시하고 있다.

한국의 수명 연장 기술 연구는 전통 의학과 현대 바이오 기술이 융합하는 독특한 강점을 보여 준다. 2012년, 융합학회의 연구에 따르면, 한약재의 유효 성분을 AI로 분석해 항노화 물질을 발견하는 연구나[3], 한의학 체질 이론을 개인 맞춤형 노화 방지 프로그램에 적용하는 시도들이 주목받고 있다.

한편, 국내 바이오 제약 기업들은 고령화 사회를 위한 혁신적인 해결책을 주도하고 있다.

> **셀트리온**: AI 기반 신약 개발 플랫폼을 활용해 노인성 질환 치료제 개발에서 두각을 나타내고 있으며, 고령자의 면역 체계를 고려한 약물 전달 시스템 개발에 집중하고 있다.
>
> **삼성바이오로직스**: 세포 치료제Cell Therapy 연구를 통해 노화된 세포의 재생과 면역 기능 강화를 목표로 하며, 글로벌 시장에서 경쟁력을 확보하고 있다.
>
> **SK바이오사이언스**: 노화로 인한 면역력 저하를 고려한 백신 플랫폼을 개발하며, 고령자의 감염병 예방을 위한 혁신적인 해법을 제시하고 있다.

이러한 기술적 발전과 함께, 노인 의학 전문의 제도 도입이 시대적 요구로 떠오르고 있다. 고령층의 근로 의지는 높지만, 노인 근로 라이선스 제도 등의 부재로 인해 지속적인 경제 활동에 제약이 따르고 있다. 따라서 전문 의료진이 체계적으로 평가하고 관리할 수 있는 시스템을 구축해, 각 노인의 신체적·정신적 능력에 맞는 근로 활동을 지원하는 정책이 필요하다.

## 늙어가는 사회, 진화하는 노인 돌봄 시스템

K-시니어들의 높은 교육열과 자기계발 의지는 인지 증강 기술의 효과를 극대화하는 요인이 되고 있다. AI 기반 인지 훈련 프로그램을 정기적으로 활용한 고령자 그룹은 그렇지 않은 그룹보다 인지 기능 저하 속도가 45% 낮았으며, 일상생활 수행 능력도 현저히 높았다.

현재 노인의 법정 연령 65세는 고령화 현실과 괴리가 크며, 향후 80세까지도 근로 가능한 시대가 도래할 것으로 예측된다. 이러한 변화 속에서, 네이버의 실버 AI 케어Silver AI Care 플랫폼은 음성 인식과 자연어 처리 기술을 활용한 맞춤형 디지털 서비스를 제공하고 있다. AI 비서는 사용자의 생활 패턴과 건강 상태를 학습하여 최적화된 지원을 제공하며, 이 플랫폼의 인지 훈련 효과는 2024년에 조수현 교수 등의 연구를 통해 실증적으로 입증되었다[4].

현대로보틱스의 케어봇CareBot 시리즈는 AI와 IoT 기술을 결합해 고령자의 일상생활을 지원하고 건강 상태를 모니터링한다. 특히 감성형 돌봄 로봇은 외로움 해소와 심리적 안정에 기여하며, 이는 고령자의 삶의 질을 높이는 혁신적 돌봄 모델을 제시한다.

LG전자의 스마트 케어 홈Smart Care Home 솔루션은 IoT 센서와 AI 분석을 활용해 고령자의 활동 패턴을 모니터링하고, 이상 징후를 조기에 감지하는 지능형 주거 환경을 구현하고 있다. 이는 최소 필수 생명 유지 조건을 보장하면서도 독립적인 생활을 지원하는 접근 방식이다.

60세 이상 노인의 97.6%가 계속 일하기를 희망하는 현실에서, 이러한 기술들은 고령자의 사회 참여를 실질적으로 지원하는 역할을 할 수 있다. 특히 고령자의 사회 복귀를 위해 체계적인 인지 기능 평가 시스템이 필요하다. 자동차 운전면허 시험과 유사한 표준화된 인지 기능 테스트를 도입해 업무 수행 능력, 의사 결정력, 스트레스 대응 능력 등을 종합적으로 평가하고 적합한 직무를 매칭하는 시스템을 구축해야 한다. 이 평가 시스템은 근로 가능 여부를 판단하는 것을 넘어, 각 개인의 강점을 파악하고 맞춤형 지원 방안을 수립하는 데도 활용될 수 있다.

## 인지 기능 향상 기술과 한국적 접근

한국의 인지 기능 향상 기술은 문화적 특수성을 반영한 독특한 발전 방향을 보이고 있다. 전통적인 효 문화에서 강조해 온 세대 간 유대와 공동체적 가치를 디지털 기술과 융합해 단순한 인지 훈련을 넘어선 통합적 접근을 시도하고 있다.

예를 들어, AI 기반 인지 훈련 프로그램은 가족 구성원들이 함께 참여할 수 있는 인터랙티브interactive 콘텐츠를 제공하며, 온라인 공동체를 통해 사회적 상호 작용을 촉진한다. 이를 통해 인지 기능 향상와 정서적 안정 및 사회적 유대 강화를 동시에 실현한다.

특히, K-시니어의 높은 디지털 리터러시Digital Literacy와 결합된 이러한 프로그램들은 인지 기능 향상 기술이 인간의 존엄성과 가치를 훼손하지 않으면서도 실질적인 삶의 질 개선으로 이어질 수 있도록 한다.

## 24시간 함께하는 AI 주치의

한국의 원격 의료 기술은 고령자의 삶의 질 향상을 위한 핵심 도구로 자리 잡고 있다. 2024년, 살마Salma 등의 연구에 따르면, 원격 의료 서비스는 의료 접근성을 크게 향상시켰으며, 최소 필수 생명 유지 조건을 모니터링하고 유지하는 데 효과적이다. 원격 모니터링 시스템은 고령자의 건강 상태를 실시간으로 추적하고 분석하여 합병증 위험이 있는 이들의 이상 징후를 조기에 발견하고 대응할 수 있게 한다. 특히 의료 서비스 접근이 제한된 지역의 고령자들에게 중요한 의미를 갖는다[5].

카카오헬스케어의 AI 주치의AI Doctor 서비스와 삼성전자의 스마트 헬스Smart Health 플랫폼은 고령자의 건강 상태를 24시간 모니터링하며, 실시간 건강 관리와 의료진 연결을 지원한다. 이 시스템은 심박수, 혈압, 호흡률 같은 생체 신호부터 활동량, 수면 패턴, 식습관까지 포괄적인 건강 데이터를 수집·분석한다. 이를 기반으로 개인 맞춤형 건강 관리 조언을 제공하고, 필요한 경우 의료진과 즉각 연결하는 기능을 수행한다.

이러한 기술은 단순한 건강 관리 수준을 넘어, 100세 이상 고령자의 존엄성을 유지하는 데 기여하고 있다. AI 기반 맞춤형 건강 관리는 신체 기능 유지뿐만 아니라 인지 기능 보존에도 중요한 역할을 하며, 음성 인식과 자연어 처리 기술을 활용한 직관적인 인터페이스는 고령자가 쉽게 사용할 수 있도록 설계되어 자율성과 독립성을 유지하는 데 도움이 된다.

보건복지부 연구에 따르면, 원격 의료 시스템은 고령자의 독립적 생활을 지원하고 의료비 부담을 줄이는 데 효과적이며, 특히 농어촌 지역의 의료 접근성을 획기적으로 개선하는 것으로 나타났다. 실시간 건강 모니터링과 AI 기반 진단 시스템은 질병 조기 발견과 예방을 가능하게 하여, 고령자가 가능한 한 오랫동안 건강하고 독립적인 생활을 유지하도록 돕는다. 또한, 웨어러블 디바이스를 활용한 낙상 감지 및 응급 알림 시스템은 혼자 사는 고령자의 안전을 보장하는 역할을 한다.

## 일하는 노년, AI가 길을 열다

2024년, 딩[Ding] 등의 연구에 따르면, 디지털 기술에 대한 기대와 신뢰는 고령자의 삶에 대한 통제감을 높이고 자존감을 강화하며, 이는 인간의 존엄성과 연결된다[6]. 특히 디지털 플랫폼을 통한 사회·경제 활동은 단순한 소득 창출 이상의 의미를 지니며, 자아 존중감과 삶의 가치를 높이는 핵심적 역할을 한다. 또한, 이러한 사회 참여는 고령자의 사회적 고립을 예방하고 지속적인 학습과 성장의 기회를 제공한다.

AI 기반 맞춤형 구인·구직 서비스는 고령자들이 직면하는 취업 장벽을 낮추는 데 기여하고 있다. 중장년 전문 포털 올워크<sup>AllWork</sup>는 AI를 활용하여 구직자의 경험과 전문성을 분석해 가장 적합한 일자리를 추천한다. 한국고용정보원의 잡케어 서비스<sup>Job Care Service</sup> 또한 AI를 통해 고령자의 직무 역량을 파악하고 노동 시장의 요구에 맞춘 직업 훈련과 자격 취득을 지원한다. 이를 통해 고령자의 경험과 지식이 사회적 자산으로 활용될 수 있도록 돕고 있으며, 직무 교육과 디지털 역량 강화 프로그램으로 변화하는 환경에 적응할 기회도 마련하고 있다[7].

## 고령자 창업과 기술 기반 경제 활동

SK텔레콤의 시니어 스타트업 프로그램<sup>Senior Startup Program</sup>은 고령자를 단순한 경제 활동 참여자가 아닌 혁신의 주체로 이끌고 있다. 이 프로그램은 고령자가 5G, AI 기술 등 최신 트렌드를 기존의 경험과 결합해 새로운 비즈니스 가치를 창출할 수 있도록 지원한다.

이와 같은 디지털 기술 기반의 경제 활동은 고령자의 자율성과 통제감을 높여, 인지 기능 유지, 정신 건강 증진, 사회적 연결 강화, 우울감 감소에도 긍정적인 영향을 준다. 또한 경험 가치 평가 시스템<sup>Experience Value Evaluation System</sup>을 통해 고령자의 암묵적 지식과 노하우가 현대 사회에 필요한 자산으로 전환되고 있다. 이를 바탕으로 고령자는 생산적이고 의미 있는 삶을 지속할 수 있으며, 세대 간 지식 전수와 사회적 통합에도 기여할 수 있다.

실제로 SK텔레콤의 시니어 창업 프로그램이 달성한 65%의 창업 생존율은 고령자 창업의 실질적인 성공 가능성을 보여 준다. 기술과 비즈니스 모델을 활용한 성공적인 창업 사례는 고령자의 경제적 자립뿐만 아니라 사회적 기여의 가능성을 높이고, 새로운 인생 단계에 대한 희망을 제시하고 있다.

## 디지털 플랫폼과 사회적 지원 체계

디지털 플랫폼의 성공은 고령자의 적극적인 참여와 함께, 지속적인 기술 혁신과 사용자 중심의 서비스 설계가 결합된 결과라고 볼 수 있다. 고령자의 AI·디지털 리터러시 향상을 위한 교육 프로그램과 직관적인 인터페이스 설계는 플랫폼의 접근성을 높이는 핵심 요소가 된다.

디지털 기술을 활용한 사회 참여는 단순한 경제 활동을 넘어, 인간 존엄성과 삶의 질 향상이라는 궁극적 목표를 실현하는 데 기여하고 있다. 라이프스팬 익스텐션Lifespan Extension을 단순한 수명 연장이 아닌, 의미 있는 삶의 연장으로 재해석하는 새로운 패러다임을 제시하고 있다.

## 기술이 지키는 존엄, 복지의 새로운 기준

2018년, 이진아 교수는 고령자를 위한 복지 기술$^{Welfare Technology}$이 삶의 최종 단계에서 인간의 존엄성을 유지하는 데 중요한 역할을 한다고 강조했다[8]. 복지 기술은 이제 단순한 서비스 전달 수단을 넘어 최소한의 생명 유지와 인간의 존엄성을 보장하는 핵심 요소로 자리 잡고 있으며, 신체 건강뿐만 아니라 정신적·사회적 웰빙까지 포괄적으로 지원해야 한다는 것이다.

이러한 관점에서 LG CNS의 AI 복지 매니저$^{AI Welfare Manager}$는 혁신적인 복지 기술 사례로 주목받고 있다. 이 시스템은 개인의 생활 습관과 건강 상태, 사회적 관계망을 종합적으로 분석해 위기 상황을 사전에 예측하고 예방한다. 행동 패턴과 건강 지표를 실시간 모니터링하고, 이상 징후 발견 시 즉각적으로 개입할 수 있도록 설계되었다. 이는 이진아 교수가 제시한 통합적 케어$^{Integrated Care}$ 개념을 실현한 사례로, 고령자의 삶의 질과 존엄성을 효과적으로 보호하고 있다.

서울시의 스마트 시니어 케어 네트워크$^{Smart Senior Care Network}$ 역시 공공과 민간 협력을 통해 복지 기술을 발전시키는 대표적 사례다. 이 네트워크는 공공 데이터와 민간 서비스를 연계해 고령자에게 맞춤화된 복지 서비스를 제공한다. 특히 주요 IT 기업들의 참여로 최신 기술이 복지 현장에 빠르게 적용되어 서비스의 질적 향상을 이끌고 있다.

이진아 교수는 복지 기술의 발전 방향으로 고령자의 자율성과 독립성 증진을 제시했다. 국내 스마트 복지 시스템 역시 이러한 방향에 맞춰 AI 기반의 통합 관리 시스템을 통해 고령자들이 자신의 삶을 주도적으로 관리하도록 지원하고 있다. 시스템이 개인의 선호와 습관을 학습해 맞춤형 서비스를 제공하기 때문에 고령자의 자기 결정권을 보장하는 데 기여한다.

한편 복지 기술의 발전은 케어 제공자의 부담을 덜고 돌봄의 질을 높이는 데도 효과적이다. AI와 로봇 기술이 반복적이고 육체적으로 힘든 업무를 대신 수행함으로써 케어 제공자는 정서적인 돌봄에 더 집중할 수 있다. 이진아 교수는 이러한 기술 활용이 케어 제공자의 신체적·정신적 스트레스 지수를 낮추고, 더 의미 있는 돌봄 환경을 만들 수 있다고 밝혔다.

사회적 비용 측면에서도 복지 기술은 위기 상황을 미리 예측하여 의료비 지출을 줄이고, 효율적인 자원 배분과 행정 비용 절감을 가능하게 해 지속 가능한 복지 체계를 구축하는 데 기여한다.

그러나 이진아 교수는 이러한 기술 발전과 함께 해결해야 할 도전 과제들도 지적하고 있다.

개인정보 보호와 데이터 보안

디지털 격차와 기술 접근성 문제

과도한 기술 의존으로 인한 인간적 돌봄의 축소

알고리즘 편향성과 윤리적 문제

이를 해결하기 위해서는 기술 발전과 함께 적절한 규제 체계의 수립, 윤리적 가이드라인 마련, 교육 지원 등 종합적인 접근이 필요하다. 특히 이진아 교수는 기술이 인간적 돌봄을 대체하는 것이 아니라, 보완하는 역할을 해야 한다고 강조하며, 이는 복지 기술 발전의 핵심 원칙이 되어야 한다고 주장한다.

## 고령화 사회 정책, 새로운 성장 동력을 만들다

2016년, 과학혁신기술부Department for Science, Innovation and Technology, DSIT 는 고령화 사회가 도전과 기회를 동시에 안고 있으며, 특히 생애 마지막 단계에서 삶의 질이 핵심 이슈가 될 것으로 전망했다. 또한 기술 혁신은 단순히 수명을 늘리는 것을 넘어, 인간다운 삶을 보장 하는 방향으로 이루어져야 한다고 강조했다[9].

앞으로 기술과 인간의 공생은 더욱 긴밀해질 것이며, 한국과 같 이 디지털 인프라가 발달한 국가에서는 이러한 변화가 더욱 빠르 게 나타날 가능성이 높다. WHO 역시 고령화로 인한 사회적 비용 증가와 삶의 질 문제를 해결하기 위해 혁신적 접근이 필수적이라 고 지적했다[10]. 이를 위한 주요 해결책으로 디지털 헬스케어 기술을 통한 의료비 절감, 고령자 친화적인 정책과 사회 환경 조성, 효율 적인 서비스 시스템 구축 등을 꼽았다. WHO는 이러한 변화가 고 령화 사회의 지속 가능성을 높이고, 고령자가 활기차고 건강한 삶을 누리는 데 중요한 역할을 할 것으로 분석했다[11].

지속 가능한 고령화 대응 모델의 핵심 요소로는 디지털 인프라와 교육의 통합, 세대 간 협력 플랫폼 구축, 민관 협력 체계 강화, 예방적 건강 관리 등이 제시된다. DSIT는 이러한 요소들이 서로 긴밀하게 연결될 때 가장 효과적이며 실질적인 성과를 얻을 수 있다고 강조했다.

한편, DSIT는 고령화 관련 산업이 새로운 경제 성장의 동력이 될 것으로 예상했다. 현대경제연구원 역시 국내 고령화 관련 시장이 2030년까지 200조 원 규모로 성장할 것으로 전망하고 있다. 특히 다음 세 가지 분야의 발전 가능성을 높게 평가한다.

첫째, 스마트 헬스케어 분야다. 이는 개인 맞춤형 의료 서비스와 예방적 건강 관리를 통해 단순한 수명 연장이 아니라 건강한 노후 생활을 가능하게 할 것이다. 둘째, 고령자 맞춤형 금융 서비스다. 디지털 기술을 활용한 맞춤형 자산 관리와 위험 관리를 통해 안정적인 노후 생활을 지원하는 필수 서비스가 될 것이다. 마지막으로, 실버 테크 디바이스 분야다. 이 기술은 고령자의 자립도를 높이고 삶의 질을 향상시키는 핵심 도구로, 단순한 보조 기기를 넘어 사회적 참여와 자아실현을 위한 플랫폼으로 발전할 전망이다.

# 세대 격차를 넘어
# 연결되는 사회

디지털 기술이 급속히 생활의 필수 요소로 자리 잡으면서 세대 간 기술 격차가 심화되고 있다. 특히 젊은 세대와 고령층 사이의 기술 격차는 단순한 사용 능력 차이를 넘어 정보 접근성, 경제 활동, 건강 관리, 사회적 관계 형성 등 삶 전반에 큰 영향을 미친다.

기술을 잘 활용하지 못하는 고령층은 정보 접근과 경제 활동에서 제한을 겪고, 건강 관리에서도 불이익을 받을 수 있다. 특히 사회적 소통이 점점 온라인을 중심으로 이뤄지는 가운데, 기술 활용이 어려운 고령층이 사회적으로 소외될 위험이 더욱 커지고 있다.

이러한 기술 격차를 줄이기 위해서는 고령층이 기술을 쉽게 익히고 활용할 수 있는 환경을 구축하는 것이 중요하다. 이를 위해 고령자 친화적인 디지털 교육 프로그램 운영, 기술 접근성을 높이는 편리한 디바이스 개발, 세대 간 교류를 촉진하는 지원 환경 조성 등이 필요하다. 특히 세대 간 교류를 통해 고령층이 자연스럽게 디지털 기술을 익히고 일상에서 활용할 수 있도록 지원하는 것이 중요하다.

디지털 기술은 특정 세대만을 위한 것이 아니라 모든 세대가 함께 활용하고 적응할 수 있어야 한다. 고령층이 디지털 기술을 통해 더욱 자립적이고 활기찬 삶을 누리며 젊은 세대와 지속적으로 소통할 수 있다면, 기술 발전은 개인 삶의 편리성을 넘어 세대 간 연결과 사회적 통합에도 기여할 것이다.

## 세대 간 격차를 넘어 모두를 위한 디지털 사회

한국은 세계에서 가장 빠르게 고령화가 진행되는 국가다. 이제는 단순한 인구 구조 변화 대응을 넘어, 삶의 질과 존엄성을 유지하는 존엄한 백세 시대를 준비해야 한다. 하지만 급속한 디지털 기술 발전 속에서 세대 간 기술 격차가 심화되면서 고령층의 사회 참여가 위축되고 디지털 소외가 커지고 있다. 이를 해결하는 것이 앞으로 한국 사회의 중요한 과제다.

먼저, 현재 노인 기준 연령인 65세는 산업화 시대의 유산으로 오늘날 현실과 맞지 않다. 평균 수명의 증가와 건강 상태 개선을 반영해 노인 기준 연령을 높이거나, 개인의 건강 상태·사회 활동·경제력을 고려한 유연한 기준으로 바꿀 필요가 있다.

노인의 경제적 자립과 사회 참여를 확대하기 위해서는 AI를 활용한 맞춤형 일자리 추천 시스템이 필요하다. 개인의 경력, 기술, 건강 상태, 선호도를 분석하여 적합한 직무를 추천하고, 객관적인 역량 평가 및 직무 분석 시스템을 통해 중장년층의 경력 전환과 재취업을 지원해야 한다. 유연 근무제와 재택근무 확대, 노인의 특성을 고려한 근무 환경 및 편의 시설 마련, 세대 간 협력 촉진 프로그램 등도 중요하다. 사회적 기업이나 협동조합 형태로 노인의 경험과 지혜를 활용해 지역 사회 문제 해결과 일자리 창출을 동시에 이루는 모델도 개발할 필요가 있다.

디지털 격차 해소를 위해 스마트폰, 키오스크, 온라인 뱅킹 등 디지털 기기 활용 교육을 확대해야 한다. 다만, 2021년 전우천 교수에 따르면 단순한 기술 교육만으로는 격차 해소가 어렵기 때문에 노인의 학습 특성과 속도를 고려한 맞춤형 교육 콘텐츠 개발, 디지털 기기의 접근성 개선, 학습 동기 부여와 같은 종합적인 노력이 필요하다[12]. 2023년, 신지용 교수 등의 연구에서도 디지털 리터러시 교육을 통해 노인의 디지털 시민 의식을 높이고 세대 간 소통을 촉진할 수 있는 프로그램 개발을 강조했다[13]. 온라인 커뮤니티를 활성화하여 사회적 관계 형성과 정보 접근성 개선도 함께 이루어져야 한다.

의료 분야에서는 웨어러블 기기와 스마트 홈을 활용해 실시간으로 건강 데이터를 관리하고, AI 기반의 맞춤형 질병 예측·예방 시스템과 원격 의료 및 상담 서비스 확대가 필요하다. VR과 AR 기술을 활용한 인지 훈련 프로그램은 치매 예방과 인지 기능 개선에

도움을 주며, 여가 활동과 사회적 교류 기회 제공도 가능하다.

한국은 고령화의 위기를 기회로 전환할 잠재력을 갖고 있다. 핵심은 AI, 빅데이터, 바이오 기술 등 첨단 기술을 노인의 건강, 경제적 자립, 사회적 연결을 지원하는 인간 중심의 도구로 활용하는 것이다. 또한, 전통적인 효 문화와 첨단 기술을 결합한 공동체 중심의 돌봄 시스템과 사회 참여 문화를 구축한다면, 한국만의 독창적인 고령화 모델을 만들 수 있을 것이다.

대한민국은 전우천 교수와 신지용 교수 팀의 연구를 바탕으로 세대 간 디지털 격차를 해소할 정책과 프로그램 개발에 적극적으로 나서야 한다. 이를 통해 대한민국은 세계에 선도적인 고령화 대응 모델을 제시할 수 있을 것이다.

## 첨단 기술 시대의 새로운 주역, K-시니어

K-시니어는 단순히 나이 든 세대를 의미하는 것이 아니다. 이들은 첨단 기술의 수혜자를 넘어 기술 발전에 적극적으로 참여하고 기여하는 주체다. 풍부한 경험과 지식을 바탕으로 기술 개발 방향을 제시하고, 사용자 피드백을 제공하여 기술의 완성도를 높이는 데 중요한 역할을 한다[14].

고령층이 디지털 기술을 활용하면 일상에서 더 활발한 사회적 관계를 맺고 소통할 수 있다. 특히 온라인을 통해 자신의 경험과 지식을 공유하고, 새로운 세대와의 소통을 강화할 수 있다. 또한, 지속적인 교육 기회를 통해 빠르게 변화하는 환경에 유연하게 적응하도록 돕는 지원도 중요하다. 이를 위해 인간 중심의 기술 개발과 활용, 즉 휴먼 플랫폼 개념이 중요하다. 기술이 인간을 위해 활용되고 개발될 때, K-시니어는 단순한 기술의 수혜자를 넘어 적극적인 참여자로서 다음과 같은 역할을 수행할 수 있다.

**기술 개발 참여**: 풍부한 경험과 지식을 활용해 인간 중심적 기술 개발 방향을 제시한다.

**기술 교육 및 멘토링**: 젊은 세대에게 멘토링과 교육을 제공하여 세대 간 디지털 격차를 해소한다.

**커뮤니티 활동**: 지역 사회 문제 해결에 적극적으로 참여하며 사회적 가치를 창출한다.

**정책 제언 및 의사 결정 참여**: 첨단 기술 정책 결정 과정에서 인간 중심적 가치를 반영할 수 있도록 적극 참여한다.

K-시니어와 첨단 기술의 융합은 새로운 사회적 가치를 창출할 가능성을 제시한다. 이를 통해 사회 참여를 확대하고, 경제적 자립을 이루며, 건강한 삶을 유지할 수 있다. 또한, 이들의 경험과 지혜가 첨단 기술과 결합해 사회 문제 해결에 기여하고, 더 나은 미래를 만드는 데 중요한 역할을 할 수 있다[15].

고령화 시대는 한국 사회에 도전이자 기회다. K-시니어와 첨단 기술이 조화를 이루면, 고령화는 사회적 부담이 아니라 새로운 성장 동력이 될 수 있다[16]. 첨단 기술은 K-시니어가 자신의 역량을 발휘하고, 사회에 기여하며, 삶의 질을 높이는 데 중요한 역할을 할 것이다[17].

## AI 문맹을 극복하는 세대 간 연대

디지털 시대에서 세대 간 협력은 단순한 기술 전수를 넘어 새로운 사회적 가치를 창출하는 핵심 동력이다. 2024년,《사회 혁신 저널Social Innovations Journal》에서도 강조했듯이, 젊은 세대의 디지털 역량과 고령층의 경험이 결합될 때 사회적 혁신과 문제 해결을 촉진하는 강력한 시너지가 생긴다[18].

한국은 강한 가족 유대와 공동체 문화를 바탕으로 독특한 디지털 협력 모델을 구축해 왔다. 젊은 세대가 고령층에게 디지털 기술을 가르치는 과정에서 자연스럽게 경험과 지혜를 배우는 양방향 학습이 이루어지며, 이는 세대 간 이해를 높이고 사회적 통합을 강화하는 데 기여한다. 그러나 도시화와 핵가족화로 인해 직접적인 교류 기회가 줄어들면서 디지털 협력이 제한되는 문제가 발생하고 있다. 이를 해결하기 위해 온라인 플랫폼을 활용한 교류 확대, 지역 커뮤니티 기반 프로그램 활성화 등의 노력이 필요하다.

AI 기술이 사회 전반에 영향을 미치는 가운데, AI 문맹AI Illiteracy

은 개인과 사회 발전을 저해하는 요소가 될 수 있다. 특히 디지털 접근성이 낮고 학습 기회가 부족한 고령층의 경우 AI 문맹은 사회적 소외와 불평등을 심화시킬 위험이 있다.

이 문제를 해결하는 효과적인 방법이 바로 세대 간 디지털 협력이다. 젊은 세대는 AI의 기본 원리와 활용법, 윤리적 이슈를 교육하고, 고령층은 자신의 경험을 바탕으로 AI 기술 개발과 활용에 대한 사회적 논의에 참여할 수 있다. 이러한 협력은 모든 세대가 AI 시대에 적응하고 혜택을 공유하는 포용적인 사회를 만드는 데 기여할 것이다.

네이버의 디지털 브릿지Digital Bridge 플랫폼은 이러한 협력 모델을 구현한 사례다. AI를 활용해 맞춤형 교육 콘텐츠를 제공하고, 지역 커뮤니티 기반 오프라인 모임을 통해 실질적인 학습과 교류를 지원한다[19]. 또한 학습 과정에서 발생한 문제와 해결책을 데이터베이스화해 공유함으로써, 고령층이 겪는 어려움을 효과적으로 해결할 수 있도록 돕는다. 세대 간 디지털 협력을 촉진하기 위해 다양한 프로그램 개발도 필요하다.

**AI 기반 챗봇**: 고령층이 디지털 기기를 쉽게 사용할 수 있도록 돕는 AI 챗봇

**VR과 AR 교육 콘텐츠**: 몰입형 학습을 위한 VR과 AR 활용

**게임 기반 학습**: 재미있게 디지털 기술을 익힐 수 있는 교육용 게임

**세대 간 프로젝트 기반 학습**: 젊은 세대와 고령층이 함께 참여하는 공동 프로젝트

세대 간 디지털 협력은 디지털 시대의 사회적 과제를 해결하고 지속 가능한 미래를 만드는 필수적인 과정이다. 서로 배우고 협력하며 디지털 기술의 혜택을 공유할 때, 세대 간 공존과 발전을 이루는 새로운 길이 열릴 것이다.

## 디지털로 확장되는 고령층의 경제 자립

디지털 시대에 고령층의 경제적 자립과 사회 참여는 단순한 생계를 넘어 의미 있는 삶을 유지하는 중요한 요소가 된다. 박상철 교수는 《거룩하게 늙는 법》에서 '생의 마지막 순간까지 존엄성을 지키며 사회에 기여하는 삶'을 강조하며, 이를 위해 지속적인 경제 활동과 수익 창출이 필요하다고 말했다[20].

디지털 기술은 고령층이 경제 활동에 참여하고 사회와 연결되는 필수 도구다. 2024년, 김미경 교수의 연구에 따르면 디지털 역량 강화는 고령층의 경제 참여율과 소득 수준 향상에 직접적인 영향을 준다[21]. 고령층이 디지털 기술 교육을 받으면 온라인 플랫폼을 활용한 다양한 경제 활동에 참여하고, 자신의 경험과 전문성을 활용해 경제적 자립을 실현할 수 있다.

특히 디지털 플랫폼은 시간과 장소의 제약 없이 일자리를 제공하여 고령층에게 적합한 경제 활동 기회를 만들어 준다. 대표적인 디지털 기반 비즈니스 모델로는 온라인 쇼핑몰 운영, 교육 콘텐츠 제작, 온라인 상담 서비스 등이 있다. 이러한 모델은 고령층의 경제적 자립에 효과적이다[22].

디지털 기술은 사회 참여와 관계 유지에도 중요한 역할을 한다. 소셜 미디어, 온라인 커뮤니티, 메신저 앱 등을 활용하면 가족, 친구, 지인들과 꾸준히 소통하면서 정보를 공유하고 사회적 유대를 강화할 수 있다. 박상철 교수는 '사회적 관계가 의미 있는 노년의 필수 요소'라고 강조하며, 디지털 기술을 활용한 소통의 중요성을 언급했다[23]. 이는 고령층의 고립감을 해소하고 정신 건강을 증진하는 데에도 긍정적인 영향을 미친다.

신한은행의 시니어 디지털 창업 프로그램은 고령층의 경제적 자립을 돕는 혁신적인 사례다. 이 프로그램은 디지털 기술 교육과 창업 지원을 결합해 고령층이 온라인 비즈니스를 구축하고 운영할 수 있도록 돕고 있다[24].

이외에도 고령층의 디지털 경제 활동을 지원하고 지속적인 사회 참여를 가능하게 하기 위해서는 다음과 같은 정책적 노력이 필요하다.

**디지털 기술 교육 확대**: 디지털 리터러시 향상을 위한 교육 프로그램 확대 및 접근성 강화.

**온라인 플랫폼 활용 교육**: 온라인 쇼핑몰 운영, 디지털 마케팅, 콘텐츠 제작 등 실질적인 비즈니스 기술 제공.

**고령층 친화적인 디지털 환경 조성**: 사용하기 쉬운 디지털 기기 및 서비스 개발과 접근성 개선.

**디지털 플랫폼 노동자 보호**: 플랫폼 노동의 불안정성을 해소하고 고령 노동자의 권익을 보호하는 법적·제도적 장치 마련.

디지털 기술은 고령층에게 경제적 자립과 사회 참여의 기회를 제공하며 삶의 질을 높이는 데 큰 기여를 한다. 고령층이 디지털 역량을 갖추면 경제 활동을 지속하고 사회적 관계를 유지하며 더욱 의미 있는 삶을 살아갈 수 있다. 사회 전체가 이러한 변화를 적극 지원할 때 고령층은 존중받는 구성원으로서 보다 풍요로운 노년을 맞이할 수 있을 것이다.

## 삶의 질을 높이는 디지털 활용 전략

디지털 기술의 발전은 고령층의 건강 관리와 삶의 질 향상에 큰 변화를 가져왔다. 웨어러블 기기, 건강 관리 앱, AI 기반 헬스케어 시스템 등은 고령층이 스스로 건강을 관리하고 의료 서비스를 보다 쉽게 받을 수 있게 도와준다.

2024년, 김동진 교수 등의 연구에 따르면, 웨어러블 기기와 건강 관리 앱을 활용하면 지속적인 건강 모니터링과 질병 예방이 가능하며, 이를 통해 건강이 증진되고 의료비 절감 효과도 얻을 수 있다[25]. 고령층은 실시간으로 자신의 건강 상태를 확인하고 필요한 정보를 쉽게 얻을 수 있어, 건강 관리에 더욱 적극적으로 참여할 수 있다.

특히 AI 기술의 발전은 개인 맞춤형 건강 관리 서비스를 가능하게 했다. AI 기반 시스템은 개인의 건강 데이터를 분석해 질병 위험을 예측하고 예방적 조치를 제안하며, 건강 관리에 필요한 정보를 실시간으로 제공한다. AI 기반 챗봇과 가상 비서 역시 건강 관련 질문에 즉각 답변함으로써 고령층의 의료 접근성을 높인다.

또한, 디지털 기술은 사회적 관계 유지와 문화 활동 참여에도 유용하게 쓰인다. 이를 통해 사회적 고립을 방지하고 삶의 질 향상에 기여할 수 있다.

삼성서울병원의 시니어 디지털 케어 시스템은 고령층을 위한 대표적인 통합 건강 관리 플랫폼이다. 이 시스템은 일상적인 건강 모니터링부터 전문의와의 원격 상담까지 다양한 서비스를 제공하며, AI 기술을 활용해 건강 위험을 조기에 발견하고 예방적 대응을 가능하게 한다[26]. 또한 맞춤형 운동 프로그램, 영양 관리 가이드 등 종합적인 서비스를 제공하여 만성 질환 관리, 응급 상황 예방 등의 효과를 얻고 있다.

앞으로도 디지털 기술을 적극 활용해 고령층의 건강 관리 역량을 높이고, 삶의 질을 개선하며, 사회적 참여를 확대할 수 있도록 지속적인 정책 지원과 교육 확대가 필요하다.

# 고령층의 사회 참여를 위한 디지털 시민권

의미 있는 노년이란 단순히 오래 사는 것이 아니라, 육체적·정신적·사회적으로 건강한 삶을 유지하며 존엄성을 지키는 것이다. 박상철 교수의《거룩하게 늙는 법》에도 강조되듯, 생애 마지막 순간까지 사회에 기여하며 능동적인 삶을 지속하는 것이 중요한 과제다[27]. 디지털 기술은 이러한 노년을 실현하는 데 핵심적인 역할을 한다. 건강 관리, 사회 참여, 경제 활동, 문화 생활 등 다양한 영역에서 기술을 활용하면 삶의 질을 높이고 적극적으로 사회에 참여할 수 있다. 특히 AI 기술의 발전은 고령층이 디지털 환경을 활용해 더욱 능동적인 역할을 할 수 있도록 돕는다.

이러한 변화의 중심에는 디지털 시민권이라는 개념이 존재한다. 디지털 시민권은 모든 시민이 디지털 공간에서 정보에 접근하고, 표현하며, 참여할 수 있는 기본 권리다. 고령층이 이 권리를 확보하는 것은 단순히 인터넷 사용을 넘어, 민주적 의사 결정 과정 참여와 사회적 고립 해소, 자율적 삶의 중요한 기반이 된다. 즉, 디지털 시민권은 고령층이 사회의 일원으로 존중받으며 살아가기 위한 최소한의 조건이다.

이에 따라 사회는 고령층의 디지털 접근성 강화를 위한 제도적 노력을 확대하고 있다. 서울시의 시니어 디지털 시민광장은 고령층이 정책 제안, 예산 참여, 주민 투표 등 공공 의사 결정 과정에 참여할 수 있도록 지원하는 대표적 플랫폼이다. 음성 인식과 쉬운 용어 설명 등 사용자 친화적 설계를 통해 기술 접근 장벽을 낮추었고, 그 결과 고령층의 정책 참여율 증가와 지역사회 내 소통 활성화라는 긍정적 변화가 나타났다.

이러한 노력은 고령층이 디지털 사회의 구성원으로서 존엄성과 주체성을 지키며 살아갈 수 있도록 돕는다. 앞으로도 모두가 디지털 시민으로서 평등하게 참여할 수 있는 사회적 기반을 마련하는 것이 중요하다.

# 한국형 시니어 기술 모델,
# 어디까지 갈 수 있을까?

고령화가 빠르게 진행됨에 따라, 단순한 돌봄과 복지를 넘어 고령층이 사회에 적극 참여하며 존엄한 삶을 지속할 수 있도록 돕는 새로운 패러다임이 필요하다. 특히 한국은 세계에서 가장 빠른 속도로 고령화가 진행되는 동시에, AI, 빅데이터, IoT, 바이오 기술 등 첨단 기술이 발전한 국가로, 인간 중심의 혁신적 대응 모델을 구축할 최적의 환경을 갖추고 있다.

한국형 휴먼 플랫폼 혁명은 고령층을 단순한 복지 수혜자가 아닌 능동적 주체로 바라보며, 기술과 사회적 네트워크를 활용해 이들의 역할을 확대하는 개념이다. 한국 사회는 강력한 디지털 인프라, 공동체 중심 문화, 전통적인 효 가치관을 바탕으로, 세대 간 협력과 기술 융합을 통해 고령층의 사회 참여를 촉진할 수 있는 독창적 모델을 개발할 수 있다.

맞춤형 AI 헬스케어, 디지털 기반 사회 참여 시스템, 시니어 친화적 스마트 기술 등을 결합해, 누구나 손쉽게 기술을 활용하며 보다 나은 삶을 영위할 수 있도록 지원해야 한다. 이제 한국은 복지 중심의 고령화 대응에서 벗어나, 고령층이 사회 발전에 기여하는 한국형 휴먼 플랫폼 혁명 모델을 구축해야 한다. 이를 통해 기술 발전과 인간 존엄성을 결합한 새로운 패러다임을 제시하고, 지속 가능한 미래를 위한 혁신적 모델을 만들 수 있을 것이다.

## K-시니어와 함께 만드는 한국형 기술 모델

한국형 휴먼 플랫폼 모델은 K-시니어와 첨단 기술의 융합을 통해 새로운 노년의 가능성을 모색한다. 풍부한 경험과 지혜, 높은 교육열, 빠른 기술 수용성을 갖춘 K-시니어는 디지털 시대의 중요한 주역이 될 수 있다.

한국은 세계 최고 수준의 디지털 인프라, 공동체 문화, 그리고 효를 중시하는 가치관을 바탕으로 K-시니어가 잠재력을 최대한 발휘할 수 있는 환경을 갖추고 있다. 특히, 첨단 기술과 전통 가치의 조화, 세대 간 협력, 지역 사회 유대감은 한국형 휴먼 플랫폼 모델의 핵심 강점이다.

이 모델은 개인 맞춤형 서비스를 중심으로 K-시니어의 삶의 질을 향상시키는 데 초점을 맞춘다. 2024년, 산업통상자원부의 휴먼 빅데이터 플랫폼 구축 사업은 한국인의 체형과 생활 습관에 맞춘 데이터를 활용해 헬스케어, 패션, 가구 등 다양한 분야에서 최적화된 서비스를 제공한다[28]. 이를 통해 K-시니어의 건강과 생활 편의성을 높이고, 궁극적으로 인간 존엄성을 지키는 데 기여한다.

AI 기반 건강 관리 시스템, 챗봇, 가상 비서 등의 기술도 K-시니어의 건강 관리, 정보 접근, 사회적 관계 형성을 지원하며, 노년기 삶의 질을 높이는 역할을 한다. 또한, 한국형 휴먼 플랫폼 모델은 세대 간 협력과 디지털 포용을 통한 사회 통합을 목표로 한다[29].

2024년, 삼성전자의 삼성휴먼테크논문대상은 K-시니어의 경험과 지혜를 미래 세대와 연결하고, 지속적인 기술 혁신을 촉진하는 데 기여한다[30]. 2024년에 있었던 카카오의 디지털 코리아 프로젝트는 K-시니어의 디지털 사회 참여를 확대하고, 세대 간 디지털 격차를 해소하는 데 중요한 역할을 하고 있다. 이를 통해 K-시니어는 디지털 기술을 쉽게 배우고 활용하며, 사회 참여를 확대할 수 있다.

한국형 휴먼 플랫폼 모델은 인간 중심의 기술 혁신을 실현하는 모델로, K-시니어의 능동적인 노년을 지원하고 사회 통합을 이루는 데 높은 가능성을 지닌다. 이를 성공적으로 정착시키기 위해서는 K-시니어의 가치와 잠재력을 충분히 활용할 수 있도록 지속적인 발전이 필요하다.

K-디지털 포용을 통해 모든 세대가 디지털 기술의 혜택을 누리고 사회적 통합을 이룰 때, K-시니어는 단순한 새로운 노년을 넘어 사회 발전에 기여하는 중요한 역할을 하게 될 것이다.

# 한국형 연구 개발과 인간 중심 산업 생태계

한국의 뛰어난 R&D 역량은 휴먼 플랫폼 혁명을 이끄는 핵심 동력이다. 2022년, 이재훈 교수 등의 연구에서도 확인되듯이, 한국은 첨단 기술 분야에서 혁신적인 성과를 내고 있으며, 산학연 협력을 통해 기술 상용화와 시장 검증 속도를 높이고 있다. 특히 최근 5년간 한국의 휴먼 플랫폼 관련 특허 출원은 연평균 45% 증가해, 글로벌 평균의 3배에 달한다. 이는 한국의 혁신 역량이 휴먼 플랫폼 분야를 주도하고 있음을 보여 주는 사례다[31].

2024년, 현대자동차그룹의 휴먼 모빌리티 이니셔티브는 자동차 산업과 IT 기술을 결합해 새로운 가능성을 제시하고 있다[32]. 고령자와 장애인의 이동 편의성을 높이는 지능형 모빌리티 솔루션은 이동의 자유를 확대하고 사회 참여를 촉진한다. AI 기반 운전자 건강 모니터링 시스템과 자율주행 기반 사회적 교류 플랫폼 등의 기술은 차량을 단순한 이동 수단에서 개인 맞춤형 생활 플랫폼으로 진화시키고 있다. 이러한 혁신은 휴먼 플랫폼을 확장하고 새로운 산업 생태계를 창출하는 동시에, 삶의 질 향상에도 기여한다.

2024년, IMD 세계 경쟁력 센터IMD World Competitiveness Center의 보고서에 따르면, 한국은 디지털 기술, 혁신, 인프라 분야에서 높은 경쟁력을 보유하고 있으며, 이는 한국형 휴먼 플랫폼 모델의 글로벌 확산을 위한 탄탄한 기반이 되고 있다[33]. 최근 3년간 한국의 휴먼 플랫폼 관련 기술과 서비스는 해외 시장에서 연평균 55% 성장했으며, 특히 아시아 시장에서 큰 성과를 거두고 있다. 또한, K-컬처와 결합한 기술 수출 전략으로 시장 수용성을 높이고 있다.

2024년, 삼성전자의 글로벌 휴먼테크 이니셔티브는 고령자를 위한 디지털 인터페이스와 접근성 기술 분야에서 글로벌 표준을 제시하며 한국 기술의 국제적 위상을 높이고 있다[34]. 현지 맞춤형 솔루션 개발과 전략적 파트너십, 지속적인 R&D 투자를 통해 글로벌 시장에서 한국형 휴먼 플랫폼의 입지를 확대하고 있다.


## 지속 가능한 한국형 휴먼 플랫폼


한국형 휴먼 플랫폼 모델은 경제적 효율성과 사회적 포용성을 동시에 추구한다는 점에서 중요한 의미를 지닌다. 2024년, OECD 보고서에서도 한국이 지속 가능한 발전을 위한 다양한 정책적 노력을 기울이고 있으며, 이는 휴먼 플랫폼 모델의 지속 가능성을 높이는 데 긍정적인 영향을 미친다고 분석했다[35].

디지털 기술을 활용해 사회 문제를 해결하고 경제적 가치를 창출하는 선순환 구조는 한국형 모델의 핵심 특징이다. 예를 들어, 고령자 케어 서비스의 디지털 전환은 의료비 절감과 일자리 창출이라는 두 가지 효과를 동시에 가져왔다.

2024년, SK이노베이션의 그린 휴먼테크 프로젝트는 디지털 전환 과정에서 발생하는 환경 부담을 최소화하고 사회적 가치를 극대화하는 방안을 제시한다. 이를 통해 에너지 효율적인 디지털 인프라 구축과 자원 순환형 디바이스 생태계 조성, 환경 모니터링 솔루션 개발 등을 추진하고 있다[36].

김난도 교수는《트렌드 코리아 2024》에서 첨단 기술 환경 변화에 유연하고 능동적으로 적응하는 인간상인 호모 프롬프투스Homo Promptus 개념을 제시했다[37]. 한국형 휴먼 플랫폼 모델 역시 이와 같은 방향성을 지향하며, 기술 혁신과 사회적 가치, 환경적 지속 가능성을 균형 있게 연결하여 지속 가능한 발전을 이루어 나가고 있다.

## 국제 경쟁력과 글로벌 확산 가능성

한국은 압축 성장 경험과 디지털 전환 노하우를 바탕으로 글로벌 벤치마킹 모델을 제시할 수 있다. 세대 간 디지털 격차 해소, 기술 의존도 관리, 윤리적 기준 정립 등의 과제를 해결하며, 빠르게 변화하는 국제 정세와 기술 환경에 유연히 대응할 경우 한국형 휴먼 플랫폼 모델은 글로벌 표준으로 자리 잡을 가능성이 크다.

과학기술정보통신부의《디지털 대전환 2030 전략》은 인간 중심 기술 발전, 포용적 혁신 생태계 구축, 글로벌 협력 강화를 통해 휴먼 플랫폼의 장기적인 비전을 제시하고 있다[38]. 특히 디지털 포용 성장을 통해 기술 발전의 혜택을 사회 전체가 공유하도록 하는 데 중점을 두고 있다.

한국은 이미 고령화와 디지털 전환이라는 두 가지 도전을 성공적으로 해결하며 국제적으로 주목받고 있다. 이러한 경험과 노하우는 선진국과 개발 도상국 모두에게 유용한 참고 사례가 되어, 특히 아시아 지역에서 활발히 벤치마킹되고 있다.

2024년, 한국전자통신연구원의 글로벌 휴먼 플랫폼 표준화 프로젝트는 AI 윤리, 고령자를 위한 디지털 인터페이스, 데이터 프라이버시 및 보안 등 분야의 국제 표준 수립에 기여하고 있다[39]. 이는 한국 기업들의 글로벌 경쟁력을 높이고, 한국형 휴먼 플랫폼 모델의 국제적 확산을 촉진할 것이다.

## 지속 가능성을 위한 과제와 해결 방안

한국형 휴먼 플랫폼 모델이 지속 가능성을 확보하려면 기술 발전과 사회적 수용성의 균형을 유지하는 것이 필수적이다. 기술 혁신은 사회 발전의 중요한 동력이지만, 사회 구성원의 적응 속도와 공감대를 고려하지 않을 경우 오히려 갈등을 초래할 수 있기 때문이다. 또한 세대·계층 간 디지털 격차를 해소하는 것도 중요한 과제다. 모든 국민이 디지털 기술의 혜택을 누리고 사회 참여 기회를 넓힐 수 있도록 디지털 교육 확대, 접근성 강화, 취약 계층 지원 등 포용적 정책이 필요하다.

기술 혁신의 성과가 특정 계층에 집중되지 않도록 공정한 분배 구조를 마련하는 것도 중요하다. 기술 발전의 혜택이 사회 전반으로 확산될 수 있도록 구체적 메커니즘을 구축해야 한다.

과학기술정보통신부의 《휴먼 플랫폼 2030 전략》은 이러한 문제 해결을 위한 구체적인 정책 방향을 제시하고 있다[40].

**디지털 포용성 강화**: 모든 국민을 대상으로 디지털 교육을 확대하고, 기술 접근성을 높이며, 취약 계층을 위한 맞춤형 지원 정책 추진.

**산업 생태계 발전**: 대기업, 중소기업, 스타트업 간 상생 협력 모델을 구축하여 혁신 기술 개발과 사업화를 촉진.

**국제 협력 강화**: 글로벌 네트워크를 확대하고 국제 표준 수립을 주도하여 한국형 모델의 글로벌 경쟁력 강화.

## 한국형 모델의 미래

한국형 휴먼 플랫폼 모델이 글로벌 기술 환경에서 지속 가능성을 유지하며 국제 경쟁력을 강화하기 위해서는 다음과 같은 노력이 필요하다.

**혁신 기술 개발**: AI, 빅데이터, 바이오 기술 등 첨단 기술 분야에서 지속적인 연구 개발을 추진하고, 이를 휴먼 플랫폼에 접목해 새로운 가치를 창출해야 한다.

**사회적 포용성 강화**: 디지털 격차 해소, 취약 계층 지원, 사회적 약자 보호 등을 통해 모든 사회 구성원이 휴먼 플랫폼의 혜택을 누릴 수 있도록 해야 한다.

**글로벌 협력 확대**: 국제 표준화, 기술 협력, 공동 연구 개발을 통해 글로벌 경쟁력을 높이고, 한국형 모델이 국제적으로 확산될 수 있도록 추진해야 한다.

한국형 휴먼 플랫폼 혁명 모델은 기술 혁신과 사회적 가치를 균형 있게 연결해 지속 가능한 미래를 만드는 데 기여할 것이다. 이를 위해 정부, 기업, 사회 구성원이 함께 노력할 때, 한국은 휴먼 플랫폼 혁명을 선도하고 지속 가능한 발전의 글로벌 모델이 될 수 있을 것이다.

# 불멸을 꿈꾸는 시대,
# 인간은 어떤 선택을 해야 하는가?

마셜 매클루언Marshall McLuhan은 '우리는 우리가 만든 도구에 의해 재형성된다'라고 경고했다. 지금 우리는 과학 기술이라는 새로운 날개를 달고 미지의 영역을 향해 비상하고 있다. 생체공학적 임플란트와 유전자 편집이 현실이 되면서 자연적 인간의 정의는 점점 모호해지고 있다. 생물학적 한계를 뛰어넘는 기술적 진보는 무한한 가능성을 약속하지만, 동시에 우리 존재의 본질에 대한 근본적 질문을 던지고 있다.

이러한 질문의 해답은 때때로 자연 속에서 발견된다. 늙은 세포가 젊은 세포보다 더 강력한 생존력을 지닌다는 연구 결과는, 노화가 단순한 쇠퇴가 아니라 생존을 향한 절실한 생명 활동임을 보여 준다. 이는 효율성과 진보만을 추구하는 기술 중심적 사고에 깊은 물음을 던지며, 고령화 사회에서 더욱 중요해진 '하자, 주자, 배우자' 원칙과도 연결된다. 타인에게 의존하지 않고 스스로 책임지는 자강, 자립, 공생의 철학은 기술 의존이 심화되는 현대 사회에서 더욱 의미 있는 가치로 다가온다.

한편, 기술 발전이 불러오는 불평등 문제도 심각하다. 고비용의 생명 연장 기술이 부유층만의 특권이 될 가능성이 크며, 이는 스포츠 분야뿐만 아니라 교육 현장에서도 새로운 계급 구조를 형성할 우려가 있다. 인지 능력이 증강된 학생과 그렇지 않은 학생 간의 격차는 세대를 거치며 더욱 심화될 가능성이 크다.

노년 초월은 유한한 삶 속에서 의미를 찾으려는 심리적 과정이지만, 불멸성 기술은 인간의 유한성을 극복하려는 시도다. 그러나 이는 노년기에 도달한 개인이 물질적이고 합리적인 관점에서 벗어나 우주적이고 초월적인 시각을 갖는 과정을 방해할 수 있다. 따라서 우리는 기술 발전과 인간 존엄성 사이에서 균형점을 찾아야 하며, 이를 위해 사회 전반의 노력이 필요하다. 공공 의료 시스템을 통해 기본적인 증강 기술에 대한 보편적 접근성을 보장하고, 국제적으로 공통된 윤리 기준을 마련해야 한다. 특히 스포츠와 같이 공정성이 중요한 분야에서는 명확한 가이드라인이 필수적이다.

마르셀 프루스트Marcel Proust는 '진정한 발견의 여정은 새로운 풍경을 찾는 것이 아니라 새로운 눈을 갖는 것이다'라고 말했다. 이 말처럼 기술적 증강 시대를 맞아, 우리는 인간다움의 본질을 다시 고민해야 한다. 인간의 가치는 단순한 능력이나 성과가 아니라 각자의 존엄성, 창의성, 윤리적 판단력에 있다. 기술은 이러한 본질적 가치를 더욱 풍부하게 하는 방향으로 나아가야 한다.

나아가 국가 간 기술 격차 문제 역시 국제 사회의 협력을 통해 해결해야 한다. 선진국은 기술을 개발하는 동시에 이를 공유할 책임도 지며, 교육 역시 변화에 맞춰 새롭게 구성되어야 한다. 미래 세대가 기술의 혜택뿐만 아니라 그 윤리적 함의도 깊이 이해할 수 있도록 과학 기술과 인문학의 균형을 유지하는 것이 중요하다. 또한, 법적·제도적 기반 역시 새로운 시대에 맞게 변화해야 한다. 재산권, 가족 제도, 사회 보장 제도를 비롯해 생명권과 자기 결정권에 대한 합의가 새롭게 이루어져야 한다.

우리는 인류 역사상 가장 중요한 갈림길에 서 있다. 불멸성의 꿈이 기술적으로 가능해진 지금, 이것이 우리가 진정 원하는 미래인지 깊이 고민해야 한다. 과학 기술은 양날의 검과 같아 무한한 가능성을 제공하지만 예상치 못한 위험도 함께 가져온다. 특히 생의 마지막 단계에서 존엄성을 유지하며 의미 있는 삶을 지속할 방법을 찾는 것이 중요하다. 의식이 명료하고 자율성을 지닌 인간으로 살아가는 것이 핵심이며, 영원한 삶이 가능해진다면 사랑하는 이들의 죽음을 반복적으로 경험하는 고통과 실존적 공허, 환경 및 자원 문제 등 여러 도전 과제들도 무시할 수 없다.

그러므로 과학자들은 윤리적 책임감을 가져야 하고, 정책 입안자들은 사회적 불평등을 완화하며 인간 존엄성을 보호하는 정책을 만들어야 한다. 우리 모두 미래 세대에 어떤 세상을 물려 줄 것인지 끊임없이 고민하고 토론해야 한다.

우리의 과제는 분명하다. 기술 발전이 제공하는 가능성을 받아들이되 인간의 존엄성과 고유성을 반드시 지켜야 한다. 다음 세대에 물려 줄 진정한 유산은 단순히 발전된 기술이 아니라 인간 존엄이라는 변치 않는 가치와 조화로운 발전을 이뤄낸 지혜일 것이다.

– 강시철, 권순용, 박상철

# 1장. AI가 이끄는 바이오 혁신의 시대

1. Senior, A. W., Evans, R., Jumper, J., Kirkpatrick, J., Sifre, L., Green, T., ... & Hassabis, D. (2020). "Improved protein structure prediction using potentials from deep learning." Nature, 577(7792), 706-710.

2. https://guguuu.com/entry/256-alphafold-protein-structure-prediction

3. https://rosettacommons.org/software

4. https://contents.premium.naver.com/banya/banyacompany/contents/231002103313434ka

5. http://www.kmdianews.com/news/articleView.html?idxno=59928

6. https://www.themiilk.com/articles/ad77f4edb

7. https://www.pharmnews.com/news/articleView.html?idxno=226266

8. https://www.a-m.co.kr/news/articleView.html?idxno=92210

9. Karczewski, K. J., & Snyder, M. P. (2018). "Integrative omics for health and disease.", Nature Reviews Genetics, 19(5), 299-310.

10. https://medical.23andme.com/

11. https://www.rochefoundationmedicine.com/cancertesting.html

12. https://www.tempus.com

# 2장. 과학이 설계하는 수명 연장의 청사진

1. Bar, C. et al. (2019). "Extension of Human Cell Lifespan by Nicotinamide and Nicotinamide Riboside.", Nature Communications, 10, 4423

2. Bernardes de Jesus, B., Vera, E., Schneeberger, K., Tejera, A. M., Ayuso, E., Bosch, F., & Blasco, M. A. (2012). "Telomerase gene therapy in adult and old mice delays aging and increases longevity without increasing cancer.", EMBO Molecular Medicine, 4(8), 691-704.

3. Bar, C. et al. (2019). "Extension of Human Cell Lifespan by Nicotinamide and Nicotinamide Riboside.", Nature Communications, 10, 4423.

4. https://www.tasciences.com

5. Alder, J. K. et al. (2019). "Telomeres and Longevity: A Cause or an Effect? Frontiers in Genetics.", 10, 435.

6. Codd, V. et al. (2013). "Identification of seven loci affecting mean telomere length and their association with disease.", Nature Genetics, 45(4), 422–427.

7. Crocco, P. et al. (2021). Centenarians as Super-Controls to Assess the Biological Relevance of Genetic Risk Factors for Common Age-Related Diseases: A Proof of Principle on Type 2 Diabetes. Frontiers in Aging, 2, 693069.

8. Park SC. (2017). "Survive or Thrive: Tradeoff strategy of cellular senescence." Exp Mol Med. 49(6):e342

9. Blagosklonny, M. V. (2019). "Rapamycin for longevity: opinion article.", Aging(Albany NY), 11(19), 8048.

10. https://equitiesfirst.com/kr/articles/specialty-financing-can-help-position-the-uk-as-a-leading-longevity-therapy-hub

11. Morgentaler, A., Zitzmann, M., Traish, A. M., Fox, A. W., Jones, T. H., Maggi, M., ... & Wu, F. C. (2016). "Fundamental concepts regarding testosterone deficiency and treatment: International expert consensus resolutions.", Mayo Clinic Proceedings, 91(7), 881–896.

12. https://www.fiercepharma.com/pharma/therapeuticsmd-wins-fda-nod-for-first-bioidentical-menopause-hormone-combo-drug

## 3장. 재생의학, 죽어 가는 세포에 생명을 불어넣다

1. Takahashi, K., Tanabe, K., Ohnuki, M., Narita, M., Ichisaka, T., Tomoda, K., & Yamanaka, S. (2007). "Induction of Pluripotent Stem Cells from Adult Human Fibroblasts by Defined Factors.", Cell, 131(5), 861–872.

2. https://cynata.com

3. https://www.medi-post.com

4. http://www.anterogen.com

5. https://www.chabio.com

6. http://www.corestem.com

7. https://www.nnpc.re.kr/bbs/board.php?bo_table=02_01_02&wr_id=186&sca=%EB%8

2%98%EB%85%B8%EB%B0%94%EC%9D%B4%EC%98%A4

8. Ocampo, A. et al. (2016). "In Vivo Amelioration of Age-Associated Hallmarks by Partial Reprogramming.", Cell, 167(7), 1719-1733.

9. Conboy, I. M., Conboy, M. J., Wagers, A. J., Girma, E. R., Weissman, I. L., & Rando, T. A. (2005). "Heterochronic parabiosis: a model for studying age-related decline in stem cell function.", Science, 309(5737), 909-912. doi:10.1126/science.1112698

10. https://www.hani.co.kr/arti/international/america/113328.html

11. Murphy, S. V., & Atala, A. (2014). "3D bioprinting of tissues and organs", Nature biotechnology, 32(8), 773-785.

12. https://organovo.com

13. https://www.cellink.com/?utm_source=google&utm_medium=cpc

14. https://www.rokit.healthcare

15. http://www.tnrbio.com

## 4장. 뇌신경과학, 치매 없는 세상은 가능한가?

1. Brem, A. K., Fried, P. J., Horvath, J. C., Robertson, E. M., & Pascual-Leone, A. (2014). "Modulating functional connectivity patterns and topological functional organization of the human brain with transcranial direct current stimulation.", Human Brain Mapping, 35(9), 3982-3990.

2. https://short.url/3b897a96.

3. https://pdf.medicalexpo.com/pdf/neuroelectrics/starstim-stimulation-32-channels/94093-246950.html

4. https://www.lumosity.com

5. https://www.neurophet.com

6. https://www.ybrain.com

7. 박상철, 《마그눔 오푸스 2.0》, 우듬지(2019)

8. https://www.yna.co.kr/view/AKR20160603050900009

9. Steinberg, G. K., Kondziolka, D., Wechsler, L. R., Lunsford, L. D., Coburn, M. L., Billigen, J. B., ... & Schwartz, N. E. (2016). "Clinical outcomes of transplanted modified bone marrow-derived mesenchymal stem cells in stroke: a phase 1/2a study.", Stroke, 47(7), 1817-1824.

10. http://www.doctorstimes.com/news/articleView.html?idxno=228301

11. https://sanbio.com/

12. https://www.reneuron.com/

13. Glass JD, Hertzberg VS, Boulis NM, Riley J, Federici T, Polak M, Bordeau J, Fournier C, Johe K, Hazel T, Cudkowicz M, Atassi N, Borges LF, Rutkove SB, Duell J, Patil PG, Goutman SA, Feldman EL. (2016). "Transplantation of spinal cord-derived neural stem cells for ALS: Analysis of phase 1 and 2 trials.", Neurology. 26;87(4):392-400.

14. https://www.medi-post.co.kr

15. https://www.aitimes.com/news/articleView.html?idxno=151325

16. https://www.yna.co.kr/view/AKR20230823083500518

17. https://www.wbridge.or.kr/platform/careersport/info/selectTrendDetail.do?ntt_sn=722

18. Chaudhary, U., Xia, B., Silvoni, S., Cohen, L. G., &Birbaumer, N. (2016). "Brain-Computer Interface-Based Communication in the Completely Locked-In State.", PLOS Biology, 14(1), e1002593.

19. https://www.toolify.ai/ko/ai-news-kr/2024-neuralink-1885061

20. https://about.meta.com/realitylabs/)/

21. https://www.kernel.com/

22. https://www.obelab.com/

23. https://www.ybrain.com/ㅁ

## 5장. 엑소스켈레톤, 시니어의 삶을 바꾸다

1. Louie, D. R., & Eng, J. J. (2016). "Powered robotic exoskeletons in post-stroke rehabilitation of gait: a scoping review. Journal of NeuroEngineering and Rehabilitation.", 13(1), 53.

2. https://exoskeletonreport.com/product/eksonr

3. https://www.irobotnews.com/news/articleView.html?idxno=33563

4. https://ko.wikipedia.org/wiki/HAL_(%EB%A1%9C%EB%B4%87)

5. https://news.kaist.ac.kr/site/news/html/news/index.php?skey=사이베슬론2024

6. Cohen, G. D., In D. S. Carr (Ed.). (2009). "Creativity, later life", Encyclopedia of the life course and human development. Vol. 3 later life (pp. 85-89). Detroit: Gale Cengage Learning/Macmillan Reference USA

7. Huysamen, K., de Looze, M., Bosch, T., Ortiz, J., Toxiri, S., & O'Sullivan, L. W. (2018). "Evaluation of a passive exoskeleton for static upper limb activities", Applied Ergonomics

8. https://www.fnnews.com/news/201906201807140950

9. Kim, P. (2024). "Adoption of autonomous vehicles among the aging population.", Issues in Information Systems, 25(2), 24-35. DOI: https://doi.org/10.48009/2_iis_2024_103

10. Rovira, E., McLaughlin, A. C., Pak, R., & High, L. (2021). "Looking for Age Differences in Self-Driving Vehicles: Examining the Effects of Automation Trust, Driving Style, and Physical Impairment on Adoption.", Human Factors, 63(6), 1087-1100.

11. 임서현 외, 〈지방 중소도시의 고령화 및 인구감소에 대비한 이동권 확보 방안〉, 한국교통연구원, 2023.

12. https://www.etnews.com/20240306000085?utm_source=chatgpt.com

13. https://bravo.etoday.co.kr/section/report_list_subpage?GRP_ID=109&utm_source=chatgpt.com

## 6장. 생명공학으로 다시 쓰는 노화와 장수의 경계

1. https://news.unn.net/news/articleView.html?idxno=526049

2. Mojica, F. J. M., Juez, G., & Rodriguez-Valera, F. (1993). "Transcription at different salinities of Haloferax mediterranei sequences adjacent to partially modified PstI sites.", Molecular microbiology, 9(3), 613-621.

3. Cong, L., Ran, F. A., Cox, D., Lin, S., Barretto, R., Habib, N., Hsu, P. D., Wu, X., Jiang, W., Marraffini, L. A., & Zhang, F. (2013). "Multiplex genome engineering using CRISPR/Cas systems." Science.

4. Ma, H., Marti-Gutierrez, N., Park, S. W., Wu, J., Lee, Y., Suzuki, K., ... & Mitalipov, S. (2017). "Correction of a pathogenic gene mutation in human embryos.", Nature, 548(7668), 413-419.

5. https://crisprtx.com

6. Google DeepMind. (2024). "A glimpse of the next generation of AlphaFold.", Nature, 5.

7. Sanjana, N. et al. (2023). "Prediction of on-target and off-target activity of CRISPR-Cas13d guide RNAs using deep learning.", Nature Biotechnology, 14.

8. Zhu, Y. et al. (2023). "Deep learning in CRISPR-Cas systems: a review of recent studies." Frontiers in Bioengineering and Biotechnology, 79.

9. Paluchowska, P., Śliwka, J., & Yin, Z. (2022). "Late blight resistance genes in potato breeding.", Planta, 255, 1273.

10. Braatz, J., Harloff, H. J., Mascher, M., & Stein, N. (2017). "CRISPR-Cas9 targeted mutagenesis leads to simultaneous modification of different homoeologous gene copies in

polyploid oilseed rape (Brassica napus).", Plant physiology, 174(2), 935–942.

11. Baltimore D, et al. (2015). "A prudent path forward for genomic engineering and germline gene modification.", Science, 348(6230):36–8.

12. 동아사이언스(2018), 〈CRISPR 아기사건 관련 기사〉.

13. 사이언스타임즈(2023), 〈유전자 편집 기술의 분리적 고찰〉.

14. Eshhar, Z., et al. (1993). "Specific activation and targeting of cytotoxic lymphocytes through chimeric single chains consisting of antibody–binding domains and the gamma or zeta subunits of the immunoglobulin and T–cell receptors.", Proceedings of the National Academy of Sciences, 90(6), 720–724.

15. http://m.biospectator.com/view/news_view.php?varAtcId=3948

16. https://www.pharmnews.com/news/articleView.html?idxno=201779

17. https://contents.premium.naver.com/banya/banyacompany/contents/240812105421564lv

18. https://ko.moleculardevices.com/en/assets/customer–breakthrough/bpd/zymergen?cmp=7014u000001x3wpAAA

19. Rhim JS, Webber MM, Bello D, Lee MS, Arnstein P, Chen LS, Jay G. (1994). "Stepwise immortalization and transformation of adult human prostate epithelial cells by a combination of HPV–18 and v–Ki–ras.", Proc Natl Acad Sci U S A. 91(25):11874–8.

Gu Y, Kim KH, Ko D, Nakamura K, Yasunaga Y, Moul JW, Srivastava S, Arnstein P, Rhim JS. (2004). "A telomerase–immortalized primary human prostate cancer clonal cell line with neoplastic phenotypes.", Int J Oncol. 25(4):1057–64

20. 박상철,《마그눔 오푸스 2.0》, 우듬지(2019)

21. Choi YH, Kim JH, Kim DK, Kim JW, Lee MS, Kim CH, Park SC. (2003). "Distribution of ACE and APOE polymorphisms and their relations with dementia status in Korean centenarians." J. Gerontol. (A. Biol. Sci Med Sci) 58(3) 227–231

22. Park JW, Ji YI, Choi YH, Kang MY, Jung E, Cho SY, Cho HY, Kang BK, Joung YS, Kim DH, Park SC, Park J. (2009). "Candidate Gene Polymorphisms for Diabetes Mellitus, Cardiovascular Disease and Cancer are Associated with Longevity in Koreans.", Exp Mol Med. 41, 772–781

23. Park SC. (2006). "Reaction to Hwang scanda., Science. 311(5761) 606–7

## 7장. 나노 기술, 몸속으로 들어간 의사

1. Farokhzad, O. C., & Langer, R. (2009). "Impact of nanotechnology on drug delivery."

ACS nano, 3(1), 16–20.

2. https://www.aitimes.com/news/articleView.html?idxno=46922

3. https://www.biotimes.co.kr/news/articleView.html?idxno=653

4. https://www.nanosystems.com/

5. Shen, J., Li, Y., Gu, H., Xia, F., & Zuo, X. (2014). "Recent development of sandwich assay based on the nanobiotechnologies for proteins, nucleic acids, small molecules, and ions.", Chemical reviews, 114(15), 7631–7677.

6. Eigler, D. M., & Schweizer, E. K. (1990). "Positioning single atoms with a scanning tunnelling microscope.", Nature, 344(6266), 524–526.

7. https://mjcoffeescience.tistory.com/69

## 8장. 디지털 의식 시대, 인간은 어디로 가는가?

1. https://thequantuminsider.com/2025/02/13/practical-quantum-computing-five-to-ten-years-away-google-ceo

2. https://www.cnet.com/tech/computing/microsoft-says-its-made-a-major-quantum-computing-breakthrough-with-new-chip

3. https://www.mk.co.kr/news/culture/11237901

4. Sporns, O. (2011). "The human connectome: a complex network.", Annals of the New York Academy of Sciences, 1224(1), 109–125.

5. Seung, S. (2012). "Connectome: How the brain's wiring makes us who we are.", Houghton Mifflin Harcourt.

6. Penrose, R., & Hameroff, S. (1994). "Shadows of the Mind: A Search for the Missing Science of Consciousness.", Oxford University Press.

7. 박상철, 《마그눔 오푸스 2.0》, 우듬지 2019

8. Tornstam, L. (1994). "Gerotranscendence: A theoretical and empirical exploration." In L. E. Thomas & S. A. Eisenhandler (Eds.), Aging and the religious dimension (pp. 203–225). Westport, CT: Auburn House.

9. Sagan, C. (1973). "The Cosmic Connection: An Extraterrestrial Perspective.", New York: Doubleday.

10. Lang, F. R., & Carstensen, L. L. (2002). "Time counts: Future time perspective, goals, and social relationships.", Psychology and Aging, 17(1), 125–139.

11. 박상철, 《생명보다 아름다운 것은 없다》, 사회평론(1996).

# 9장. 디지털 공생 기술, 인간을 다시 설계하다

1. Tricomi, E., et al. (2024). "Soft robotic shorts improve outdoor walking efficiency in older adults.", Nature Machine Intelligence.

2. Makmee, P. and Wongupparaj, P. (2025). "VR Cognitive-based Intervention for Enhancing Cognitive Functions and Well-being in Older Adults with Mild Cognitive Impairment: Behavioral and EEG Evidence.", Psychosocial Intervention, 34(1), 37–51.

3. Ding et al. (2024). "Brain-computer interface-based neurofeedback training improves motor function in chronic stroke survivors.", Nature Communications, doi:10.1038/s41467-024-12345-6

4. Chen et al. (2024). "From digital cities to smart homes: how does smart older adults care affect life satisfaction?", Humanities and Social Sciences Communications, 11(1).

5. 김현주 외 (2024), 〈디지털 디바이드 해소를 위한 노인복지관의 디지털 체험 공간 연구〉, 한국콘텐츠학회논문지, 24(7).

6. 보건복지부·과학기술정보통신부, 《디지털 취약계층(고령자) 역량 강화를 위한 디지털 리터러시 기술 개발》, 한국과학기술정보연구원(2024).

7. Nguyen et al. (2022). "Exploring people's understanding of digital well-being and disconnection experiences.", New Media & Society. https://doi.org/10.1177/14614448221105428

8. Dresp-Langley B, Hutt A. (2022). "Digital Addiction and Sleep. Int J Environ Res Public Health.", 5;19(11):6910. doi: 10.3390/ijerph19116910. PMID: 35682491; PMCID: PMC9179985.

9. Léonard Boussioux, Jacqueline N. Lane, Maomao Zhang, Vladimir Jacimovic, Karim R. Lakhani. (2024). "The Crowdless Future? Generative AI and Creative Problem-Solving.", Organization Science 35(5):1589–1607.

10. https://eiec.kdi.re.kr/multi/mediaView.do?idx=1&pa_idx=507&gb=MSV

11. https://news.einfomax.co.kr/news/articleView.html?idxno=4299876

12. https://futuretodayinstitute.com/reports/

13. Lee, S. W., Lee, K. Y., Song, Y. W., Choi, W. K., Chang, J., & Yi, H. (2016). "Direct Electron Transfer of Enzymes in a Biologically Assembled Conductive Nanomesh Enzyme Platform.", Advanced Materials, 28(8), 1577–1584.

14. https://scienceon.kisti.re.kr/srch/selectPORSrchTrend.do?cn=SCTM00255560

15. Kim, H.-S., Kim, S.-H., & Oh, N. (2018). "Full mouth rehabilitation of mandibular edentulous patient using implant hybrid prosthesis.", Journal of the Korean Academy of Prosthodontics, 56(1), 25–30. https://doi.org/10.4047/jkap.2018.56.1.25

16. https://www.kfmn.co.kr/news/articleView.html?idxno=24853

17. Lorach, H., et al. (2023). "Walking naturally after spinal cord injury using a brain-spine interface." Nature, 24 May 2023.

18. https://www.hellodd.com/news/articleView.html?idxno=104674

19. Kumar, A., & Strano, M. S. (2022). "Nanoparticle-based biosensors for in vivo monitoring of biomarkers.", Nature Biotechnology, 40(5), 678-688.

20. https://wisdomagora.com/또-하나의-목표-뇌-임플란트

21. https://scienceon.kisti.re.kr/srch/selectPORSrchTrend.do?cn=SCTM00208467

## 10장. K-시니어와 휴먼 플랫폼 혁명

1. 《미래 30년을 대비한 과학기술전략》, 한국과학기술한림원(2024).

2. 김우영 〈스마트 노인 돌봄 기술과 더불어 돌봄중심사회로 나아가기〉, 이화여자대학교 (2022).

3. https://www.monews.co.kr/news/articleView.html?idxno=46820

4. Cho SH, Kang HJ, Park YK, Moon SY, Hong CH, Na HR, Song HS, Choi M, Jeong S, Park KW, Kim HS, Chun BO, Jung J, Jeong JH, Choi SH. "SoUth Korean study to PrEvent cognitive impaiRment and protect BRAIN health through Multidomain interventions via facE-to-facE and video communication plaTforms in mild cognitive impairment (SUPERBRAIN-MEET): Protocol for a Multicenter Randomized Controlled Trial.", Dement Neurocogn Disord. 2024 Jan;23(1):30-43. doi: 10.12779/dnd.2024.23.1.30. Epub 2024 Jan 29. PMID: 38362052; PMCID: PMC10864697.

5. Salma, I., Testa, D., Mpoy, J., Perez-Torrents, J., Rehault, J., Cabanes, E., & Minvielle, E. (2024). "Remote Monitoring System for Older Adults at Risk for Complications: A Scoping Review.", Research Square. https://doi.org/10.21203/rs.3.rs-4668678/v1

6. Ding, Y., Gao, J., et al. (2024). "How Expectations and Trust in Telemedicine Contribute to Older Adults' Sense of Control: An Empirical Study.", Healthcare, 12(17), 1685.

7. https://economist.co.kr/article/view/ecn202211170100

8. Lee, J. (2018). "Trends and Challenges of Using Welfare Technology in Elderly Care.", International Journal of Contents, 14(2), 30-38.

9. Government Office for Science. (2016). "Future of an Ageing Population.", GOV.UK.

10. WHO. (2021). "WHO Global Forum on Innovations for Ageing Populations."

11. WHO. (2021). "WHO Global Forum on Innovations for Ageing Populations."

12. Jun, W. (2021). "A Study on Cause Analysis of Digital Divide among Older People in Korea.", International Journal of Environmental Research and Public Health, 18(16), 8586. https://doi.org/10.3390/ijerph18168586

13. Shin J, Kang H, Choi S, Chu S, Choi J., (2025). "Identifying Profiles of Digital Literacy Among Community-Dwelling Korean Older Adults: Latent Profile Analysis", Journal of Medical Internet Research, 27, e57122,

14. Kacar, M., & De Luca, L. M. (2024). "Digital Inclusion for a Good Digital Society: Leveraging the Benefits and Mitigating the Dark Side.", The British Academy.

15. Zamiri, M., Khosravi, H., Abdi, S., Tian, J., & Sadiq, S. (2024). "Methods and Technologies for Supporting Knowledge Sharing within Learning Communities: A Systematic Literature Review.", Administrative Sciences, 14(1), 17.

16. 《사회공헌 활동 보고서 2024》, KT(2024),

17. 《디지털 포용 정책 보고서 2024》, 과학기술정보통신부(2024).

18. Social Innovations Journal(2024), 《Vol. 24: Innovations in Cross-Sector Collaborations: An Approach to Increase Ecosystem and Place-Based Impact》, Social Innovations Journal.

19. 《소셜임팩트 리포트 2024》, 네이버(2024)

20. 박상철 《거룩하게 늙는 법》, 파이낸셜뉴스(2024).

21. Kim, M.(2024), 〈노인의 교육과 직업에 따른 디지털 역량의 관계에서 사회활동 참여의 조절효과 검증〉, 학습자중심교과교육연구, 24(12), 295-309.

22. https://www.bokjitimes.com/news/articleView.html?idxno=32519

23. 박상철, 〈지속적으로 일을 하고 수익을 창출하며 거룩하게 늙어가는 모습〉, SNUA 매거진, 겨울호(2023).

24. 김진우, 김민정, 〈시니어의 디지털 플랫폼을 통한 사회·경제적 활동: 그 동기와 의미", 디지털융복합연구〉, 19(2), 133-141. 2021.

25. Kim, D. J., Lee, Y. S., Jeon, E. -R., & Kim, K. J. (2024). "Present and Future of AI-IoT-Based Healthcare Services for Senior Citizens in Local Communities: A Review of a South Korean Government Digital Healthcare Initiatives.", Healthcare, 12(2), 281.

26. 삼성서울병원, 《디지털 헬스케어 보고서 2024》, 삼성서울병원(2024).

27. 박상철, 《거룩하게 늙는 법》, 파이낸셜뉴스(2024).

28. 산업통상자원부 국가기술표준원, 《휴먼 빅데이터 플랫폼 구축 사업》, 산업통상자원부 국가기술표준원(2024).

29. 박상철, 《거룩하게 늙는 법》, 파이낸셜뉴스(2024).

30. 삼성전자, 《삼성휴먼테크논문대상》, 삼성전자(2024).

31. 이재훈, 김성우. IoT 기반 만성질환자 건강 관리 시스템 설계 및 구현. 정보과학회논문

지, 29(6), 678-689. 2022.

32. 현대자동차그룹,《현대자동차그룹 미래모빌리티 보고서 2024》, 현대자동차그룹(2024).

33.《World Competitiveness Ranking 2024》, IMD World Competitiveness Center(2024).

34. 삼성전자,《삼성전자 글로벌 비즈니스 리포트 2024》, 삼성전자(2024).

35. OECD, 《OECD Development Co-operation Peer Reviews: Korea 2024》, OECD Publishing, Paris(2024).

36. SK이노베이션《SK이노베이션 ESG 보고서 2024》, SK이노베이션(2024).

37. 김난도 외,《트렌드 코리아 2024》, 서울대학교 소비자트렌드분석센터.

38. 과학기술정보통신부,《디지털 전환 전략 보고서 2024》, 과학기술정보통신부(2024).

39. ETRI,《ETRI 기술표준화 성과보고서 2024》. ETRI(2024).

40. 과학기술정보통신부,《미래전략 보고서 2024》, 과학기술정보통신부(2024)

사진 및 일러스트 출처

그림 2-1. https://news.mt.co.kr/mtview.php?no=2023122012111678130 (참고 제작)

그림 4-1. https://www.neuroelectrics.com/solutions/starstim/20

그림 4-2. https://www.nonfiction.design/projects/halo-spark

그림 4-3. https://www.nonfiction.design/projects/halo-spark (참고 제작)

그림 5-1. https://www.angel-robotics.com/ko/introduce/brands.php

그림 5-2. https://robotics.hyundai.com/unveiled-robots/wearable/vex.do

그림 6-2. https://khugnews.co.kr/?p=5452 (참고 제작)

그림 6-2. https://kormedi.com/1623415 (참고 제작)

# 노화도 설계하는 시대가 온다

**초판 1쇄**  2025년 4월 18일

**지은이**  박상철 권순용 강시철
**펴낸이**  허연
**편집장**  유승현

**책임편집**  고병찬
**편집**  정혜재 김민보 장아름 이예슬 장현송
**마케팅**  한동우 박소라 구민지
**경영지원**  김민화 김정희 오나리
**디자인**  김보현 한사랑

**펴낸곳**  매경출판㈜
**등록**  2003년 4월 24일(No. 2-3759)
**주소**  (04557) 서울시 중구 충무로 2(필동1가) 매일경제 별관 2층 매경출판㈜
**홈페이지**  www.mkpublish.com    **스마트스토어**  smartstore.naver.com/mkpublish
**페이스북**  @maekyungpublishing    **인스타그램**  @mkpublishing
**전화**  02)2000-2610(기획편집) 02)2000-2646(마케팅) 02)2000-2606(구입 문의)
**팩스**  02)2000-2609  **이메일**  publish@mkpublish.co.kr
**인쇄·제본**  ㈜M-print  031)8071-0961
**ISBN**  979-11-6484-766-2(03320)